2014 좋은 방송을 위한 시민의 비평상 수상집

내 몸에 독이 흐른다?
TV에도 독이 흐른다!

방송문화진흥회 엮음

이 도서의 국립중앙도서관 출판시도서목록(CIP)은 e-CIP홈페이지(http://www.nl.go.kr/ecip)와 국가 자료공동목록시스템(http://www.nl.go.kr/kolisnet)에서 이용하실 수 있습니다.(CIP제어번호: CIP2014 034384)

방송은 오늘날 우리의 일상생활에 필요한 영양소입니다. 우리는 방송을 통하여 뉴스를 접하고 생활의 기쁨과 고통을 공유합니다. 그래서 방송은 사회적 공기(公器)로서의 공공성, 공정성이 요구됩니다. 이러한 방송의 객관성을 담보하기 위해서는 그에 대한 비판이 언제나 따라야 하는 것입니다. 방송과 비평이 상호 공존해야 방송은 사회를 위하여 더욱 발전적인 방향으로 나갈 수 있습니다. 언제 어디서나 쉽게 접근할 수 있고, 대중문화를 이끌어나가는 영향력이 큰 방송에 대한 비평은 필요한 것입니다.

우리 방송문화진흥회는 시민비평가들의 관심과 참여 속에서 실시하고 있는 '좋은 방송을 위한 시민의 비평상'이 방송 발전에 일조하는 데 대하여 긍지와 자부심을 가집니다. 17회를 진행해오는 동안 학문으로서의 '방송비평학'과는 차별화된 일반 수용자, 즉 '시민'들의 눈높이에서 쉽게 접근할 수 있는 방송비평으로 자리매김했다고 생각합니다. 그동안 발표된 수상작들의 수준을 살펴보면 해가 거듭될수록 수상작들의 수준은 올라가고 비평가들의 안목과 논리도 탄탄해지고 있습니다. 응모작들을 읽어보면서 시청자들이 어떤 시선으로 방송을 시청하고 있는지 관찰할 수 있는 좋은 기회였습니다.

올해 응모작들을 보면 전체적으로 무난한 수준의 비평문이 많았습니다. '예술적 안목과 사회규범적 안목'을 고루 갖춘 비평 수준이 바람직하지만, 전문가가 아닌 '시민'들에게 그것까지 엄격하게 요구하는 것은 다소 무리한 일이 아닌가 싶습니다.

심사기준은 전문 비평가가 아닌 일반 시청자, '시민' 비평상인 만큼 시청자의 시각과 입장이 두드러지는 글을 최우선적으로 선정했습니다. 그러나 단순 모니터가 아니고 '비평상'인 만큼 비평으로서의 참신성과 완성도를 고려했습니다.

비평가의 역할은 제작자와 수용자 사이에 다리를 놓아줌으로써 상호 이해의 폭을 넓히는 것입니다. 바람직한 비평은 제작자에게 영향을 미쳐 결과적으로 프로그램의 질적 향상을 가져오게 하는 효과를 낳고, 제작자가 미처 보지 못했던 부분을 비평가가 지적해줌으로써 프로그램의 완성도를 높일 수 있게 합니다. 시민의 비평상이 수용자의 사랑을 더욱 많이 받는 TV 프로그램을 제작하는 계기가 되었으면 합니다.

수상하신 분들께 진정 어린 축하의 인사를 드리며 참여해주신 분들께 감사의 말씀을 드립니다. 공동주최로 비평상에 관심과 애정을 보여주신 (주)문화방송 관계자분들과 심사를 해주신 권미혁 심사위원장님과 심사위원님들, 수상집을 발간하는 데 도움을 주신 도서출판 한울 관계자 분들에게도 깊이 감사드립니다. 시청자들께서 앞으로 방송 프로그램에 애정과 관심을 더 많이 보여주시고 참여해주신다면 시민의 비평상이 더욱 더 방송 프로그램과 비평문화 발전에 기여하리라 생각됩니다.

방송문화진흥회는 앞으로도 시민들의 건전한 방송비평문화가 형성될 수 있도록 제 역할을 할 것이며, 시청자와 제작자 간에 소통의 장이 되는 '좋은 방송을 위한 시민의 비평상'이 되도록 더욱 노력하겠습니다. 감사합니다.

2014년 12월
방송문화진흥회 이사장 김문환

제17회 <좋은 방송을 위한 시민의 비평상>에 참여해주신 모든 분께 감사드립니다.

올해 시민의 비평상 응모작들의 흥미로운 특징은 새로운 문화코드를 상징하는 몇몇 프로그램에 쏠려 있다는 점입니다. 드라마 <밀회>와 <괜찮아, 사랑이야>뿐 아니라 <비정상회담>과 육아 예능 <아빠! 어디 가?>, <슈퍼맨이 왔다> 그리고 <히든싱어>, <쇼미더머니>에 이르기까지 올 한 해 '핫'한 포맷으로 대중의 눈길을 사로잡은 프로그램들이 집중적인 비평 대상이었습니다.

지난해와 비교하면 전반적으로 눈에 띄는 우수작은 많지 않았으나 탁월한 글도 적지 않았습니다. '내 몸에 독이 흐른다? TV에도 독이 흐른다'는 미디어의 상업성과 전문가의 상업성이 만났을 때 의학정보가 어떻게 가공되는지를 파헤친 통찰력이 돋보인 수작이었습니다. 이 글은 해당 프로그램이 '독', '해독' 등 자극적인 언어를 사용하며 의학정보에 목마른 시청자들을 TV 앞에 앉히는 데 성공하지만 편향되거나 과장된 의학정보를 제공하기도 한다는 점을 분석했고, 따라서 시청자들에게 비판적 눈으로 의학정보 프로그램 속 지식을 받아들이라는 제안을 하는 등 문제의식과 설득력을 고루 갖추어 최우수상에 선정되었습니다.

올해 우수작이 적은 이유는 다수의 작품들이 비평적인 성격보다는 프로그램 수용자로서의 시청 소감에 그치거나 다소 편향된 시각으로 쓰였기 때문입니다.

우수한 방송비평문으로 선정되려면 무엇보다 남들과는 다른, 나만의 독특한 시각과 날카로운 시선이 담겨 있어야 합니다. 똑같은 방송을 보더라도 한걸음 더 들어가 사회·정치적인 상황과 연결지어보거나, 혹은 대중의 통념을 비틀면서 남들이 보지 못하는 점이 무엇일까를 고민할 필요가 있습니다. 그렇다고 해서 보편타당성이 결여된 자신만의 고집스러운 의견을 끼워 맞추려 해서도 안 될 것입니다.

단순히 언어의 유희에만 그치는 작품이나, 화려한 문장을 구사하거나 뛰어난 기교를 부렸으나 비평에 필요한 논리적 분석이 녹아들지 않은 작품에 대해서는 후한 점수를 주기 어려웠습니다.

또한 비평문은 자신이 주장하고자 하는 주제문을 좀 더 앞당겨서 일찍 드러내야 합니다. 서두에 개인의 생활 속 추억이나 에피소드, 본인의 세계관 등을 이야기하면서 정작 주제문은 뒤늦게 배치하는 응모작이 많았습니다. 이런 식으로 서두가 전개되면 처음부터 집중력 있게 독자들을 사로잡지 못하여 힘 있는 논지를 전개하기 어렵게 됩니다. 작품이나 비평의 주제와 큰 관계가 없거나 아주 인상적인 에피소드가 아니라면 언급을 자제하는 것도 좋다고 생각합니다.

매년 방송문화의 발전을 위해 비평상을 주최하고 있는 방송문화진흥회에 감사드리며, 앞으로도 더욱 방송문화 창달에 앞장서주시기를 바라겠습니다.

　또한 트렌드 리더로서 방송 프로그램들이 미치는 사회적 영향력을 무시할 수 없는 현실에서 우리 사회의 속물성을 예리하게 꿰뚫고 시대의 맹목을 깨뜨리는 도발적 아이디어들로 가득한 비평들을 더 많이 만나볼 수 있기를 기대하며, 수상하신 모든 분들께 이 자리를 빌려 축하의 말씀을 드립니다.

2014년 12월
심사위원 일동

차례 ···

내 몸에 독이 흐른다? TV에도 독이 흐른다!

MBN 예능 <엄지의 제왕> 해독 시리즈를 통해 본 의학 정보 프로그램의 위험성에 대해

강미지

웰비잉의 변형: 의학 정보 프로그램 홍수의 시대

한때 열풍을 일으켰던 웰비잉(well-being)은 다양한 양상으로 우리 생활의 일부가 되었다. 맛집 프로그램, 뷰티 정보 프로그램이 넘쳐났고, 이에 지친 시청자에게 웰비잉의 연장선상에서 의학 정보가 대안으로 떠올랐다. 종합편성(이하 종편) 채널, 지상파 방송, 케이블 채널 할 것 없이 의학 정보 프로그램을 제작하고 있다. 특히 지상파에 비해 인지도가 낮은 종편은 프라임 시간대를 할애해 의학 정보 프로그램을 적극 편성하고 있다. 의학 정보 프로그램은 스튜디오 토크쇼 형식으로, 적은 비용으로 제작이 가능하며 인터넷 매체를 통해 정보가 확대 재생산된다는 특성 때문에 손쉽게 화제몰이를 할 수 있다. 저비용 고효율을 보장하는 의학 정보

프로그램은 이들 방송사의 효자 노릇을 하고 있다. MBN의 <엄지의 제왕>이 대표적이다. 이 프로그램은 제작 초기에는 의학 정보 프로그램을 표방하고 나서지 않았으나 대중의 선풍적인 호응을 얻은 해독 시리즈를 방영한 이후 프로그램의 정체성을 의학 정보 제공에 맞춘 상태이다. <엄지의 제왕>은 제작 초기 의학 정보 프로그램을 만들겠다는 의도가 없었기 때문인지 의학 정보 프로그램으로 방향을 전환한 이후에도 여전히 집단 토크쇼의 특성을 보이고 있다. 지상파의 시청률을 위협할 정도로 대중의 사랑을 받고 있지만, 이 프로그램은 수많은 의학 정보 프로그램 중에서도 가장 다양한 문제점을 보이고 있다. 프로그램의 대표작인 해독 시리즈를 분석함으로써 이 방송의 문제점을 분석하고, 더 나아가 의학 정보를 맛집 정보처럼 제작하려는 방송가의 태도를 함께 비판하려 한다.

방송과 의학 정보의 불편한 동거

주부를 대상으로 하는 아침 방송에서부터 본격 의학 정보 프로그램인 <비타민>, <닥터의 승부>, <생로병사의 비밀>, 최근 제작된 의학 정보 검증 프로그램 <불편한 진실 메디컬 X>에 이르기까지 의학 정보 홍수 시대에 방영되는 대부분의 프로그램에는 나름대로 장단점이 있지만, <엄지의 제왕>을 분석 대상으로 삼은 이유는 이 프로그램이 의학 정보 프로그램에서 발견되는 거의 모든 문제점을 가지고 있기 때문이다. 앞서 언급했듯이 집단 토크쇼 형식의 예능 프로그램을 의학 정보 프로그램으로 급조한 탓이겠지만, 프로그램의 정체성이 변하고 상당한 시간이 지났음에도 이런 문제가 전혀 개선되지 않는다는 점 역시 심각한 문제이다.

<엄지의 제왕>은 '해독'이라는 선정적인 단어를 통해 해독 열풍을

일으켰다. 해독 시리즈는 '해독의 비밀' 편을 시작으로 이후 5~6편의 시리즈로 제작되었고, 비정기적으로도 제작될 것으로 보인다. 해독 시리즈는 전달하는 내용이 비슷비슷할 뿐 아니라 정보를 전달하는 주체인 전문가도 중복되기 때문에 굳이 시리즈로 제작할 필요가 있는가라는 의문이 가장 먼저 들지만, 전파 낭비는 의학 정보를 전달하는 과정에서 이 프로그램이 범하는 치명적인 문제에 비할 수 없는 사소한 것에 불과했다.

단정적이고 선정적인 단어의 사용

해독 시리즈를 보면서 가장 거슬리는 것은 '독'이라는 표현이었다. 백과사전에 따르면 독은 "흡입하거나 입과 피부를 통해 또는 임의의 다른 경로를 통해 흡수되었을 때 생체조직에 해를 주고 신체에 해롭거나 치명적인 해를 일으키는 천연 또는 합성 물질"[1]이다. 치명적인 해를 일으키는 물질이라는 설명은 다소 순화된 표현이고, 일반적으로 독은 죽음과 관련된 물질로 받아들여진다. 독이 흐른다는 선정적인 표현은 시청자의 이목을 끌기에 충분했으나, 전문가가 제시한 독은 순환되거나 배출되지 않고 몸에 쌓인 노폐물을 지칭하는 것에 불과했다. 몸 속 노폐물이 여러 가지 병을 일으키는 원인이 될 수도 있으므로 이를 제거하자는 것이 틀리거나 해로운 말은 아니지만, 이를 독과 해독이라는 선정적인 단어로 표현하는 것은 시청자를 속이는 행위이다. 똥, 오줌, 땀과 큰 차이가 없는 배설되지 않은 노폐물을 독이라는 과장된 단어로 위장해 시청자를 위협한다. 내 몸에 독이 흐른다는 표현을 들은 시청자는 건강에 대한 불안감을 피할 수 없다.

---

1) 브리태니커 백과사전, http://100.daum.net/encyclopedia/view.do?docid=b05d0785a

독과 해독이라는 말뿐 아니라 자막과 전문가의 입을 통해 '암', '치매' 같은 단어도 끊임없이 사용된다. 몸에 쌓인 독이 암과 치매의 원인이 되며 해독을 통해 이를 예방할 수 있다는 암시는 프로그램이 진행되는 동안 강화된다. 더군다나 다분히 의도적으로 보이는 프로그램 구성상의 특징으로 인해 해독을 통해 암을 예방할 수 있다는 메시지조차 시청자에게는 암을 치유할 수 있다는 메시지로 전달되기 쉽다. 자극적인 단어의 선택과 단정적인 표현은 프로그램의 파급력을 극대화한다. 전문가가 제공하는 의학 정보는 현대인이 실천하기 어려운 건강한 음식을 먹고 규칙적인 생활을 하라는 수준의 보편적이고 일반적인 내용에 불과하지만, 암과 치매라는 단어는 출연자의 말과 자막을 통해 반복적으로 시청자에게 주입된다. 암, 치매, 독처럼 선정적인 표현은 제공되는 프로그램의 정보와 무관하지만 예방이라는 그럴듯한 단어를 통해 비난을 피해간다.

해독 시리즈는 프로그램 초반에 현대인이 앓는 질병의 근원이 몸에 쌓인 독이라고 이야기하면서 고혈압, 변비, 관절염 등의 만성질환은 물론 암조차도 이런 독에서 발병한다고 주장한다. 프로그램은 진행 과정에서 고혈압, 변비, 관절염 등이 개선된 체험 사례자의 이야기를 들은 뒤 해독을 통해 앞서 말한 질환의 치료가 가능하다는 것을 증명한다. 제작진과 전문가는 암 환자는 출연시키지 않고 생활 습관이 원인인 만성 질환자만 출연시킨다. 암에는 '예방'이라는 표현을 쓰면서 이들 만성질환자에게는 '치료'라는 단어를 사용한다. 프로그램 초반에 고혈압, 변비, 관절염 등과 함께 분류된 암이라는 충격적인 단어가 이들과 분리된 정보로 시청자에게 수용될 수 있을까? 밤 11시라는 늦은 시각에 반쯤 잠에 취해 TV를 시청하는 사람이 그런 사소한 차이에 촉각을 곤두세울 수 있으리라는 기대는 제작진도, 전문가도 하지 않을 것이다. 나 역시 프로그램에서 제공하는 정보를 종이에 써놓은 것을 보고서야 제작진이 '암 치료'가 아니라 '암 예방'이라는 표현을 지속적으로 사용하고 있음을 깨달았다. 프로그램에서 제공하는 정보와 무관한 암과 치매가 큰 자막으로 처리되고 독과 해독 같은 말이 난무하는 것은 이런 표현이 시청자의 뇌리에 깊이 각인되기 때문일 것이다. 제작진은 만병통치약을 판매하는 시골 약장수처럼 시청률을 위해 시청자를 기만하고 있다.

효과를 과장하는 애매모호한 표현

암이나 독과 같은 자극적인 표현이 난무하는 동시에, 해독의 효과는 '자연치유력', '면역력', '깨끗한 피', '가벼워진 몸' 등의 모호한 표현으로 증명된다. 이 프로그램에서는 제대로 계단을 오르내릴 수 없던 관절염 환자나, 응급실에 실려 가곤 했다는 만성 변비 환자, 대사 장애, 통풍, 비만, 탈모 등으로 고생하던 환자가 5주 또는 10주의 해독 프로그램에 참가해서 뚜렷한 치료 효과를 보았다고 해독의 효과를 증언한다. 해독 프로그램에 참가한 사람은 파킨슨 환자를 제외하고는 모두 잘못된 생활 습관이 원인인 질병을 가진 환자였다. 이들 질환은 완치가 아닌 증상 개선이라는 개념으로 접근해야 하는 질병이다. 올바른 복약과 생활 습관의 개선만으로 치료 효과를 볼 수 있는 질환자들이 프로그램에 참가하는 동안 생활 습관이 변화되고 그 결과 증상이 호전되었다는 당연한 인과 관계는 간과되고 해독의 효과만 찬양된다.

해독의 효과를 이야기하는 환자들의 표현은 지극히 주관적이다. 프로그램의 참가자들이 공통적으로 이야기한 '가벼워진 몸'이라는 표현이 대표적이다. 아침에 잠에서 쉽게 깨는 날, 피로감을 느끼지 않는 날 정도의 뜻으로 평범한 사람들이 두루 사용하는 말이지만, 의학 정보 프로그램에서 치료 과정의 효과를 증명하기 위해 쓰기에는 불충분한 표현이다. 의사 또는 한의사라는 의학 전문가들은 더욱 명확한 수치와 데이터로 자신들의 치료 효과를 뒷받침하는 객관적 증거를 제시해야 한다. 일반인 참가자의 체험담에만 의존해서 효과를 증명하려는 태도는 무책임하다. 비록 전문가가 제시한 자료가 시청자에게 효과적으로 전달되지 않는다 하더라도 '가벼워진 몸'이라는 말로 '해독'이라는 단어를 모두 설명할 수는 없다.

파킨슨병을 앓고 있는 환자와 가족이 출연해서 "난치병이 있다고 포기하지 말라. 병든 부모님을 너무 쉽게 요양병원에 보내는 자식들은 반성해야 한다"라고 주장한다. 그런 강한 확신을 편집하지 않고 프로그램에 이용하면서 파킨슨병으로 치매를 앓다가 해독을 통해 치매가 개선되는 효과를 본 환자의 얼굴만 모자이크로 처리한 이유는 무엇이었을까? 전문가는 호전된 증상으로 기뻐하는 가족의 뒤에 숨어서 이를 자신의 주장을 강화하는 데 이용할 뿐, 파킨슨병의 제반 증상으로 발생하는 치매가 알츠하이머성 치매, 혈관성 치매 등과 어떤 차이가 있는지, 치매의 일반적인 치료법과 치료 효과 등이 무엇인지는 언급하지 않는다. 전문가가 출연하지만 이들이 제공하는 정보의 수준은 시청자가 아는 건강 정보와 다를 바가 없다. 치매의 원인이 다양하며 원인에 따라 치료법도 다르고 경과나 치료 효과도 다르다는 것은 치매 환자가 있는 집이라면 알 것이다. 하지만 치매에 대한 막연한 공포만 가진 시청자라면 전문가가 제공한 텍스트는 해독을 통해 치매가 완치된다는 메시지로 해석될 수도 있다.

전문가들은 몇 개의 사진과 데이터로 자신의 치료 효과를 증명하려 하지만 이 또한 해독의 효과로 설명하기에는 개운치 않은 면이 많다. 정상 범위에 들어온 환자들의 혈당 수치와 혈압을 보여주지만 이는 양약 복용과 생활 습관 개선만으로도 호전될 수 있는 결과에 불과하므로 전문가가 주장하는 것처럼 해독을 해야만 하는 논거로는 부족하다. 프로그램에서 반복적으로 제시되는 혈액 사진 또한 해독의 효과가 과학적이고 의학적이라는 인식을 강화시킨다. '피떡'이 사라졌다고 수없이 말하면서 해독의 효과를 설명하지만 인터넷을 조금만 검색하면 이들이 말하는 연전 현상은 충분한 수분 섭취만으로도 개선된다는 다른 전문가의 의견을 볼 수 있다.

비판과 검증이 없는 일방적인 정보의 전달

최근 제작된 의학 정보 프로그램은 여러 의사의 다양한 견해를 동시에 제공한다. 이는 시청자가 어렵고 낯선 의학 정보를 균형 있는 시선을 통해 비판적으로 수용할 수 있도록 돕는다. JTBC <닥터의 승부>는 한 가지 주제를 놓고 각 과별 또는 의사의 성향별로 다양한 의견을 알려준다. 이처럼 다수의 의학 정보 프로그램에 출연하는 전문가들은 절대적인 정답이 없다고 설명하는데 <엄지의 제왕>만 이런 유행을 벗어난다. 제공되는 정보에 대한 비판과 검증의 기능이 전무하다. 전문가 한 명이 대표로 발제하면 연예인 패널이 내용 중 이해하기 어려운 부분을 질문하거나 사람들 사이에 떠도는 의학 정보를 묻는 수준으로 검증이 이루어진다. 함께 출연한 몇 명의 의학 전문가는 발제하는 전문가의 의견을 보충하는 정보를 제공할 뿐이다. 의료법상 존재하지도 않는 '자연치유 전문의'라는 수상한 직함을 들고 나와도 아무도 의문을 제기하지 않는다. 그의 주장은 전문가라는 후광 속에서 권위를 지닌 절대적인 진리로 둔갑한다. 단정적인 정보를 제공하는 방식은 시청률을 쉽게 올리는 효과적인 방법이다. 하지만 의학이라는 민감하고 전문적인 정보의 경우 이는 시청자를 사지로 내모는 행위일 수도 있다. 물론 전문가가 제공하는 정보의 수준이 치명적일 만큼 전문적이지 않다는 최소한의 안전장치가 있기는 하지만 현미를

섭취하라는 보편적인 정보도 소화 흡수 기능이 떨어진 노인에게는 건강에
해가 될 수 있다.

만병통치약은 없다. 아무리 좋은 음식, 좋은 약도 사람의 체질이나
상태에 따라 독이 될 수 있다. 누구나 쉽게 사서 복용할 수 있는 비타민
C도 부작용이 있다. 해독 시리즈가 제시하는 좋은 생활 습관, 식습관은
실천할 수 있다면 건강을 해칠 가능성이 적다. 하지만 제시하는 식품이나
생활 방식의 부작용을 충분히 설명하지 않아 특정 질환에 걸린 환자에게
치명적인 문제를 일으킬 가능성이 있으며, 시청자에게 건강에 대한 불필
요한 강박을 야기할 수도 있다. 전문가는 두 번이나 건강한 변의 중요성을
설명하면서 건강한 변에 대한 정의를 내린다. 변을 보는 습관은 사람마다
다르고, 매일 아침 변을 볼 필요가 없으며, 오히려 이런 강박이 변비의
원인이 된다고 주장하는 의사도 많다. 한 명의 전문가의 견해를 마치
절대적인 진리인 것처럼 다룬다는 점, 작가나 PD에게 전문가가 제공하는
의학 정보를 걸러낼 비판 능력이 없을 뿐 아니라 제작진이 이를 시청률을
높이기 위한 방편으로 적극 이용하고 있다는 점이 이 프로그램이 강도
높은 비판을 받아야 하는 이유이다.

미디어의 상업성과 전문가의 상업성이 만났을 때

다매체 시대에 미디어의 상업성은 새로운 비판 소재가 아니다. PPL이
합법화된 방송가는 상업성을 드러내는 데 있어 누구의 눈치도 보지 않는
다. 요리 대결 프로그램에 방송사와 같은 계열사의 상품이 미션으로 주어
지고, 우승자의 요리가 계열사 카페와 레스토랑에서 팔리는 것을 비판하
는 매체는 없다. 주부에게 조리법을 소개하는 요리연구가가 홈쇼핑에서

간편식이나 식재료를 파는 것도 낯설지 않은 풍경이다. 의사의 경우도 마찬가지이다. 의사라는 직업만으로 사회적 지위와 충분한 부를 보장받기 어려워진 시대이므로 의사의 이윤 추구 행위를 비난만 할 수도 없다.

하지만 직업윤리라는 최소한의 안전장치는 필요하지 않을까? 의사가 방송에 출연해 제공하는 의학 정보가 상품을 팔기 위한 미끼는 아닌지 의문이 들 때가 있다. 방송에 출연한 의사가 인지도를 이용해서 책을 출간하고 방송에 소개한 건강식품을 판매하는 행위는 도를 넘어섰다. 사람의 목숨을 다룬다는 이유로 백발이 성성한 할머니, 할아버지까지 손자뻘의 의사에게 '선생님'이라는 존칭을 잊지 않지만 의사라는 직업의 권위는 상업성 앞에서 무너지고 있다. "텔레비전에서 그렇게 말했어"라는 말이 어린아이끼리 벌이는 유치한 말싸움을 끝내는 쉬운 논거였던 시대를 거쳐 미디어를 비판적으로 바라보는 교육을 실시해야 한다는 주장이 공감대를 형성하는 세상이 되었다. 방송을 제작하는 사람들은 정보의 수용에 관한 책임이 전적으로 시청자에게 있다고 무책임하게 이야기해도 되는 걸까? 정보 전달의 검증 책임을 다하지 않고 문제가 생기면 전문가에게 그 책임을 떠넘길 뿐더러 시청률을 위해 시청자를 기만하는 구성을 이용하는 제작진의 뻔뻔함과, 자본의 사회에서 부를 추구하는 의학 전문가들의 이익 추구 행위가 최소한의 직업윤리라는 안전장치 없이 전파를 타고 있다. 미디어는 더 많은 시청자의 관심에 목마르다. 시청자의 관심은 광고주의 자본을 끌어다주는 원동력이기에 다소의 비난을 감수하더라도 조금 더 높은 시청률을 올릴 수 있는 방법을 좇는다. 하지만 의학 정보를 맛집 정보와 같은 방식으로 다루어서는 안 된다. 맛없는 식당은 그저 욕 한번 하고 돌아서면 그만이지만 잘못 전달된 의학 정보는 시청자의 건강에 독이 된다.

부조리에 맞서는 부조리

JTBC 드라마 <밀회>

김영은

　여자 나이 마흔 살. 품격을 강요당하는 참 불편한 숫자. 남부러울 것 없는 여주인공 오혜원(김희애 분)은 그래서 참 능수능란하고 자기 주도적으로 보였나보다. 그런 그녀가 결코 거들떠보지 않을 것 같던 '어린애' 이선재(유아인 분)는 오혜원이라는 잔잔한 호수에 돌을 던지며 그녀의 삶을 격렬하게 흔든다. 이로 인해 어른들의 세계에는 파문이 일고 그 치부 역시 낱낱이 까발려지기 시작한다. 그들은 참 남부끄러울 게 많고, 온전하지도 않으며, 부조리의 온상 그 자체라는 것이. 스무 살 어린애와 마흔 살 어른의 비밀스러운 연애. 드라마 <밀회>이다.

불륜 논쟁이 지지부진해지는 이유

　우리나라 드라마의 단골 소재인 불륜은 주로 그 자체가 제거되어야 할 적으로 상정되어왔다. 선풍적인 인기를 끈 SBS 드라마 <아내의 유혹>은 불륜은 저지른 전남편에게 복수하는 아내의 일대기를 그리며 막장 논란에도 높은 시청률을 고수했다. <밀회>를 두고 불륜 조장이니 미화니 하는 논란이 일견 당연하게 여겨지는 것도 그런 이유에서이다. <밀회>의 시점은 불륜의 피해자가 아닌 불륜의 당사자에게 닿아 있다. 매 회 시청자들은 그들에게 면죄부를 부여할 것인가를 두고 갑론을박을 벌였다. 선악의 기로에서 조마조마한 줄타기를 하는 우리의 불행한 연인, 혜원과 선재에게 말이다.

하지만 제작진은 불륜 논쟁을 해명하는 데엔 관심이 없어 보인다. 불륜을 옹호할 생각도, 미화할 생각도 없기 때문이다. 주인공 혜원이 말하지 않는가. "세상에서 이건 불륜이고, 죄악이다. 사랑이라고 말 못 한다"라고. 불륜이고 죄악이니 돌을 던진다 해도 있는 대로 다 맞겠다는 태도이다. 그건 대수롭지 않다는 의미이다. 그러니 불륜에 속지 말자. 불륜은 그저 훌륭한 눈속임에 불과하다는 점을 주지해야 한다. 본질을 이야기하기 위한 그럴 듯한 도구일 뿐임을.

혜원과 선재는 불륜이 맞다. 그러나 <밀회>는 불륜 드라마가 아니다. 엄밀히 말하자면 사회의 부정부패를 파헤치는 '고발' 드라마쯤 될까. 우리가 주목해야 할 적은 서한예술재단이라는 조직 속에 포진해 있는 권력이다. 클래식 마피아, 스폰서, 부정입시의 주체들. 불륜 논쟁에서 길을 잃으면 이 드라마가 정작 말하고 싶은 바를 알아채지 못할 수도 있다. 어린 선재는 몰랐던, 끝까지 이해할 수 없었던 '어른들의 세계'를.

병든 어른들의 세상

예술재단은 온갖 비리로 얼룩져 있다. 필원(김용건 분)이 재단을 설립한 것은 비자금 조성과 자금 세탁을 위해서였으며, 성숙(한혜진 분)은 예술에는 감흥이 없는 호스티스 출신의 허울 좋은 이사장이다. 영우(김혜은 분)는 제 밥그릇 챙기기에 급급해 시시각각 혜원 부부의 숨통을 죄며 '갑질' 하기에 여념이 없다. 그리고 가장 중요한 혜원은 어떠한가. 이들 셋 사이를 줄타기하며 모든 일을 일사천리로 해결해내는 행동대장이 아니던가. 친구의 아버지인 필원의 여자 문제를 돌봐주고, 성숙의 비자금을 관리해주며, 영우의 끊임없는 외도 역시 손바닥 들여다보듯 꿰고 있다. 그리고 그녀는 그들에게 비밀과 거짓말을 흘리며 더 나은 자리로의 신분상승을 노린다. 그녀가 이들의 부조리에서 무결하다고 말할 수 있을까? 그녀는 명백한 동조자로서 그들 사이를 오간다. <밀회>의 모든 인물은 이토록 서로 다른 야욕을 품은 채 비밀스러운 회동을 갖는다. 각자의 이해관계 속에서 <밀회>라는 타이틀은 비로소 진가를 발휘한다. 비단 선재와 혜원의 만남만이 아니다. 이들 모두가 곳곳에서 밀회를 나누고 있는 것이다.

이들의 문제는 지독하게 병리적인 세상의 한복판에 서 있으면서도 스스로 병들었음을 자각하지 못한다는 사실이다. 상류 사회에 속해 있다는 계급의식은 아편이 되어 이들에게서 통각을 앗아갔다. 노블레스 오블리주(noblesse oblige). 사회의 고위층을 차지한 이들에게 요구되는 높은 수준의 도덕적 의무. 닭의 벼슬(노블레스)과 달걀노른자(오블리주)라는 단어로 이루어진 이 말은 닭의 사명은 자신의 벼슬을 자랑하는 데 있지 않고 알을 낳는 데 있다는 의미이다. 그러나 그들은 벼슬만 다듬으며 알은 낳지 않는 닭이다. 명예만 취하고 의무는 행하지 않는 귀족이다. 껍데기뿐인 자기 최면 속에 존재하는 알맹이는 지독한 천박함뿐인 것이다.

혜원은 그들의 벼슬에 시선을 빼앗겨 그들만의 세계에 성공적으로 안착하기 위해 발버둥치지만 영우의 '갑질' 속에서 그녀의 좌표는 여전히 주변인임이 드러난다. 뺨을 얻어맞고 폭언을 듣는 것은 예사요, 자신의 남편 준형(박현권 분)마저도 언제든 빼앗아갈 수 있다는 말로 패악을 부리는 영우 앞에서 그녀는 늘 비참한 약자가 되고 만다. 연봉 1억 원의 예술재단 기획실장은 로열패밀리와 아무리 긴밀하고 중추적인 관계를 유지한다 해도 을일 뿐이다. 그리고 그런 그녀에게 나타난 선재는 각성제가 되어 혜원의 병을 꼬집는다. 혜원은 선재를 통해 다시금 통각을 깨우친다. 망각의 늪에 애써 묻어두었던 스스로의 좌표. 자신은 그저 우아한 노비였음을, 고결한 옷을 입은 천민이었음을 말이다.

불륜이 사랑으로 편입되는 순간

이쯤 되면 겉만 번지르르한 '병든 어른' 혜원이 선재에게 이끌리는 것은 가히 당연한 일이다. 둘의 공식적인 첫 만남에서 선재가 자신의 천재성을 십분 발휘하며 피아노를 치는 모습에 그녀는 조용히 눈물을 훔친다. 그녀 역시 피아노로 시작했던 시절이 존재했다. 계급격차를 자신의 재능으로 해소해보려 열심히 피아노를 쳤던 젊은 날에 그녀의 근육은 혹사당했고, 그로 인해 생긴 건초염은 마침내 그녀에게 피아노를 앗아갔다. 그러나 일은 더 쉬워졌다. 순수함보다 효과적인 영악함이 그녀를 지금의 자리까지 올려주었던 것이다. 그리고 긴 세월이 흘러 다시 마주한 순수 앞에 그녀는 자신의 초상을 마주한다. 젊은 날의 초상을.

더구나 그녀의 삶에 제대로 된 사랑이라고는 존재하지 않았다. 남편

준형과 쇼윈도 부부로 평생을 산 그녀에게 이성에 대한 설렘과 뜨거운 사랑은 전무하다시피 했다. 상류 사회 자체가 그녀에게는 배신당한 첫사랑과 같은 것이었다. 스무 살의 패기로 불길같이 뜨겁게 다가오는 선재 앞에서 그녀는 아무런 선행학습 없이 단신으로 선 초짜나 다름없었다. 사십 평생 처음 겪는 감정의 풍랑이었던 것이다.

선재의 경우도 결코 간단하지 않다. 학벌은 물론 퀵 배달이라는 직업군으로 표상되는 그의 사회적 지위는 최하위층이라 봐도 무방하다. 재능이 있고 열망이 있어도 제대로 된 배움을 누릴 수 없었던 선재에게 '특급 칭찬'을 해주는 최초의 상대는 어떤 의미로 작용하겠는가. 더구나 결정적 시기에 세상을 떠나고 만 엄마의 부재, 그 빈자리에 들어선 혜원의 존재는 그에게 그 자체로 벅찬 감격이었을 것이다. 세상에서 가장 사랑했던 한 여자가 떠나고 운명처럼 나타난 혜원에게 최면에 가까운 각인이 된다 해도 이상할 것 없는 일이다. 자신의 재능을 알아봐주고 그 재능에 함께 교감까지 할 수 있는 멋진 여성은 단숨에 그에게 '여신'이 되었다. 아무런 희망도 기대할 수 없는 밑바닥 인생에 후광을 비추며 나타나 자신을 구원해준 평생의 은인. 둘은 서로의 결핍을 채워주며 단단하게 결속했다. 감히 쉽게 사랑이라고 이름 하지 못하는 감정을 위해 인생을 내건 것이다.

마지막 회에서 법정에 선 혜원은 말한다. "내 인생 최고의 명장면이다. 나를 위해 목숨을 내놓은 것도 아니고, 절절한 고백의 말을 해준 것도 아니다. 그 친구는 그저 정신없이 걸레질을 했을 뿐이다. 나라는 여자에게 깨끗한 앉을자리를 만들어주려고." 자신의 여신을 누추한 장소에 모신 것이 죄스러워 온 정성으로 걸레질 했을 선재를, 그 걸레질 한 번이 형편없이 공허한 한 여자에게 그토록 감격스러웠다는 사실을, 누가 비난 할 수 있을까.

오혜원이 지킨 것은 이선재가 아니다

선재와 금기의 첫날밤을 보내고 돌아가는 택시 안에서 혜원은 선재에게 문자를 보낸다. 더러운 건 내가 다, 그것들을 상대하는 것 역시 내가 다 할 테니, 너는 그저 숨어서 너 자신을 지키라고. 그리고 그녀는 실제로 권력의 암투와 부정부패 속에 홀로 내던져져 지독한 싸움을 해쳐나간다. 스물이라는 나이 차이는 그저 숫자에 불과한 것이 아니었다. 어른과 아이의 분명한 경계였다. 선재는 일견 무능해 보일 만큼 혜원에게 해줄 수 있는 것이 없고, 그 한계가 그의 현실이다. 그리고 그는 끝까지 혜원의 보호 아래에 있는 포지션을 고수한다. 이것은 기존의 드라마와는 사뭇 다른 그림이다. 비슷한 시기에 방송된 tvN 드라마 <마녀의 연애>에서는 여주인공보다 열네 살이나 어린 스물 몇의 청년이 그 나이라고 믿기 힘들 만큼 두둑한 스펙과 어른스러운 자상함으로 연상의 연인을 지키는 모습을 보여준다. 지금까지 한국 드라마에 보여온 남녀의 고정된 관습을 그대로 답습한 결과였다. 열네 살이라는 무시할 수 없는 나이 차이, 그 현실적인 장치를 두고서도 별다른 차별화는 없었다.

그러나 <밀회>는 달랐다. 그들이 단순히 보통의 연인도, 보통의 남녀도 아니기 때문이다. 드라마 속의 선재는 때 묻지 않은 예술성과 순수성의 대변자이다. 그리고 그런 그에 대한 혜원의 보호본능은 특별하다. 그가 재능을 썩히지 않기를 바라며, 그가 가난한 세계에서 벗어나 자신의 재능을 떨치며 살기를 바라며 기꺼이 그의 방패막이가 된다. "언젠가 꼭 너 같은 애가 퀵 배달하면서 유튜브로 네 연주를 따라 친다면 그걸로 족해"라 말하면서. 그녀는 사랑을 지키려는 여자로 존재하지 않는다. 보호받아야 할 예술을, 순수를 지키려는 '어른'으로 존재한다. 이는 동시에 그녀 자신에게 남아 있는 일말의 순수함을 지키려는 노력이며, 비로소 제대로 어른 다울 수 있는 마지막 보루인 셈이다. 결국 자신의 병을 고치는 집도의는 그녀 자신일 수밖에 없었다. 마침내 제 발로 병든 어른들의 세상을 걸어 나오기까지 말이다.

<밀회>는 불륜이라는 통과의례를 거쳐 더 나은 세상으로 나올 수 있게 된 한 어른의 '성장' 드라마이다. 불륜이라는 부조리로 더한 부조리를 들여다봄으로써 우리는 상대적으로 불륜이 정당화되고 이해될 만큼이나 극악한 사회의 단면과 마주하게 된다. 거대한 권력을 손에 쥔, 동시에 그 권력에 어울리는 인성을 갖추지 못한 세력 앞에서 불륜이라는 키워드는 너무나 소소하고 대수롭지 않은 일이 되어버린다. <밀회>가 영리하게 고발하고 있는 진짜 적을 찾아냈다면 이제 우리는 세상을 조금 더 걱정해 도 될 것이다. 드라마는 현실의 거울이고, 드라마보다 더 드라마 같은 현실 속에서 우리는 살고 있으니까. 기획의도도 이렇게 말하고 있지 않은 가. "부정한 연인들이 부정한 권력에 이용당한다면 돌 맞고 내쫓기는 것보다 천만 배 더 큰 치욕일 것 같다"라고

우수작

찰리 채플린과 <유혹>

비극이 되고 싶었던 희극

강혜정

SBS 드라마 <유혹>은 특이했다. 어떤 드라마보다 뻔하고 상투적이면서도 어떤 드라마보다도 낯설고 불편한 기운을 쏟아내는, 쉽게 정의내리기 힘든 드라마였다. 어느 순간 그 기묘함이 흥미롭단 생각이 들었다. 대체 무엇이 이 드라마의 '상투적 낯섦'이라는 이율배반적인 인상을 형성시키는 것일까? 드라마 속 인물들은 끊임없이 갈등하고 반목하고 아파하는데 나는 왜 저 비극에 동참할 수 없는 것일까?

멜로의 형식은 빌렸으되 속성은 체화하지 못한 드라마

<유혹>의 시발점은 10억 원이었다. 석훈(권상우 분)과 홍주(박하선 분) 부부에게 그 돈은 삶을 통째로 뒤흔드는 금액이었지만 세영(최지우 분)에게는 사랑이 모래성인지 아닌지 궁금증을 해소하기 위해 충분히 지불할

만한 금액이었다. 이 계층 차로 재벌 여성은 평범한 유부남의 3일을 거금에 샀고, 석훈은 10억 원과 아내 가운데 하나를 선택해야 하는 상황으로 내몰렸다. 돈과 권력이 사랑과 갈등하는 것은 <이수일과 심순애> 때부터 이어져 내려온 전형적인 갈등구조로, <청춘의 덫>과 같은 복수극을 지나 최근 방송된 섬세한 수작 멜로인 <밀회>까지 지속돼오며 여전히 유효함을 자랑하고 있다. '돈이냐 사랑(부부애)이냐'라는 선택 앞에 석훈을 세운 <유혹> 역시 이런 대립구조를 따르며 사랑을 넘어 계층과 권력의 문제까지 건드릴 것처럼 보였다. 그러나 <유혹>은 몇 회 지나지 않아 '돈이냐 사랑이냐'라는 설정을 거둬들이고 '사랑이냐 조강지처냐'라는 <사랑과 전쟁> 식의 상투적인 설정으로 드라마의 판을 다시 짜며 도입부 의 시도와 충돌한다. '돈이냐 사랑이냐'라는 대립구조 안에서는 사랑이 회복해야 할 대상으로 전지적 시청자의 지지를 받지만, '사랑이냐 조강지 처냐'에서는 남편이 바람을 피운 상대이므로 사랑이 지지받기 힘든 대상 이 된다. 한 드라마 내에 두 가지 다른 성격의 사랑이 충돌하면서 드라마의 초점은 순식간에 이지러졌다.

이 드라마의 기묘함은 '사랑이냐 조강지처냐'를 다루는 방식에도 드러 난다. <사랑과 전쟁>을 비롯해 조강지처와 불륜녀의 대립이 등장하는 많은 드라마는 공통적으로 조강지처에 대한 윤리적·사회적 대우를 작품의 기저에 깔고 있다. 바람을 피운 자는 가정을 파괴한 죄로 대가를 받아야 한다는 것이 멜로드라마의 감정적 절정을 형성하는 주요 요소로 기능한다. 그러나 <유혹>에는 조강지처인 홍주가 불륜녀인 세영보다 윤리적 우위 에 있다는 시선이 느껴지지 않는다. 그 이전에 가정을 지키려는 조강지처 의 강력한 욕망부터 없다. 홍주에게 가정보다 중요한 건 신뢰(순결)를 잃은 사랑이기에 그녀가 먼저 남편에게 별거와 이혼 얘기를 꺼낸다. 돈이 가장 중요한 민우(이정진 분)의 아내 지선(윤아정 분) 역시 이혼을 당하기 전까지 가정을 유지하려 노력하는 모습을 별달리 보이지 않는다. 이는 남편이 부당한 행위를 했음에도 가정을 유지하려 자신을 희생하는 가부장적 이데올로기 속의 여성 캐릭터와 차별되는 지점이다.

그러나 이는 결코 긍정적인 차별이 아니다. <유혹>의 조강지처들이 가정에 매달리지 않는 것은 가부장적 이데올로기라는 억압기제에서 탈출하려는 여성적 의지의 발현이라기보다 두 남성 주인공이 원활하게 이혼할 수 있도록 작가의 필요에 의해 고안해낸 장치에 불과하기 때문이다. 석훈과 민우가 이혼을 하는 건 가정 밖의 여자에게 마음이 있는 그들 잘못뿐 아니라 가정을 유지하려고 노력하지 않는 전처에게도 책임이 있는 거라며 책임의 많은 부분을 여성에게 떠넘긴다. 책임의 크기를 기계적으로 나눈 뒤 인물 각자에게 배당한 것이다. 이는 <유혹>이 석훈의 이혼 전까지 세영과 석훈이 사랑의 감정을 농밀하게 나누는 모습을 보여주는 데 인색했던 것과, 민우를 바람둥이로 설정했음에도 전처와의 관계를 제외하고는 그가 여자를 가볍게 만나는 모습을 드라마에서 발견할 수 없다는 것, 바람을 피우는 남편 때문에 홍주와 지선이 받은 상처가 그녀들의 삶을 어떻게 생채기 냈는지 감정적 정경을 명확하게 포착하지 않은 것과도 관련된다. 즉, <유혹>에서 삭제된 감정은 거리두기를 통한 세련미 획득을 목적으로 하는 것이 아니라 바람을 피운 남편들이 시청자에게 일방적으로 윤리적 비난을 받지 않게 하기 위한 포석인 셈이다.

여기서 핵심적인 아이러니가 발생한다. 일반적으로 상황의 급변(우연의 반복), 과잉된 감정분출 등을 멜로의 특징으로 정의하는데, 이때의 과잉된 감정은 대체로 약자가 강자에게 당할 때 발생하는 비극적 감정을 주된 재료로 삼는다. 그러나 <유혹>은 아내 이외의 다른 여자를 사랑하는 남편들에게 윤리적 면죄부를 제공하기 위해 가정을 파괴한 자와 파괴당한 자라는 이분법을 해체했다. '돈이냐 사랑이냐' 사이에서 버림받은 자도 아내 홍주이고, '사랑이냐 조강지처냐'에서 피해를 입은 자도 홍주이지만 드라마는 홍주가 받은 상처보다는 석훈이 마음은 줬지만 몸은 주지 않았다는 사실과 가정을 유지하기 위해 노력했다는 사실을 강조하며 홍주가 내뱉는 비극적 감정의 설득력을 원천 차단한다. 그리하여 <유혹>은 소극적인 형태로 바람 난 남편과, 유부남을 유혹하는 여성과, 결벽적인 태도로 남편을 몰아붙인 아내로 구성되며, 도덕적 비학(祕學)을 담는 장르인 멜로드라마를 표방하고 있음에도 어떤 인물에게도 도덕적 지지를 보낼 수 없는 아이러니한 상황으로 진입한다. 이렇게 <유혹>은 멜로의 형태는 빌렸으되 속성은 체화하지 못해 어떤 장르에도 명확히 포섭되지 못한 발 없는 드라마로 부유하게 됐고, 이 점이 많은 갈등으로 구성된 드라마임에도 <유혹>의 비극성에 시청자가 동참할 수 없는 원인으로 작용한다. 그렇다면 대체 무엇이 남성의 바람은 있되 남성의 바람은 없었다는 애매한 설정과 남편이 바람을 피운 책임을 딱 절반으로 나눠 아내에게 떠넘기는 기계적 상황으로 이끈 것일까? 여성에 대한 이해가 담보되지 못한 이 작품의 남성적 시각이 원인일 것이다.

표면적 주체는 여성, 이를 조종하는 것은 남성 판타지

남성 판타지에 기반을 둔 멜로는 다중 플롯의 한 축이나 구성요소로서 액션, 정치 등 다양한 드라마 장르에 활용되어왔다. 그러나 부부와 불륜 얘기가 중심인 멜로드라마를 남성적 시각에서 그린 작품을 한국 브라운관에서 만나기는 쉽지 않다. 드라마 작가의 많은 수가 여성인데다 멜로드라마를 소비하는 주 시청 층이 여성인 이유가 클 것이다. 그런데 <유혹>의 경우 다른 작품과 달리 남성 판타지를 남성적 시선에서 구현하고 있어 흥미를 끈다.

<유혹>에서 남성 판타지를 엿보기는 어렵지 않다. 특별한 매력도 없는 평범한 남자를 두고 두 여성이 다툰다는 설정이나, 남편밖에 모른다는 의미에서 순결성을 지닌 조신한 아내와 잘나가고 아름다운데 한 번도 사랑을 해본 적 없는―그리하여 성적으로 순결하다고 암시되는― 미혼 여성이라는 캐릭터로 주요 여성을 설정한 것도 그러하다. 남성 판타지가 가장 두드러진 부분은 두 여성 사이를 오가는 석훈을 정조관념이 뚜렷한 남성으로 포장시킨 아이러니이다. 석훈은 바람을 피우길 원하지 않았으나 잘나가는 미혼 여성이 그를 계속 유혹했고, 그는 아내와의 관계를 회복하고 싶었으나 그를 믿지 못하는 아내의 거부로 이혼에 이른 것으로 극이 전개되면서 세영이 유부남을 유혹하는 민폐녀, 홍주가 남편을 믿지 못하는 히스테리녀로 전락해가는 동안 석훈만 품위를 유지한다. 또한 정숙한 유부녀로 설정된 홍주가 외간 남자가 소유하고 가끔씩 자고 가기도 하는 별장에 입주 보모로 들어간다는 설정이나, 성적으로 순결한 세영이 처음으로 남성에게 호감을 느낀 순간 그 남성과 격렬한 키스를 나누는 상상을 반복한다는 설정은 남성용 포르노그래피에 활용해도 무방할 만한 소재가 아닌가.

남성 판타지가 바탕이 된 멜로드라마가 TV에서 방영되는 것이 드문 일이라는 사실 자체로 흥미롭긴 하지만, 문제는 드라마의 모든 여성 캐릭터가 남성 판타지 또는 남성 시각에 조종당하며 아무도 살아 숨 쉬지 못한다는 데 있다. 일례로 성공한 사업가로 설정된 세영이 석훈과 사랑에 빠져 여성으로서의 자신을 자각할수록 그녀의 사업가로서의 능력과 주체

성이 소멸되는 것을 들 수 있다. 이 드라마에서 '여성성'과 '사업가'는 양립 불가한 개념으로 드라마 초반 세영이 성공적인 사업가였던 건 주체적 여성이라서가 아니라 거세된 남성이었기 때문이다. 세영이 조기 폐경을 선고받고 자궁의 존재, 곧 여성으로서의 자기 존재를 인식하기 전까지는 여성으로서의 삶에 아무런 관심도 가지지 않았다는 것이 거세된 남성이었음을 반증한다. 세영은 적극적으로 남성을 유혹하는 주체적인 인물을 연기하지만 실제 그녀는 거세된 남성/구태의 연약한 여성이라는 타자화되고 양식화된 인물 유형일 뿐이다.

<유혹>이 자궁을 활용하는 방식을 보면 이 드라마가 여성을 얼마나 기능적인 시선에서 다루고 있는지를 알 수 있다. 이 드라마의 주요 여성 캐릭터인 세영, 홍주, 지선은 조기 폐경, 난임이라는 자궁 문제를 공유하는데, 세영의 조기 폐경은 평범한 아내와 엄마로서의 삶이 힘들다는 것을, 홍주의 난임은 가정이 불완전함을, 지선의 난임은 적자 생산이 지상 명제인 기능적 부부 관계가 종식됐음을 상징한다. 주요 여성 캐릭터의 삶을 자궁의 기능 파기와 연관시킨 셈인데, 이는 마치 남근의 기능 하나만 가지고 모든 남성 캐릭터의 삶을 번역하려고 시도하는 것과 같다. 에로티시즘과 자궁을 격리시키고 기능적 차원에서만 자궁을 해석하려는 시도는 성(sex)과 가정을 분리시키는 불륜남의 사고체계를 그대로 닮아 있다는 점에서 더욱 수상쩍다. 이런 식의 접근이 가정이라는 신화를 전복하려는 의미 있는 시도하에 이뤄졌다면 달랐겠으나 그렇지 못하다는 점에서 여성과 여성성에 대한 작가의 기계적 이해를 엿볼 수 있으며, 여성 캐릭터가 설득력을 상실한 이유를 알 수 있다.

이런 자궁 활용법은 <유혹>의 비극성이 제대로 기능하지 못한 근본적인 요인을 드러내는 리트머스이기도 하다. 지원에게 조강지처라는 지위를

뺏은 가장 큰 원인이 기능을 상실한 자궁이듯 지원이 전 남편 민우에게 원하는 걸 얻기 위해 사용하는 히든카드도 — 불임이 아니라 난임인 게 밝혀진 — 아직 기능이 살아 있는 자궁이다. <유혹>의 이와 같은 자궁강박증은 이 작품이 얼마나 실제적이지 못하고 관념적인지 명백히 드러내는 요소라 할 수 있다.

관념의 꼭두각시가 된 드라마

남성의 시선에서 첫사랑 판타지를 그렸음에도 여성 관객에게 큰 사랑을 받았던 영화 <건축학개론>이 증명하듯 중요한 건 남성 판타지가 아니라 이를 어떻게 그리는가이다. 예를 들어 이 영화에도 타자화된 여성이 등장 하지만 그녀는 남성의 관념에 오롯이 갇힌 인물이 아니라 관념을 벗어나 갓 스물이 지난 서툰 남자의 사고로는 잘 이해할 수 없는 인물이다. 상대를 좋아하되 온전히 이해하지는 못하는 인물의 감정을 생생하고 섬세하게 그려낸 이 영화의 방법론은 "꼭 내 첫사랑 얘기 같아"라는 설득력으로 변모돼 관객을 공감시켰다.

그렇다면 <유혹>의 방법론은 어떠한가. 이 작품의 구성은 데칼코마니 로 이뤄졌다. '홍주/석훈/세영'과 '지선/민우/홍주'가 '아내/남편/여자'라 는 인물 관계를 공유한 것, 남편이 피운 바람의 피해자였던 홍주가 지선의 가정을 깬 가해자가 된 것, 민우의 아내였던 지선이 이혼 후 민우의 새로운 여자가 되면서 홍주와 지선의 입장이 역전된 것, 석훈의 바람 때문에 울던 홍주가 민우의 바람 때문에 똑같이 울게 된 것 등 사례가 많은데, 자궁강박에 이어지는 데칼코마니 강박이라 할 만하다. 이런 강박이 문제 가 되는 건 그만큼 이 작품이 작가의 개인적 관념과 욕망 안에 머물고 있다는 뜻이기 때문이다. 언젠가 읽은 드라마 PD의 인터뷰 모음집에서 인터뷰어가 <현정아 사랑해>, <밀회> 등을 연출한 안판석 PD에게 드라마의 파격성에 대해 묻자 처음부터 파격을 목적으로 한 것이 아니라 그 인물이라면 어떻게 했을까 치열히 고민한 결과 그렇게 되었다고 답한 것으로 기억한다. 즉, 그의 드라마가 지닌 파격은 드라마 속 인물을 살아 있는 이로 설정하고 그 인물의 생각을 만드는 이의 계산보다 우위에 둔 결과 자연스럽게 만들어진 '개연성'의 또 다른 이름인 것이다. 이 논리를 차용하자면 인물에 대한 존중보다 작가의 의도된 파격이 더 강조되는 <유혹>의 세계에서 살해당한 개연성의 시체를 심심치 않게 발견하게 되는 건 당연한 일이다. 여기서 다시 한 번 '남편을 사랑하지만 가정을 지키려고 노력하지 않는 아내들', '정조 관념은 뚜렷한데 두 여자 사이를 오가는 남편', '남성의 바람은 있었으나 없었다는 모호한 상황', '멜로라는 장르를 제대로 체화하지 못한 발 없음', '여성이 아닌 여성' 등 앞서 말한 모든 것이 다시 소환된다. 이러한 설정은 모두 작가가 미리 짜둔 '모두의 입장이 전복되는 데칼코마니'라는 파격을 완성하기 위해 장렬히 희생한 전사들의 시체인 것이다.

결론

<유혹>은 남성 판타지와 남성적 시각이 녹아 있는 작품이지만 그렇다고 남성을 위해 만들어진 드라마는 아니다. 바람난 남성에게 윤리적 면죄부를 제공하는 전개방식이 결론적으로는 남성의 입장을 대변하는 결과를 낳았지만, 원래 목적은 인물을 선악으로 단순 구분하지 않으려 했던 것으로 보이기 때문이다. 이 드라마의 상투적 낯섦을 촉발시키는 '멜로의

속성을 품지 않은 형식/드라마 기저에 깔린 남성 판타지/의도된 파격'이 안타까운 건 그래서이다. 관습을 파괴하려면 관습의 존재 이유와 존재 방식, 허위를 꿰뚫는 통찰이 선행되어야 한다. 왜 대부분의 멜로가 상처 준 자와 상처 입은 자로 나뉘는지(이건 선악 구분과는 명백히 다른 말이다), 여성의 삶 속에서 가정과 가부장적 이데올로기는 무엇을 의미하는지, 파격이 개연성보다 우선할 수 있는지에 대한 면밀한 이해 위에 파괴가 일어날 때 비로소 의미 있는 낯섦이 창출되는 것이다. <유혹>의 패착은 이에 대한 섬세한 고민이 부족하다는 데 있으며, 그것이 인물의 생동감과 극적 개연성을 희생시켰다.

앙리 베르그송(Henri Bergson)은 웃음에 관해 "인간(생명체)은 원래 목적과 적응성이라는 두 가지 특징을 갖고 있는데 목적만 존재하고 적응성이 없을 때 기계로 보이고 그게 웃음을 유발한다"라고 말했다. 관념에 조종당하는 기계화된 인간은 희극이 된다. 생동하는 여러 인물의 삶이 모여 드라마의 메시지로 수렴되는 귀납식 전개가 아니라, 작가가 정해놓은 세계, 정해 놓은 이야기를 인물들이 꼭두각시처럼 연기하게 만드는 순간 <유혹>의 비극은 희극의 또 다른 이름에 불과해진다. 찰리 채플린은 "인생은 가까이에서 보면 비극이고 멀리서 보면 희극"이라는 유명한 말을 남겼다. 긴 얘기를 했지만 이 말 한 마디가 모든 걸 설명한다. <유혹>의 비극성이 설득력을 얻지 못한 건 개별 캐릭터의 감정과 인생을 깊이 있게 파고들지 않고 캐릭터들을 관념의 꼭두각시로 이용했기 때문이다. 그것이 <유혹>을 '비극이 되고 싶었던 희극'으로 머물게 만든 절대 이유이다.

우수작

엄마의 고백
KBS 교양 <엄마의 탄생>

양주연

이제 막 군대를 전역한 동생과 엄마의 대화는 이렇게 시작했다. "이게 다 엄마 때문이야." 대학교 3학년으로 복학을 했지만 경영학이라는 전공에 흥미가 없던 동생은 자신이 초등학교 6학년 때이던 시간을 불러왔다. 한창 야구의 재미에 빠져 프로야구 선수를 꿈꿨던 나이, 그때 엄마는 동생에게 "야구는 취미로 하라"라는 조언을 해주었다. 초등학교 때 엄마의 조언은 사실 명령에 가까웠다. 중학생이 된 동생은 야구는 취미로 할 수밖에 없는 학교로 전학을 갔다. "엄마가 미안해. 그때는 엄마도 몰랐어." 후회하고 있는 엄마의 모습은 너무도 낯설었다. 돌이켜보면 엄마의 교육법은 늘 당당했고 흔들림이 없었다. 그때마다 흔들렸던 것은 엄마에 대한 내 마음이었을지도 모른다. 그런 엄마가 50대에 접어든 지금, 자식들 앞에서 흔들리고 있다.

엄마의 눈물을 처음 마주하게 된 날은 내가 처음 카메라를 산 날이기도 했다. 카메라 테스트 겸 엄마를 자리에 앉혀놓고 이런저런 인터뷰 촬영을 진행하고 있었다. 질문 중 우연히 외할머니에 대한 질문이 나왔다. 그때 외할머니는 대장암 수술을 받은 직후였다. "엄마에게 엄마란 어떤 존재야?" 엄마는 선뜻 대답을 못 했다. "엄마는 외할머니 때문에 서울로 대학을 못 갔지. 그때 생각하면 많이 서운하지." 결국 엄마는 내 앞에서 눈물을 보이고 말았다. 나는 처음 보는 엄마의 눈물 앞에서 황급히 카메라를 끄고 우는 엄마를 달래주었다. 엄마에 대해 내가 알지 못하는 시간이 존재한다는 것을 그때 처음 알았다. 엄마의 눈물보다는 엄마의 웃음이 더 익숙하고, 엄마의 후회보다는 엄마의 기쁨이 엄마의 전부라고 생각했다. 그런 내가 우는 엄마를 달래주는 날이 오게 되리라고는 상상도 하지 못했다. 엄마가 된다는 것은 도대체 무엇일까? 엄마의 눈물 섞인 고백을 들은 이후 내가 엄마가 된다는 것이 더욱 더 자신이 없어졌다. 그러다 TV에서 한 프로그램을 보게 되었다. 이 글은 몇 년 뒤 엄마가 될지도 모르는 나의 '엄마로서의 탄생'에 대한 하나의 질문이기도 하다.

엄마라는 정답지의 탄생

KBS <엄마의 탄생>은 네 엄마의 임신과 함께 시작된다. 엄마들은 모두 새로운 생명을 맞이하는 황홀감으로 가득했다. 그 표정은 내가 한 번도 상상하지 못했던 세계의 기쁨과도 같을 것이다. 그녀들의 표정을 TV를 통해 보는 것만으로 그동안 간과하고 있던 생명의 신비와 존엄성이 환기되었다. 이러한 기쁨은 곧 저출산 국가라는 대한민국의 현실과 만나게 된다. <엄마의 탄생>은 '출산장려'라는 기획으로 만들어진 교양 프로그램이다. 이 프로그램에는 아기 때문에 웃고 우는 엄마들의 표정이 담겨 있다. 각자의 상황이 모두 다른 네 명의 엄마는 출산이라는 거룩함 속에서 하나가 되었다. 그녀들의 표정은 기쁨이라는 거대한 하나의 표정과도 같았다.

하지만 출산을 앞둔 엄마들의 표정이 과연 기쁘기만 할까? 그녀들의 표정을 보고 난 뒤의 질문은 이렇게 시작된다. 엄마가 된다는 것은 뱃속에 생명을 잉태해야만 하는 10개월의 시간은 물론, 그 이상의 시간을 필요로 한다. 그렇다면 엄마가 된다는 미지의 시간과 이전의 시간이 어떻게 공존할 수 있을까? 내가 출산을 주저하는 이유는 바로 여기에 있다. 이는 경제적인 부분뿐 아니라 심리적인 부분에서도 여러 가지 준비를 필요로 한다. 보건복지부의 조사에 따르면 산모의 약 85%가 출산 전후 우울증에 시달린다고 한다. 엄마가 된다는 것은 기쁨 뒤의 슬픔까지도 알아간다는 것이다. 엄마라는 말은 하나의 완성형이 아니라 여전히 진행형인 갈등의 언어일지도 모른다. 엄마가 탄생하기 위해서는 수많은 갈등과 고민을 이겨내야만 한다.

임호 씨의 아내 윤정희 씨는 셋째 임신에 대한 소식을 주변 사람에게 전할 때 "남들에게 생각 없어 보일까봐 임신 소식을 전하기 민망하다"라는 인터뷰를 했다. 13년 동안이나 임신을 시도했던 강원래 씨의 아내 김송 씨는 임신 자체를 선물과도 같다고 말했다. 이제 막 첫째 아기를 임신한 여현수 씨의 아내 정혜미 씨는 책으로 육아를 공부하고 있었다. 각기 다른 조건의 엄마들은 모두 출산과 육아에 철저하게 집중하고 있었다. 프로그램에서 보이는 이들의 표정은 밝다. 간혹 임신 스트레스에 대해 털어놓기도 하지만 이들의 균열은 자상한 남편, 또는 또 다른 아이에 대한 사랑으로 금세 사라진다. 마치 이들은 자신의 출산을 아주 오래 전부터 예견했던 사람으로 보인다. 이들의 표정에서 새로운 상태에 대한 긴장이나 갈등은 조금도 노출되지 않는다. <엄마의 탄생>은 오로지 행복해하는 엄마라는 단 하나의 상만을 보여주려 한다.

"엄마, 나를 낳아서 어땠어요?" 내가 아직까지 엄마에게 선뜻 하지 못한 질문이다. 옷장을 정리하다 우연히 발견한 앨범 속 엄마의 대학교 시절 사진은 너무도 낯설었다. 내가 이미 사진 속 그녀의 나이를 넘어섰다는 사실은 애써 모른 척하고 싶은 현실이다. 엄마라는 사람을 인식하게 된 이후로 한 번도 의심하지 않았던 것은 엄마는 내가 태어났을 때부터 내 엄마였을 것이라는 사실이었다. 이는 자연스레 엄마의 처녀 시절에 대한 무관심으로 이어졌다. 엄마가 엄마가 아니었던 시간들은 간혹 흥미롭지만 대부분의 경우 아찔하기 때문이다. 그러다 우연히 발견한 엄마의 처녀 시절 사진은 내가 전혀 상상도 못했던 또 다른 엄마의 모습을 불러왔다. 엄마도 엄마가 아닌 시절이 있었구나. 그렇다면 엄마는 어떻게 엄마가 되어간 걸까? 이런 물음은 곧 엄마는 단지 출산과 육아만으로 형성되는 것만은 아닐 것이라는 결론에 이르게 된다. 엄마에게도 낯설었을 '엄마 되기'의 과정들. 엄마라는 상태에 대한 정답은 그 어디에도 없다. 중요한 것은 정답을 찾는 것이 아니라 '엄마 되기'에 대한 질문들을 만들어가는 상태에 있다. 그 과정은 기쁨과 슬픔의 긴장 상태에 놓여 있다. 그리고 그 간극의 어딘가, 엄마가 있다.

하지만 <엄마의 탄생>에서의 엄마들은 어떤 정답을 제시한다. 그녀들은 표정은 있지만 사실은 입이 없는 상태로 호명 받는다. 셋째를 임신했을 때 주변 사람들이 걱정하기 시작했다는 윤정희 씨의 대답은 곧바로 남편 임호 씨의 입을 통해 말해진다. 자신의 꿈이 아이 셋을 갖는 것이었다는 임호 씨의 기뻐하는 모습은 <엄마의 탄생> 녹화 스튜디오를 통해 다시 한 번 소환된다. MC 박지윤 씨와 세 명의 아빠가 진행하는 스튜디오 녹화는 각각의 가정을 잇는 나무줄기이다. 즉, 이러한 스튜디오 녹화를 통해 각각의 가정에서 발생하는 차이가 정리되고 다듬어지는 것이다. 출산의 기쁨을 언제나 관찰자의 입장에서 지켜볼 수밖에 없는 아빠들은 스튜디오에서 출산의 기쁨 자체를 말하는 화자가 된다. 정작 출산의 당사자인 엄마들은 아빠라는 화자의 관찰 대상이 되는 것이다. 내가 궁금한 지점은 왜 윤정희 씨에게 출산이라는 신성한 행위가 생각 없어 보이는 행위가 되었던 지에 대한 갈등의 이유였다. 하지만 이 프로그램에서 엄마들은 출산의 갈등 지점이나 우울증에 대해서는 말하지 않는다. 이는 자칫 그녀들이 이미 '엄마 되기'의 정답지를 손에 쥐고서 엄마라면 당연히 출산을 기뻐하고 준비해야 한다는 의미로 비춰질 수도 있다. 이미 고민이 끝난 상태에서의 프로그램 전개는 여전히 출산을 고민하는 대다수의 많은 부부에게 또 다른 상실감을 안겨다준다. 출산을 하면 안 되는 이유는 출산을 해야만 하는 이유만큼이나 절실하고 다양하다. 출산이라는 선택은 생각보다 단순하지 않은 경우가 많다. 정답지에 포함될 수 없는 질문들은 프로그램에서 만들어놓은 엄마라는 이미지 안에서 철저하게 배제된다.

가정적인 아빠의 탄생

<엄마의 탄생>에서 끊임없이 말을 하는 사람은 임신한 엄마들의 곁을 지키는 아빠들이다. 출연 부부의 구성에서도 알 수 있듯이 이들은 모두 유명인 남편과 가정주부인 아내라는 부부 형태를 띠고 있다. 이들은 철저하게 남편은 바깥일을, 아내는 집안일을 해야 하는 조건을 형성한다. 여기에 남편들은 바깥 스튜디오에 출현해 MC 박지윤과 함께 자신들의 가정에 대해 이야기를 한다. 이때 MC 박지윤은 스튜디오에 나오지 못한

네 명의 엄마들을 대변하는 역할을 맡는다. 그녀는 각 가정의 VCR을 보며 감탄하기도 하고 때론 아빠들의 잘못한 행동을 지적해주기도 한다. 자신의 아내 옆에서는 권위적인 강원래는 스튜디오로 장소가 전환되었을 때 수줍고 긴장한 모습을 보여준다. 이는 순간순간 보이는 박지윤의 재치와 순발력을 뛰어넘어 '아빠가 되려면 가정적인 모습으로 아내를 배려해야 한다'는 프로그램의 또 다른 기획의도를 노출시킨다. 즉, <엄마의 탄생>은 남편은 바깥일을, 아내는 집안일을 하는 가정이라는 조건하에 이제는 남편도 가정적인 면모를 갖추어야 한다는 메시지를 주고 있다.

이는 엄마의 탄생이란 곧 가정적인 아빠의 탄생을 의미한다는 또 다른 압박이 될 수도 있다. 하지만 여기에서는 미혼모 가정을 비롯한 편부모 가정이나 맞벌이 부부의 사례가 배제되어 있다. 오늘날에는 남편은 바깥일, 아내는 집안일이라는 공식에 들어맞는 부부의 비율이 점점 줄어들고 있다. 이는 육아에 전념하고 싶어도 전념할 수 없는 엄마와 가정적이고 싶어도 가정적일 수 없는 아빠가 늘어나고 있다는 말과도 같다. 이러한 시대적 변화는 외면한 채 KBS는 여전히 보수적인 형태에서의 해결책을 내세우고 있는 것이다. 다양한 부부의 조건을 반영하지 못한 채 가정적인 아빠라는 대안만으로 엄마의 탄생을 이야기할 경우 소외되는 것은 이 프로그램을 보고 있을지도 모르는 편부모 가정이나 맞벌이 가정의 아이들일 것이다. 다양한 엄마의 탄생에 대한 다양한 대안이 필요하다.

또한 프로그램 전반을 끌어가는 스튜디오 인터뷰에서 아빠들의 말만 듣는 것은 자칫 엄마의 탄생을 아빠의 존재 안으로 수렴해버리는 행위일 수 있다. 이는 물론 가정적인 아빠의 탄생이라는 교훈적인 메시지를 줄 수도 있지만, 다른 한편으로 여전히 집안의 중심은 아빠이고 엄마는 이들에 따라 탄생할 수도 아닐 수도 있다는 가부장적인 시선의 오해를 불러올 수도 있다. 이러한 구성은 가정적인 아빠의 존재만으로는 채워질 수 없는 엄마들의 다양한 고민과 우울을 발화되지 못하게 한다. 하지만 이런 지점들이 엄마들의 입을 통해 전달될 때 출산의 불안을 느끼는 다양한 조건의 사람들 역시 마음을 움직일 것이다. 한국이 저출산국인 이유가 단지 자상한 남편이 없기 때문만은 아닌 것처럼 말이다. 중요한 것은 출산의 불안과 행복을 아빠뿐 아니라 당사자인 엄마의 입으로 직접 말할 수 있게 하는 것이다. 그래야만 화자가 아닌 관찰자로서의 아빠들의 고민이나 우울 같은 감정에 대해서도 솔직한 이야기를 들어볼 수 있다.

엄마의 '유동적인 상태' 탄생에 대하여

엄마를 원망하는 동생과, 엄마의 엄마를 원망하는 엄마. 둘 사이의 공통점은 모두 엄마라는 말이다. 엄마라는 말은 출산과 육아를 뛰어넘어 그 이후의 시간 속에서도 여전히 진행 중이다. '엄마는 이래야 한다'라는 명확한 정답지가 존재하는 세계에서는 출산에 대한 공포가 계속될 수밖에 없다. 더군다나 그 정답지를 제시하는 곳이 공영방송인 KBS라면 그 조건에 부합하지 못하는 가정의 소외감이나 상실감은 엄청날 것이다. 저출산국에서 탈출하기 위해 무엇보다 필요한 것은 명확한 정답지의 제시가 아니라 열려 있는 질문지의 제시이다. 결혼과 출산에 대한 사람들의 생각은 변해가는 시대만큼이나 다채롭다. 다양한 엄마, 아빠의 탄생을 더욱 열린 눈으로 바라본다면 극적이고 감동적인 '엄마의 탄생'이 가능해질 것이다.

더 많은 엄마들의 고백을 허하라. <엄마의 탄생>은 이러한 고백으로 만들어지는 진행형의 이야기여야만 한다. 내가 연달아 들은 엄마의 고백으로 인해 역설적이게도 나는 엄마를 더욱 엄마로 느끼게 되었다. 우리는 얼마나 많은 엄마의 고백들을 그저 어느 개인의 스쳐가는 슬픔으로 밖에 말하지 못했던가. 스쳐 보내버린 85%의 출산 전후 우울증 산모들, 스쳐 보내버린 윤정희 씨의 인터뷰, 스쳐 보내버린 엄마의 처녀 시절 사진과 눈물의 고백이 모이고 모여 엄마가 탄생하는 것이다. 이를 위해서는 먼저 그녀들의 말에 주목해야 한다.

"아직도 내가 좋은 엄마인지는 모르겠다." 이번 명절 연휴의 끝자락, 엄마가 흘린 한마디 고백이 왠지 아팠다. 출산 이후에도 지속되는 엄마라는 이름의 시간은 왜 이리 가혹한지. 그 시간을 견뎠을 다양한 조건과 다양한 연령대의 엄마들이 궁금해지기도 했다. 일단 엄마라는 말이 갖는 다양성과 보편성의 지점에서 <엄마의 탄생>의 시작을 응원한다. 나아가 엄마라는 보편성이 다양성을 잡아먹는 먹이사슬을 형성하지 않도록 그 간극을 잘 찾아갔으면 좋겠다. 다정한 가정의 모습이 순간적인 위안제가 될 수는 있지만 정답이 될 수는 없다. 여전히 진행 중인 다양한 엄마의 탄생에 대해 공영방송에서 제시할 열린 질문지를 기대해본다. 모두를 만족시킬 만한 엄마의 탄생은 이상적일 수 있다. 중요한 것은 바로 현실에서 다양하게 진행 중인 엄마의 탄생에 대한 구체적인 이야기이다. 더 많은 엄마의 고백을 허하라. 그리고 더 많은 엄마의 탄생을 응원하라. 생각만으로도 아름다운 일이다.

길어진 예능의 시대

김태용

얼마나 길어졌는가?: 길어진 예능과 불만족

얼마 전 필자의 지인이 8월 10일 방영한 <진짜 사나이>를 추천했다. 그런데 필자는 이 글을 쓰는 지금까지 추천받은 <진짜 사나이>를 보지 못했다. 무려 115분이나 되는 러닝타임 때문이다. 60분 남짓하던 시절부터 예능을 본 탓인지 예능에 115분이라는 시간을 투자하는 것이 부담스럽게 느껴졌다. <진짜 사나이>뿐 아니라 언제부턴가 예능 프로그램의 러닝타임이 야금야금 늘기 시작하더니 영화와 다름없는 수준까지 늘어났다.

조금 더 자세히 살펴보자. 현재 방영 중인 주말 예능 프로그램 중 최장수 프로그램인 <무한도전>은 2006년 처음 단독 편성되었을 당시 편성 시간이 70분이었다. 그리고 현재는 90분으로 늘어났다. 한편, 2007년에 심야 토크쇼 <황금어장>은 <무릎팍도사>와 <라디오스타> 두 코너를 60분에 담아냈다. 현재는 <라디오스타> 하나의 코너가 80분으로 편성되어 있다. 최근 늘리기 경쟁을 벌였던 일요일 저녁 예능은 더 심각하다. 2008년 <해피선데이>는 5시 30분부터 편성되어 있었는데, 올해 8월에는 4시 10분에 시작하기도 했다. 무려 80분이 늘어난 것이다.

이렇게 길어진 예능이 부담스러운 것은 필자만이 아닌 듯하다. 4시대에 시작하는 일요 예능 프로그램을 보는 시청자의 피로를 다루는 기사가 여럿 나기도 했고, 올해 4월 10일 방영된 <썰전>의 '예능심판자'에서도 이 주제를 다뤘다.

그런데 길어진 예능 프로그램의 문제가 단순히 오래 봐야 하기 때문일까? 영화, 스포츠 등 긴 러닝타임에도 우리에게 만족감을 주는 콘텐츠는 많다. 이런 콘텐츠는 길이가 길더라도 속이 꽉 차 있기 때문에 우리는 만족감을 느낀다. 그렇다면 길어진 예능에 시청자가 불만을 토로하는 이유를 알기 위해선 과거에 비해 길어진 시간을 제대로 채우고 있는지 따져볼 필요가 있다.

어떻게 길어졌는가?: <1박 2일> 분석

여러 프로그램 중 과거와 현재의 변화를 따져볼 프로그램으로 <1박 2일>을 선택했다. 2007년에 방영을 시작한 <1박 2일>은 7년 동안 포맷에 큰 변동이 없었다. 따라서 다른 프로그램에 비해 늘어난 편성시간이 예능의 과거와 현재를 어떻게 바꿔놨는지 비교하기에 적합하다. 비교 대상으로는 2008년 8월 31일 방영분과 2014년 8월 3일 방영분을 선택했다. 두 방영분 모두 <1박 2일>의 상징인 잠자리 복불복, 취침, 기상 과정을 다루고 있기 때문이다. 그리고 이렇게 선택한 두 <1박 2일>이 몇 개의 숏으로 이뤄져 있는지 세어보았다.[1]

집계 결과 2008년 방영분은 다음 주 예고를 제외하고 60분 동안 767개의 숏으로 구성되었다. 한편, 2014년 방영분은 지난 주 요약과 다음 주 예고를 제외하고 100분 동안 1,640개의 숏으로 구성되었다. 단순히 비교하자면 예전보다 시청자는 40분이나 길어지고 873개나 더 많은 숏이 포함된 <1박 2일>을 보고 있는 것이다.

그러나 숏의 수만 놓고 보면 아이러니한 부분이 있다. 사용된 숏을 시간으로 나눠보면 1분에 사용되는 숏이 대략 12개에서 16개로 늘어났다. 일반적으로 같은 시간에 들어간 숏의 숫자가 더 많으면 더 풍부하고 빠른 사건진행 영상이 만들어진다. 따라서 현재 <1박 2일>은 러닝타임이 늘어났지만 1분에 보는 숏의 수도 늘었으므로 더 박진감 넘치고 풍부한 이야기를 담아야 한다. 하지만 그런 느낌을 주지는 못한다. 늘어난 숏에 문제가 있기 때문이다.

먼저, 정상적인 사건의 흐름을 방해하는 숏이 예전보다 늘었다. 앞으로 지적할 모든 숏은 기본적으로 사건의 흐름을 방해한다. 대표적으로 슬로모션과 정지화면을 들 수 있다. 2014년 <1박 2일>에서는 슬로모션이 적용된 숏이 89개였다. 24번이 쓰였던 2008년에 비하면 3배 이상 늘었다. 슬로모션은 시간 흐름을 느리게 해 결정적인 순간의 긴장감을 높이거나, 순간적으로 지나가는 장면을 세밀하게 보여주는 기능을 한다. 그러나 2014년 <1박 2일>에 사용된 슬로모션은 단순히 장면을 부드럽게 넘어가기 위해 사용되거나, 왜 이 장면에 슬로모션이 쓰였는지 의도를 짐작하기 어려운 장면이 많았다. 비슷한 기능을 하는 정지화면은 비교적 적절한 순간에만 사용되었지만, 이 역시 17번에서 34번으로 2배 증가해 <1박

---

1) 본 비평에서 숏은 컷, 디졸브 등 장면전환 기법으로 나뉜 영상 단위를 뜻한다.

2일> 속 시간 흐름에 제동을 걸고 있다.

또한 시간을 끌면서도 담고 있는 정보의 가치가 낮은 숏이 늘었다. 자료화면과 리플레이가 그것이다. 먼저, 자료화면은 사건의 이해와 몰입을 돕고, 사건에 의미를 부여하거나 증폭하기 위해 쓰인다. 출처에 따라 자료화면은 프로그램 속 자료화면과 프로그램 밖 자료화면으로 나눌 수 있다. 만약 <1박 2일> 중간에 영화의 한 장면이 등장한다면 이는 프로그램 밖의 장면을 가져와 쓰는 것이다. 2008년에는 이렇게 프로그램 밖에서 가져온 장면이 없었다. 2014년 <1박 2일>에서도 프로그램 밖의 자료화면이 활용된 경우는 2번뿐이었다.

그러나 비록 횟수는 적지만 그 사용이 적절한지는 의문이 든다. 야외취침 중에 출연자가 단지 비를 맞기 때문에 영화 <클래식>과 <늑대의 유혹>의 비 내리는 장면을 자료화면으로 연결한 것은 어색하다. 그리고 세계 각국의 식재료를 벌칙 음식의 재료로 준비했다는 사실을 부각하기 위해 여러 나라의 요리 장면을 스케치해서 보여주는 자료화면도 불필요해 보인다. 결국 앞뒤 장면과의 어색한 연결 관계 때문에 프로그램 밖의 자료화면은 쓸모없는 콘텐츠를 담고 있는 숏이 되어버렸다.

한편, 프로그램 안에서 일어난 장면을 끌어오는 문제는 좀 다르다. 2008년 <1박 2일>은 과거 장면 2번, 미래 장면 1번을 인용했는데, 2014년에는 과거 장면을 무려 14번, 미래 장면을 1번 인용했다. 횟수의 변화가 도드라지는 과거 장면의 문제만 살펴보자.

프로그램 속 과거 자료화면은 늘어난 수만큼이나 출처도 문제이다. 2008년의 <1박 2일>은 적어도 그날 방영되는 방송분의 과거를 인용하진 않았다. 그러나 2014년의 <1박 2일>은 조금 전에 지나간 장면을 다시 보여주기도 한다. 집중해서 본 시청자라면 충분히 알고 있을 그날 게임의 결과를 정리하거나, 출연자의 말이나 자막으로도 충분히 떠올릴 수 있는 사실을 자료화면으로 다시 설명하는 식으로 말이다. 우리가 이미 알고 있는 정보는 그 가치가 낮게 매겨진다. 마찬가지로 요즘 <1박 2일>의 자료화면에 담긴 정보의 가치는 낮을 수밖에 없다. 시청자의 머릿속에서 중복되는 가까운 과거를 보여주기 때문이다.

그렇다면 일어난 사건을 바로 반복하는 리플레이 숏은 어떨까? 과거의 리플레이는 대부분 단순히 재미있는 장면을 반복하거나 클로즈업해서 보여주는 방식이었다. 그러나 지금은 하나의 사건을 다양한 각도에서 보여주는 방식이 늘었다. 이런 연출로 시각적 정보의 중복은 피할 수 있지만 청각적 정보의 중복은 피할 수 없다. 따라서 리플레이를 집계하는 기준은 소리여야 한다. 이 기준에 따라 소리가 겹치는 숏을 헤아려보면, 2008년 33개에 불과했던 리플레이 숏은 2014년 113개까지 늘어났다.

중복된 음성 정보를 담는다는 점에서 리플레이 숏도 자료화면처럼 알찬 정보를 담고 있는 숏이 아니다. 이 점은 특히 출연자의 재담이 리플레이 되는 상황에서 명백하다. 리플레이는 그저 방금 재미있던 말을 되풀이할 뿐이지, 그 속에 새로운 정보는 없다.

이는 각도를 달리하는 리플레이 숏에도 부분적으로 해당한다. <1박 2일>의 복불복 장면을 한번 살펴보자. 두 출연자가 가위바위보 게임을 한다.[2] 승부가 결정 나는 순간 바스트 숏으로 출연자 둘을 한 번 내보낸다. 그리고 클로즈업으로 출연자의 손을 보여주고, 게임을 지켜보는 출연자의 리액션을 보여주고, 마지막에 풀 숏으로 전체 상황을 보여주면서 사건을 마무리한다. 물론 리플레이가 될 때마다 같은 소리가 반복된다.

---

2) 실제 방영분에서는 엉덩이를 이용해 튜브를 멀리 날리는 게임을 진행했다. 이 글에서는 독자의 이해와 서술의 편의를 위해 가위바위보 게임으로 바꿔 서술한다.

이렇게 하나의 사건을 다각도로 리플레이하는 연출이 반복의 단조로움을 피하고 장면을 더 풍부하게 만든다고 느낄 수도 있다. 그런데 이 과정에서 되풀이되는 출연자의 리액션은 대동소이하다. 다른 게임의 리액션을 갖다 붙여도 구분할 수 있을지 의문이다. 또한 클로즈업을 하지 않아도 충분히 이해할 수 있는 장면까지 클로즈업해서 리플레이된다. 사실상 하나의 사건에 담긴 정보를 조각내 감질나게 보여주면서 시간만 끌고 있는 것이다. 즉, <1박 2일>의 일부 리플레이 숏은 단순한 반복으로 정보를 중복시키고 있으며, 다각도로 반복한 숏도 나름의 유용한 정보를 만들어내지 못하고 있다.

지금까지 현재와 과거의 <1박 2일> 숏 구성을 비교 분석해보았다. 화면 효과를 미세하게 적용한 샷이나 중복의 정도가 미세한 샷 때문에 수치에 약간의 차이는 있을 수 있다. 하지만 기본적으로 사건의 흐름을 방해하는 숏이 과거보다 늘었으며, 연결된 숏과의 연관성 부족, 정보의 중복으로 부실한 정보를 담고 있는 숏이 늘었다는 경향성은 충분히 확인할 수 있다. 앞서 예상한 대로 <1박 2일>은 길어진 러닝타임을 제대로 채우지 못하고 있었다.

이런 분석 결과는 <1박 2일>에만 국한되지 않는다. 물론 프로그램 한 회분의 분석을 모든 예능에 적용하는 것은 지나친 일반화일 수 있다. 하지만 같은 장르의 게임 버라이어티는 물론, 토크쇼나 관찰형 예능 프로그램을 집중해서 관찰해보면 분석에서 지적한 숏의 남용을 흔히 발견할 수 있다.

왜 길어졌는가? 짧아질 수 있는가?: 길어진 예능과 과대 포장 과자의 비교

요즘 소비자를 가장 분통 터지게 하는 것 중 하나는 과자의 과대 포장일 것이다. 번드르르한 겉과는 달리 속았다는 기분이 들 정도로 적은 양이 들어 있는 과자가 늘었다. 주로 국산 과자가 이런 꼼수를 써서 소비자의 비판과 조롱의 대상이 되고 있다. 그런데 과대 포장 과자는 지금의 길어진 예능과 유사하다. 과자에는 양을 부풀리기 위해 먹을 수 없는 질소와 완충재가 들어가고, 예능에는 별 영양가 없는 부실한 숏이 끼어든다. 그런데도 과자의 가격은 올라갔다. 마찬가지로 예능을 보기 위해 소비자가 치러야 하는 비용도 늘었다. 사건의 흐름을 방해하는 숏 때문에 한 편의 예능을 보기 위해 투자해야 하는 시간이 늘어난 것이다.

과대 포장으로 과자 회사만 득을 보듯이 예능 과대 포장으로 웃는 것은 방송사 경영진뿐이다. 현재 방송법상 광고시간으로 쓸 수 있는 시간은 프로그램 편성시간의 1/10이다. 따라서 프로그램의 편성시간을 늘리면 더 많은 광고를 팔 수 있다. 더 중요한 이유는 프로그램의 길이를 늘리면 다른 프로그램보다 일찍 시작하고 늦게 끝낼 수 있기 때문이다. 그러면 경쟁 프로그램보다 시청률 싸움에서 우위를 점할 수 있고, 이렇게 만들어진 높은 시청률은 높은 광고료를 책정하는 지표가 된다. 즉, 예능이 길어지면 방송사는 더 높은 광고수익을 올릴 수 있다. 하지만 시청자는 보느라 힘들고 제작진은 만드느라 힘들다.

과자 회사의 매출은 소비자의 분노와 수입 과자라는 대체재의 출연으로 감소했다. 이는 소비자가 제품에 직접 가격을 지불하기 때문에 가능한 일이다. 그러나 방송사는 다르다. 그들의 이익에 직접 영향을 미치는 것은 광고주이다. 시청자의 이용은 광고주를 통해 간접적으로 방송사의 수익에 영향을 줄 뿐이다. 그 지표인 시청률마저도 현실을 제대로 반영하지 못해 개선해야 한다는 논의가 많다. 시청자가 적당한 시간 수준으로 예능을 시청하기 위해 방송사를 압박할 수 있는 여지는 희박해 보인다.

결국 길어진 예능이 적당한 길이로 돌아가기 위해서는 콘텐츠의 질과 방송사의 수익 간에 균형을 맞추는 방송사 경영진의 결단이 필요하다. 하지만 그 결단은 수익이라는 유혹 앞에 쉽게 흔들리는 듯하다. 실제로 지난 8월 18일 방송 3사는 일요일 예능을 4시 50분에 시작하기로 합의했다. 그러나 합의를 하고 난 뒤에도 편성표는 요동치고 있다. 9월 7일에 방송 3사는 추석을 이유로 4시 30분에 예능을 편성했고, 9월 21일에는 아시안 게임을 이유로 다시 3사가 제각각 예능 프로그램을 편성했다. 일부는 4시 50분보다 일찍 시작하기도 했고, 종료 시간으로 합의한 7시 55분을 넘겨 방영하기도 했다. 방송사 간의 합의는 어기더라도 제재수단이 없어 이처럼 이런저런 구실로 얼마 지나지 않아 유명무실한 약속이 될 가능성이 높다.

또한 현재 준비 중인 광고총량제의 도입도 예능을 늘리도록 경영진을 유혹할 가능성이 높다. 지금은 편성으로 주어진 광고시간을 시보, 자막, 토막, 프로그램 광고로 나눠 사용해야 하지만, 광고총량제가 도입되면 이 시간을 모두 광고료가 비싼 프로그램 광고로 채울 수 있다. 이런 변화로 예능과 같은 킬러 콘텐츠에 대한 방송사의 수익 의존도가 높아지고, 시청률을 사수하기 위한 연장과 꼼수 편성 경쟁이 더 심해질 가능성이 있다.

이런 상황에서 길어진 예능은 다시 줄어들 수 있을까? 그러기 위해선 많은 것이 바뀌어야 한다. 하지만 그 시작은 단지 짧게 만들어보는 것이다. 국산 과자가 위기를 맞은 것은 정직한 포장지에 담긴 합리적인 가격의 외국 과자가 등장하면서부터였다. 그때까지 국산 과자의 과대 포장에 알면서도 당해온 소비자들은 외국 과자를 선택함으로써 실망과 분노를 표현했다. 과자가 그랬듯, 길어진 예능의 시대에 경쟁자를 압도하는 방법은 방송사의 예상과 달리 있는 그대로를 정직하게 담아 짧게 만드는 것일지도 모른다.

가작

나는 '어떤' 가수다!
<나가수>와 <히든싱어>를 가르는 한 마디

황진영

인간들은 다르다는 것에 불안을 느끼고 자기와 다른 인간을 배척하게
돼 있어. 하지만 야생에서는 달라야만 서로 존중을 받지. 거기에서는 다르다
는 것이 살아남는 방법이야.

— 은희경의 <지도중독> 중에서

<나는 가수다>(이하 <나가수>)가 생산해낸 화려한 신드롬이 한철의
격정으로 저물어버린 것은 <나가수>의 판이 애초부터 모순적이게 짜인
탓이 클 것이다. 인간은 이질적인 것에 경계심을 가진다. 그러나 야생에서
는 자신이 남들과 다르다는 걸 증명해야 살아남는다. <나가수>에 출연한
가수들은 오랜 시간에 걸쳐 가수로서의 자기 정체성을 쌓아오며 자신만의
차별성을 증명해온 이들이다. 그런 그들이 <나가수>의 경쟁의 틈바구니
에서 자기를 파괴하는 파격적인 경험을 하다가 종국에는 자기 존재의

상실을 경험한다. 무대 가운데에 앉아 낮게 읊조리듯 부른 「바람이 분다」로 시청자의 시선을 한눈에 사로잡았던 이소라가 보아의 「넘버1」이라는 파격적인 무대를 거쳐 종국에는 '지르는 음악'에 대한 피로감을 호소하며 탈락했듯, 그들은 무대에서 살아남고 싶으면 그들을 야생에서 살아남을 수 있게 해준 그들다움을 버리라고 은밀히 강요받는다. 이런 모순이라니! 자기 존재를 부정해야만 생존할 수 있는 무대란 얼마나 잔인하고 기만적인가. <나가수>의 진짜 잔인함은 자기 파멸성에 있다. 그리고 그 가수가 '그 가수다움'을 허용하지 않는 기만적인 성격의 무대에 있다.

<나가수>가 간과했던 것

<나가수>는 처음 제작의도를 밝히며 듣는 음악을 지향한다고 했다. 이는 제작진이 무대와 그 무대를 소비하는 관객의 성격을 애당초 잘못 이해하고 있었다는 뜻이다. 수전 손택(Susan Sontag)은 대중예술이 지닌 미학을 '관능미학'이라고 지칭했다. 미적 거리를 두고 시각과 청각만을 사용해 예술을 성찰하는 것이 올바른 관람 방법이라고 교육해왔던 순수예술과 달리, 대중예술을 즐길 때 우리는 오감을 가지고 적극적으로 느끼고 참여하고 만끽한다. 정통 클래식 공연과 유명 록 밴드의 콘서트에서 똑같은 청취 태도를 취하는 이가 얼마나 될까? <나가수>는 듣는 음악을 지향한다고 했지만 그곳을 찾은 관객은 무대와 거리를 둔 채 귀로만 음악적 성취를 가려내기 위해 그 자리에 앉은 것이 아니다. 오감을 열고 쩌렁쩌렁한 노랫소리가 주는 진동, 가수의 화려한 퍼포먼스가 전달하는 쾌감, 직접적으로 닿아오는 감동을 누릴 준비를 한 채 그곳을 찾았다.

<나가수>의 출연진은 얼마 지나지 않아 그걸 알아차렸고, 음악적

깊이나 다원적 해석보다는 가장 효율적으로 관객의 오감을 자극할 방법이 뭔지 골몰하게 됐다. <나가수>의 판은 애초부터 그렇게 흘러가게 되어 있었다. 그리하여 박정현과 김범수는 신데렐라가 됐다. 이는 비유적인 표현이 아니다. <나가수>의 무대가 실제로 신데렐라의 구두와 같기 때문이다. 관객이라는 이름의 왕자는 치수가 정해져 있는 신발을 내밀며 그 신발을 신어 자신이 최고의 가수임을 증명하라고 요구한다. 잔혹동화 속 신데렐라의 언니들처럼 여러 출연자들은 맞지 않는 신발을 신기 위해 자신의 발가락과 발꿈치를 잘라 발을 끼어 넣는 수고를 아끼지 않았지만 생존을 향한 긴 경쟁의 여정에서 살아남는 건 결국 원래부터 그 구두에 특화돼 있던 이들일 수밖에 없었다. 서로 달라 야생에서 살아남을 수 있었던 이들을 불러들여 유사 신데렐라로 균질화시키는 무대. 그런 무대가 오랫동안 매력적이기는 힘들다.

<나가수>와는 다른 정체성의 구두 <히든싱어>

<히든싱어> 역시 <나가수>처럼 경쟁이라는 시스템을 차용하고 무대라는 공간을 활용한다. 또한 그들도 듣는 음악을 지향한다고 밝혔다. 가수들이 무대 위에서 자기 존재에 대한 고민과 맞닥뜨리게 된다는 점도 마찬가지이다. 하지만 <히든싱어>의 무대는 <나가수>와 다르다. 방청객과 시청자를 속이기 위해서 용을 쓰는 방송임에도 애초부터 정해진 구두에 발이 맞는 이들을 모집했고 그걸 프로그램의 성격으로 내세웠기에 그 무대는 기만적이지 않다. 그래서 불편하지 않다. 또한 한 회당 한 구두씩, 매회 다른 구두를 준비한단 점에서 신데렐라의 구두가 딱 하나밖에 없는 <나가수>와는 차별적인 지점이 있다. 그런 점에서 <히든싱어>

는 영민했다.

 <히든싱어>와 <나가수>의 차이를 설명하는 데 문영미 교수가 쓴 마케팅 서적『디퍼런트』는 유용하면서도 효과적인 논리를 제공해준다. 그녀는 최고가 되기 위해 수많은 기업이 천편일률적인 경쟁을 벌이고 있는 현재의 비즈니스 모델을 분석하며 과연 진정한 차별화가 무엇인지를 고민한다. 모두가 시장 조사를 바탕으로 동일한 전략을 사용해 제품을 개선해갈 경우 처음에는 의미 있는 질적 개선이 이뤄지지만 과잉 성숙 단계를 넘어서면 소비자가 제품 간 차이를 파악하기 힘든 시점으로 진입한다고 이 책은 분석한다. 진열대에 나란히 놓인 저칼로리 프리미엄 흑맥주와 프리미엄 라이트 흑맥주의 차이를 파악하기 힘들 듯이 말이다. 마치 <나가수>의 흐름을 그대로 분석한 것만 같은 글이다. <나가수>의 가수들 역시 방청객이라는 시장을 만족시키기 위해 나날이 동일한 전략을 사용하다가 어느 순간 균질화되지 않았던가. 그렇다면 진정한 차별화를 이루려면 어떻게 해야 하는가.『디퍼런트』의 표지에는 '넘버원을 넘어 온리원으로'라는 문구가 적혀 있다. 똑같은 방식과 전략으로 경쟁해 넘버원이 되려는 것은 공멸을 가져오므로 자신만의 장점과 개성을 강조하고 발전시켜 온리원이 되라는 것이다.

 <나가수>처럼 <히든싱어>의 무대에도 구두 하나가 놓여 있다. 그러나 그것은 <나가수>에 놓인 구두와는 정체성이 다르다. <나가수>의 구두가 넘버원을 나타낸다면 <히든싱어>의 구두는 다른 가수로는 대체 불가능한 오로지 그 가수 한 사람, 온리원을 상징하기 때문이다.

넘버원에서 온리원으로의 전환

넘버원에서 온리원으로의 전환은 <히든싱어>에 예상보다 훨씬 다채로운 이야깃거리를 심어줬다. 먼저 방청객들은 누가 최고의 가수냐는 추상적 질문 대신 누가 그 가수냐는 구체적인 질문을 부여 받았고, 이는 시청자가 오감 중 청각에 집중해 노래를 들어야 하는 이유가 되어줬다. 구체적인 대상의 설정으로 '듣는 음악을 지향한다'는 제작진의 포부를 성공적으로 이룬 것이다. 비슷한 것들 가운데 진짜를 가려내는 행위는 평소 흘려듣던 노랫소리의 소소한 부분까지 집중해서 듣게 만드는 역할을 하는 데 그치지 않고 시청자에게 추리적 재미를 선사하며 예능으로서의 정체성을 공고히 하는 기능 역시 수반한다.

<히든싱어> 무대만의 독특한 긴장감도 넘버원에서 온리원으로의 전환이 가져다 준 재미 중 하나이다. <나가수>에 비하면 <히든싱어>는 비교 불가할 만큼 편안한 방송이다. 그러나 시청자에게 편안하다고 가수에게도 편안하다고 볼 수는 없다. <나가수>처럼 <히든싱어>에 출연하는 가수도 오랜 시간에 걸쳐 가수로서의 자기 정체성을 쌓아오며 차별성을 증명해온 이들이다. 그들은 온리원으로서 자기 색깔에 대한 자부심이 있다. 그만큼 그걸 위협당할 때 받는 충격은 크다. 대중이 자신의 목소리를 기억하지 못한다면, 자신의 목소리가 다른 이로 대체 가능하다면 가수로서의 자신의 존재 가치는 어디에 있단 말인가? 그 질문이 가수에게 쉬울 수는 없다. 최고의 가창력을 자랑하기에 자신만만하게 등장했던 김범수나 휘성이 자신과 다른 이들을 구분하지 못하는 청중 앞에서 긴장과 불안을 숨기지 못한 것이나 자신을 닮은 이를 꼭 만나고 싶다던 이재훈이 막상 그를 만나자 안아줘야 할지 밀어내야 할지 모르겠다며 양가감정을 드러낸

것은 자연스러운 반응이다. 그러나 <히든싱어>의 장점은 <나가수>와는 달리 가수가 심각해져도 그 심각성이 시청자에게 곧장 전염되지 않는다는 점이다. 시청자들은 가수가 탈락한다 해도 그게 원본의 아우라를 훼손하지는 않는다는 걸 안다. 신승훈 대신 모창자가 최종 우승을 차지했다 해서 그가 신승훈을 대체할 수 있다고 믿는 이는 없을 것이다. 그렇기에 시청자들은 가수들의 긴장이 흥미진진할 뿐 불편하진 않다. 가수의 긴장은 거짓이 아닌데 그 긴장이 시청자에게 불안함 대신 즐거움으로 변환돼 전달된다면 예능에서 이만큼 적정한 긴장감이 달리 있을까.

온리원을 다루기에 <히든싱어>가 가질 수 있는 또 다른 혜택은 따뜻한 이야기이다. <나가수>는 경쟁 서사를 통해 드라마를 창출했다. 4단계를 거치는 동안 매번 탈락자가 생기는 <히든싱어> 역시 서바이벌 쇼의 성격을 띠지만 무대라는 한정된 공간, 몇 시간이라는 짧은 촬영 시간, 노래를 하고 탈락자를 뽑는 단조로운 구성 안에서 재미 이상의 감흥을 이끌어낼 만한 굴곡 있는 이야기를 뽑아내긴 어렵다. 대신 <히든싱어>는 가수를 특별한 존재이게 하는 다른 요소에서 스토리를 축출한다. 바로 그의 팬들이다. 가수들은 팬이 있기에 자신이 존재할 수 있단 걸 알고는 있지만 팬을 직접적으로 만나고 인식할 수 있는 기회는 희박하므로 그들에게 개별적인 팬의 존재는 실재적이지 않다. 그렇기에 자신이 부른 노래가 일면조차 없는 인물들의 삶에 어떤 실제적인 영향력을 행사했는가를 생생하게 마주치게 되는 <히든싱어>는 가수들에게 독특한 감성을 이끌어낸다. 이선희가 "전 세계에서 어떤 가수가 이런 시간을 맞을 수 있겠어요?"라거나, 임창정이 은퇴 발표를 했을 때 많이 울었다는 모창자의 말을 듣고 "그때의 오만방자함을 너무너무 후회하고 있습니다"라거나, 윤도현이 "호진 군(모창자)을 보면서 제가 다시 음악을 더 진지하게 해야겠구나라는 생각이 드네요"라거나, 휘성이 "태어나길 잘했고 가수하길 잘했다고 느끼게 했어요"라고 말한 것처럼 말이다. 가수가 팬들과 교감하며 느끼는 이때의 감정은 고스란히 이 프로그램의 드라마가 된다. 그리고 이 드라마의 완성은 팬과 가수의 만남이 창출하는 따뜻함이 신파로 흘러가는 걸 멋들어지게 방지하는 전현무의 깨방정 진행으로 화룡점정을 찍으며 마무리된다.

나는 '어떤' 가수다!

물론 <히든싱어>에도 허점은 있다. 진짜와 가짜를 가리는 일이 어렵지 않았던 '박정현 편', '김윤아 편', '이선희 편'처럼 게스트에 따라 추리하는 재미가 좌지우지될 여지가 크다. 또한 가수의 열렬한 팬이 모창자가 돼 가수를 찾았다는 관계 설정이 정형화되다 보니 그에 대한 감동이나 감흥이 조금씩 줄어들고 있단 점도 아쉽다. <나가수> 정도로 출연 가수의 자격에 엄격하진 않지만 출연 가수의 폭이 복수의 히트곡을 통해 대중에게 잘 알려져 있는 보컬리스트로 한정돼 있다는 점도 한계라면 한계이다. 진짜보다 더 진짜 같은 가짜를 찾는 방송임에도 확률적으로 가수가 우승할 가능성이 훨씬 높다 보니 이를 전제하고 전체 구성이 짜여 있다는 모순도 가끔씩 프로그램의 완성도를 떨어뜨린다. 즉, <히든싱어>는 대체로 1, 2단계는 가수의 위기, 3단계는 극복, 4단계는 우승이라는 구조를 따르는데, 위기 단계에서 가수가 조기 탈락할 경우 프로그램의 기승전결이 무너지면서 몰입도가 크게 떨어진다는 것이다. 포맷 면에서 너무 완성돼 있다는 것 역시 불안요소이다. 예를 들어, 시즌1에서는 왕중왕전을 녹화 방송으로 치렀으나 시즌2에서는 오프라인 대결에 이어 생방송 대결까지 추가적으로 편성하며 차이를 보였다. 시즌3에서도 이선희의 본격 대결 전에 스페셜 방송분을 편성하며 변화를 보였으나 이는 모두 양적 증가일 뿐 시즌별 질적 개선이라 보기는 힘들다. 시즌2에 고인이 된 김광석과 살아 있는 모창자의 대결을 그리며 대결의 대상을 고인으로까지 확장하는 인상적인 성장을 보이긴 했으나 이 역시 포맷의 변화에 기인한 것은 아니었다. 이는 현재의 <히든싱어>가 굳이 손댈 필요 없이 탄탄하고 안정되게 잘 만들어졌단 걸 증명하지만 반대로 도약이 필요해지는 시점이 오면 변화를 도모하기가 그만큼 어렵단 뜻이기도 하다.

그러나 이런 불안요소에도 <히든싱어>는 여전히 '핫'한 프로그램이다. <나가수>가 한철의 신드롬으로 저물었던 것과 달리 시즌3을 치르고 있는 지금도 여전히 대중의 사랑과 지지를 받으며 승승장구하고 있다. 앞서 얘기했듯 나는 그 이유가 경쟁의 방향이 넘버원에서 온리원으로 전환됐기 때문이라고 생각한다. 이를 고쳐 말하면 <나가수>와 <히든싱어>의 차이를 가른 건 '어떤'이라는 단 한 마디라고 생각한다. <히든싱어>를 풀어쓰면 '팬들과 가수에게 서로는 어떤 의미이고, 가수사(史)에 그는 어떤 존재이며, 어떤 노래를 했고, 어떤 방식으로 부르는가를 알아보는 방송' 아닌가. 결국 <히든싱어>는 '나는 가수다'에 '어떤'을 덧붙인 '나는(또는 그는) 어떤 가수다'를 탐험하는 방송이라고 할 수 있다.

소박해도 의미 있는 시선의 이동이다. 우리는 이미 <나가수>를 통해 과도한 경쟁이 다양한 성격의 가수를 유사 신데렐라로 균질화시키는 현장을 목격했다. 일등지상주의가 아이들의 개성적 재능을 압사시키듯 과도한 경쟁은 다양성을 강탈한다. 획일적 삶만 배운 이들에게는 경쟁만이 유일한 삶의 방식이듯 다양성의 부재는 과도한 경쟁을 양산한다. 우리는 이 사실을 한국의 현실을 통해 많이 겪어왔다. 그러나 최근 인기를 끌고 있는 JTBC 토크 프로그램 <비정상회담>의 외국인 출연진이 "이탈리아는 대학교를 안 나와도 충분히 성공할 수 있고 인정받을 수 있다"(이탈리아 알베르토), "중학교만 졸업해도 직업 교육을 받아 마이스터라는 자격증을 받으면 굴뚝 닦는 사람이라도 사회적으로 인정을 받는다"(독일 다니엘)라고 말했듯 이는 한국의 현실일 뿐 인류 공통의 보편적인 삶은 아니다. 한국에 다양성이 부재한 원인에는 여러 가지가 있겠지마는 '무엇'에 비해 '어떤'을 경시하는 태도도 그 이유 중 하나가 아닐까 한다. 의사냐, 아이돌이냐, 굴뚝 청소부냐보다 '어떤' 의사냐, '어떤' 아이돌이냐, '어떤' 굴뚝 청소부냐를 중요시하는 태도에서 다양한 삶에 대한 존중이 움틀 수 있다. 대중의 엄격한 잣대를 통과한 자만이 입성을 허가받는 <나가수>와는 달리 '어떤'을 중시하는 <히든싱어>의 세계에서는 장르와 세대, 연륜이 제각각인 이선희, 박현빈, 아이유, 윤도현이 모두 한 명의 게스트로 동일하게 존중받듯이 말이다.

이와 같이 <나가수>에서 <히든싱어>로의 전환은—제작진이 의도했든 아니든—세상(가수)을 바라보는 시선의 이행을 바탕으로 하고 있기에 소박하나마 의미심장한 부분이 있다. 더 많은 장르의 음악이 대중에게 사랑받는 음악시장을 건강한 시장이라고 일컫듯 삶 역시 마찬가지일 것이다. 한 명의 넘버원보다 다양한 온리원이 존재하는 건강한 삶을 만들기 위해서라도, <나가수>의 무대를 빼닮은 기만적 한국의 현실을 개선하기 위해서라도 '무엇' 이상으로 '어떤'을 중시하는 태도의 프로그램을 우리네 브라운관에서 더 많이 만나볼 수 있기를 소망한다.

JTBC <비정상회담>: 몰락은 이미 예정된 것일 지도 모른다

배동미

  JTBC에서 월요일 오후 11시에 방영되는 예능 프로그램 <비정상회담>은 국적이 모두 다른 열한 명의 시선으로 한국 사회를 바라볼 수 있는 장을 열었다. 누군가는 그 외부의 시선이라는 것도 결국 제작진에 의해 짜인 것이 아니냐고 반문할 수도 있다. 그러나 <비정상회담>은 세트의 구성에서부터 자유로운 토론을 지향하고 있다. 2010년 종영한 KBS <미녀들의 수다>에서는 출연자들이 계단식으로 줄줄이 앉아 서로의 뒷모습만 보면서 이야기를 나누었다. 카메라를 향해 시선을 던지며 MC에게 발언권을 얻은 출연자들이 입을 여는 방식이었다. 반면 <비정상회담>은 열한 명의 출연자가 ㄷ자 모양으로 생긴 하나의 테이블에 마주보고 앉아서 서로의 말을 자르고 이어붙이는 식으로 논의가 이루어진다. 논의가 깊어지면 출연자들끼리 흥분해서 목소리가 커지고 말의 속도 또한 빨라진다. 말하자면 제작진이 쉽게 말을 자르거나 붙일 수 없을 만큼 분위기가 과열된다. 이렇듯 제작진이 통제할 수 없는 가운데 한국 사회를 찌르는 논의들이 오가는 것이다. 그뿐만 아니라 MC가 중재에 나서서 바뀌는 논점을 고쳐주기 전에 출연자들이 중간 중간 논점을 고쳐 안는 발언을 던지기도 한다. 말하자면 전현무, 유세윤, 성시경으로 이루어진 세 명의 MC가 하는 역할은 크지 않다. 오히려 MC들이 미덕을 저버리는 경우도 많다. 프로그램의 지향점과 달리 MC들이 개인 판단을 내리는 상황도 빈번하게 있었다.

역설적이게도 이같이 제작진과 MC진이 출연자 통제에 실패하는 지점을 들여다보는 것이야말로 <비정상회담>을 비평하는 데 있어 중요한 기준점이 된다고 생각한다. 요컨대 <비정상회담>의 감동과 한계 모두 바로 그 통제 실패에 달려 있다.

편견을 무기로 편견 깨부수기

프로그램 전반부는 '글로벌 세계대전'이라는 이름으로 출연자들의 모국 문화를 소개하는 것으로 이루어진다. '글로벌 세계대전'은 항상 한국 문화로 시작해서 한국 문화에 대한 출연자들의 긍정을 이끌어낸 뒤 세계 문화를 훑어보는 하나의 완결되고 닫힌 내러티브를 만들어낸다. 그 과정 속에서 한국 문화에 대한 인정은 당연시되지만 타 문화는 다르다. 예를 들어 4회에서 캐나다인 기욤이 중국인 장위안에게 "중국 사람들 씻긴 해요?"라는 무례한 질문을 서슴지 않는 등 세계 문화를 논의하는 척 가장하면서 민족 사이의 편견을 들이대는 경우가 많다. <비정상회담>이 편견을 깨겠다고 이야기하면서 이처럼 편견에 편승하는 이유는 무엇일까? 편견을 이용하면 시청자를 빠르고 자극적으로 끌어들이기 쉽기 때문이다. 중국인에게 중국 사람들이 씻지 않느냐고 면전에 묻고, 당황하면서 부정하는 중국인을 보는 것만큼 쉽게 사람들의 흥미를 끌 수 있는 방법도 없을 테다. 하지만 이는 솔직하다는 이유만으로 받아들일 수 없는 발언임에 분명하다. 여기에 개입해야 할 MC들은 뒷짐을 진 채 그저 웃거나 출연자들끼리 자존심을 긁는 언행이 오가도록 은근히 부추긴다. MC로서 제 역할을 다하지 않는 것이다. 일차적인 진행의 실수는 여기에서 한 번, 제작진에 의해 또 한 번 저질러진다. 예를 든 저 무례한 질문이 많은 말들이 오가는 와중에 출연자들이 내뱉을 수 있는 실수였다손 치더라도 제작진은 응당 걸러냈어야 마땅하다. 실제로 기욤은 몇 회에 걸쳐 장위안에게 중국의 위생을 이야기하면서 그를 자극했다. 이렇듯 반복적으로 인종에 대한 편견을 이야기하면서 <비정상회담>은 편견을 깨부순다기보다 단발적인 웃음을 이끌어낼 뿐이다.

편견이 나쁜 이유는 부수적인 것을 본질적인 것처럼 둔갑시켜서 그것을 단단하게 만들고, 또 다시 차별의 기제로 작동한다는 데 있다. <비정상회담>에서 그려지는 말장난과 특정 패널의 캐릭터화는 시청자에게 편견을 심는다는 비판을 비껴나갈 수 없다. 특히 가나인 샘은 아프리카계의 신체적 우월성을 칭찬받는 존재로 그려지거나, 우스운 억양을 구사하는 캐릭터로 대상화된다. 이는 아프리카계 인종에 대한 아주 오래된 편견이다. <비정상회담>은 인종차별을 없애고 싶다고 출연자들의 입을 통해 여러 차례 밝혀왔지만 이렇듯 실상은 편견에 동승하고 있다. 그리고 그 속에서 출연자들은 서로를 자극하면서 소모될 수밖에 없다.

직관적 통찰과 경험주의의 충돌

'글로벌 문화대전'이 끝나고 나면 게스트가 던지는 논의 주제에 따라 한국 사회의 문제에 대한 활발한 토론이 이루어진다. 각국의 출연자들은 자국 문화에서 배운 삶에 대한 태도를 굽히지 않고 토론 과정 속에서 타당한 근거를 대며 주장을 밀고 나간다. 이 과정 속에서 처음 던져졌던 논의보다 더욱 심화된 논의가 이어진다. 연로한 부모님을 복지시설에 모시느냐 직접 모시느냐에 대한 논의를 나눈 9회의 경우, 진정한 정답이 있을 수 없기에 논의를 나누는 과정 자체가 의미 있는 선문답이고 그 자체로 아포리아이다. 한국 땅에서 나고 자라서 한국 사회가 제시하는 교육과 미디어만을 접하며 살아온 사람들은 그동안 전혀 생각하지 못한 출연자들의 주장과 맞닥뜨리게 된다. 시청자는 이때 사고가 확장되는 느낌을 받는다. 한 예로 11회에서 '취업을 위해 성형을 할 수 있는가'라는 문제에 대해 출연자들은 '취업 성형'이라는 말에 경악했다. 그리고 한 명의 시청자로서 나는 미국인 타일러의 발언을 통해 이력서에 사진을 붙이는 것부터가 차별의 기제로 작동할 수 있다는 점을 전혀 모른 채 그저 그것이 자연스러운 수순인 양 알고 살아왔다는 데에 경악했다. 출연자들끼리 논의를 하다 보면 과열되는 순간이 빈번하게 발생하며, MC들도 넋 놓고 그저 바라거나 감탄을 터트리기만 하는 순간이 많다. 앞서 말한 바와 같이 MC들이 덜 개입할 때 진정 프로그램이 지향하는 바가 성취되는 것이다.

<비정상회담>이 시청자에게 많은 공감을 얻어낸 것은 이렇듯 한국 사회의 통념에 어떤 틈을 만들어냈기 때문이다. 이는 전적으로 출연자들에 의해서이다. 1회에서 한국 부모와 자식 사이의 남다른 관계에 대해

토론할 때 벨기에인 줄리안은 자신의 어머니가 그에게 "나는 너(줄리안)를 만나서 반가웠다"라고 말했다고 했는데, 이와 같은 관점은 한국 사회를 살아가면서 쉬이 지닐 수 없는 것이다. 또 2회에서 프랑스인 로빈이 "동거가 망할 수 있듯이 결혼도 망할 수 있어요"라고 어눌하지만 확신에 찬 눈빛으로 이야기했던 예도 그렇다. 그들의 말은 우리의 삶을 돌아보게 만든다.

그러나 제작진은 MC들의 입을 빌어 "우리는 예능 프로그램일 뿐 진짜 시사비평이나 토론 프로그램은 아닙니다"라고 못을 박기도 했다. <비정상회담>을 심각하게 받아들이지 말라는 뜻일 테다. 그러나 토론이 깊어질수록 출연자들은 진지하게 논의하고, 시청자는 그 과정에서 소란스러운 하루하루를 막연히 살아가면서 자신이 알아차리지 못했던 지점을 깨닫게 된다. 한국 사회에서 외모지상주의에 의해 서로서로 시선의 포로가 되었다는 점, 부모와 사회가 원하는 이상향을 의식하다 보니 정말 자신이 원하는 대로 살아가는 사람이 극히 적다는 점 등 한국 사회의 내밀한 문제를 매회 선고받는 것이다.

그러나 <비정상회담>의 진행방식은 오히려 이를 역행한다. 한국 MC들은 한국 사회의 문제가 그렇게 간단하지 않다고 이야기하며 '한국적인 가치'를 옹호하며 논의를 봉합해버리려고 한다. 그들이 논의 중간에 판단을 내리는 경우도 있다. 여기에 MC들에게 동조하는 몇몇 출연자가 경험주의적인 의견을 보태면 논점이 흐려지곤 한다. 이는 토론의 가장 나쁜 형태이다. 6회에서 방송된 서열 문화가 바탕인 한국에서의 사회생활과 회식문화에 대한 논의를 예를 들어보자. 줄리안이 자유주의적 관점에서 이를 이해할 수 없다고 이야기하자 경험주의적인 발언이 줄리안의 발언에 제동을 걸었다. 회식 자리에서는 유의미한 논의가 많이 이루어지며, 직장 동료를 마치 가족과 같이 생각하는 문화가 한국을 오늘날 이렇게 발전하도록 만든 원동력이었다는 근거로 말이다. 언뜻 그럴싸해 보이지만 이는 원인과 결과가 뒤집힌 발언이다. 사회의 발전이 노력을 쏟은 사회 구성원 개인에 의한 것이 아니라 그것을 이끌어낸 제도에 의한 것이라고 보는 주객전도이다. 더구나 이 기이한 한국의 노사관계와 과도한 회식문화가 '정'이라는 이름으로 뭉뚱그려지면 시청자는 의아해할 수밖에 없다.

"네가 아직 경험해보지 않아서 모른다", "미안하지만 프리랜서랑은 많이 달라요"라고 못을 박아버리면 이는 더 이상 토론이 아니다. 토론에서 가장 나쁜 경험주의적 발언은 MC들뿐 아니라 한국에서 경제활동을 하는 출연자들의 단골 멘트이다. 익숙하게 들어왔고 또 그만큼 많이 내뱉은 한탄의 반복이다. 결국 <비정상회담>은 한국 사회를 안전하게 바라보는 경계 안에서 시청자가 다양한 방식의 사고를 구경하는 데에만 그치게 만든다. 시간을 채우고 나면 <비정상회담>은 다양한 생각이 가능하다는 성급한 결론만 내린 채 황급히 끝맺는다. 급작스러운 결과를 받아든 시청자의 입장에서는 모종의 미결감이 남기 마련이다. <비정상회담>은 가장 나약한 유토피아인 다양성을 왕왕 외치는 것으로 끝이 나지만, 이는 1988년 서울올림픽 주제곡 「손에 손잡고」만큼 낡은 것이고 전현무의 '정상인 듯 정상 아닌 정상 같은 너'처럼 가벼운 것이 되고 만다.

물신화되는 출연자들

MC들은 출연자들의 인기를 언급하면서 경쟁을 부추긴다. 첫 회 오프닝 발언에서부터 이는 노골적으로 드러났다. 유세윤은 "여러분들 중에 스타가 되는 분이 분명히 있을 겁니다. 그러면 의장 자리(MC 자리)를 내놓겠습니다"라고 이야기했다. 출연자들을 상품화하는 것이다. 이렇게 되면 출연자들은 물신성 가운데에서도 가장 극단이라고 할 수 있는 '스타'를 목표로 하게 될 것이다. 이후 출연자들은 MC들처럼 성공하고 싶다고 심심찮게 이야기해왔다. 결국 신선한 것처럼 보였던 출연자들도 그동안 시청자가 흔히 보아온 캐릭터, 즉 '한국인보다 더 한국인 같은 외국인'로 전락하게 될 것이다. 그러고 나면 프로그램은 그 캐릭터의 역할놀이로 귀결될 수밖에 없다.

출연자들은 이러한 역할놀이에 쉽게 동화될 것으로 예상된다. 그리고 프로그램은 그들이 한국인이 좋아할 만한 발언만 하는 방향으로 변할 것이다. 한 예로 한국 MC들이 한국 게스트를 어떻게 대우하는가를 보고 출연자가 이를 금방 모방한 일도 있다. 2회에서 미스코리아 정소라와 개그우먼 이국주가 출연했을 때 MC 전현무가 두 사람을 대상으로 외모 비하가 섞인 발언을 해서 웃음을 이끌어내자 출연자들도 서슴없이 이를 따라했다. 줄리안은 (정소라의 신체에 이국주의 성격을 닮도록) "두 사람이 뇌를 바꾸면 안 되냐?"라고 발언하기까지 했다. 이는 한국의 예능 프로그램이라면 어디에서든 쉽게 볼 수 있는 여성 비하를 바탕으로 한 농담이 아닌가.

프로그램이 인기를 얻으면서 출연자들도 인기를 누리는 현상은 당연하다. 그러나 출연자들의 인기를 직접 언급하거나 <비정상회담> 바깥의 방송출연과 광고촬영 등을 프로그램 안으로 끌고 들어오는 것은 문제이다. 이러한 태도가 지속되면 출연자들의 독립적이고 자유로운 발언은 점점 적어지고 시청자를 의식한 발언으로 그 폭이 좁아질 것이다. 결국 <비정상회담>의 참신함이나 미덕은 서서히 흐려지는 것이다.

단발적인 말장난, 편견으로 점철된 캐릭터화, 또 지나치게 한국 시청자를 의식하는 출연자의 증가, 그리고 그러한 역할놀이에 점점 무게가 실릴수록 시청자들은 <비정상회담>으로부터 등을 돌릴 것이다. 아니 어쩌면 이는 <비정상회담>이 시작된 처음부터 예견된 일인지도 모른다. 1회부터 선풍적인 인기를 모으자 2회 오프닝에서 MC들은 1회의 출연자들을 하차시키고 다른 외국인들을 불러 모아도 되지 않겠냐며 우스갯소리를 했다. 실제로 그렇게 될 날이 얼마 남지 않아 보인다. 앞서 살펴본 반복되는 몇몇 패턴은 이미 그 몰락의 징후처럼 보인다. <비정상회담>은 빠르게 인기를 얻었고 출연자들도 그러하지만 어쩌면 이는 몰락이 예정되어 있는 타오르는 불꽃처럼 보인다.

가작

우리는 모두 삼류가 아닐까?

JTBC 드라마 <유나의 거리>

이소영

<유나의 거리>가 문제작인 이유

JTBC의 월화드라마 <유나의 거리>는 오늘날 한국의 드라마 제작
환경을 염두에 두고 말하자면 크게 두 가지 면에서 문제작이다. 우선
삼류라고 불리는 밑바닥 인생을 다루고 있다는 점에서 그렇다. 2000년대
부터 본격적으로 불기 시작한 한류 열풍과 외주 제작사의 급증으로 인해
우리나라의 드라마 제작 시장은 이른바 '머니 게임'의 전쟁터로 변해가기
시작했다. 이른바 스타 배우와 스타 작가의 몸값은 회당 수천만 원을
기록할 정도로 천정부지로 뛰기 시작했으며 그 결과 드라마 제작비용도
껑충 뛰어올랐다. 회당 드라마 제작비의 상승은 드라마 제작비용 마련을
위한 간접광고의 기승으로 이어졌고 이로 인해 제작 과정에서 파행을
겪거나 사회적 논란의 대상이 된 드라마도 적지 않다.

드라마 제작비용의 상승과 간접광고의 급증으로 인해 발생한 문제는 한두 가지가 아닌데, 드라마의 내용과 관련해 대두된 가장 큰 문제는 드라마 속에서 초호화 생활을 하는 사람들이 급증했다는 것이다. 드라마 주인공의 대부분은 호화 주택에 사는 재벌이나 재벌 2세였으며, 이들은 명품과 외제차로 치장한 채 안방극장을 누비고 다녔다. 드라마가 지나치게 상류층의 초호화 생활을 묘사하는 데에만 집착함으로써 서민에게 상대적 박탈감을 부추긴다는 지적과 우려가 적지 않게 제기됐지만 드라마 제작 업계는 과거와 크게 달라진 드라마 제작 환경 때문에 어쩔 수 없는 상황이라고 항변해왔다. 이들의 항변은 타당한 면이 없지 않다. 이른바 '게임의 법칙'이 달라진 상황에서 새로운 환경에 적응해야 하는 것은 피할 수 없는 현실이기 때문이다.

하지만 그런 현실을 인정한다고 하더라도 드라마가 호화 생활을 강조하면서 발생한 문제를 지적하지 않을 수는 없다. 드라마 시장이 '머니 게임'의 장으로 전락하면서 두드러지게 나타난 현상 가운데 하나는 평범한 서민의 모습을 드라마에서 발견하기 어렵게 되었다는 점이다. 물론 그 이유는 명쾌하다. 서민을 주인공으로 한 드라마에서는 드라마 제작비용의 상당수를 차지하는 간접광고를 할 수 없기 때문에 드라마 제작 업계가 이들의 삶을 배경으로 한 드라마 생산을 기피하고 있는 것이다. <유나의 거리>는 바로 그런 드라마 제작 문법에서 벗어나 있다는 점에서 주목할 만한 드라마라 할 수 있다.

<유나의 거리>가 문제작이라고 보는 또 다른 이유는 이 드라마가 지상파, 더 정확하게 말하자면 공영방송에서 방영되는 드라마가 아니라 종편 채널인 JTBC에서 방영되는 드라마라는 사실이다. 종편 도입을 두고 사회적 논란이 발생했을 때 종편의 등장을 우려한 사람들은 '공공재'

성격이 짙은 방송이 자본의 입김에 크게 휘둘리게 될 것이라고 경고했다. 자본력을 앞세운 종편이 방송시장을 크게 교란할 가능성이 크다는 게 이들의 주장이었는데, 그런 점에서 봤을 때 JTBC에서 방영되는 <유나의 거리>는 다분히 역설적이다. 간접광고에 크게 의존하는 공영방송의 드라마는 갈수록 호화 생활을 강조하는 쪽으로 나가고 있는 데 비해 자본력으로 무장한 JTBC는 공영방송이 쉽사리 시도하기 어려운 드라마를 제작하고 있기 때문이다. 물론 이는 간접광고에 의지하지 않아도 되는 물리적 환경에서 비롯된 것이겠지만 주목할 만한 현상이라는 점은 부인하기 어렵다.[1]

'편견'과 '선입견'에 대한 전복

서울의 한 다세대 주택을 배경으로 하는 <유나의 거리>에는 다양한 인간 군상이 등장하는데, 이들은 세상의 기준으로 보면 말 그대로 '삼류 인생'이자 '밑바닥 인생'이다. 게다가 이들은 평범한 서민이라고 하기에도 어려운 사람들이다. 소매치기, 전직 조폭, 꽃뱀, 제비족, 장물아비, 비리에 연루되어 옷을 벗은 전직 경찰 등 현실 세계에서 관계를 맺거나 마주치는 것조차 저어되는 불편한 사람들이다.

앞서 말한 것처럼 <유나의 거리>는 '밑바닥 인생'을 사는 사람들을 주인공으로 내세웠다는 점에서 높이 평가할 수 있는데, 이와 더불어 이들

---

1) 종편을 둘러싼 논란은 여전히 끊이지 않고 있기 때문에 <유나의 거리> 한 편만 가지고 종편의 긍정성을 논하는 것은 성급한 일반화의 오류일 수도 있지만, 오늘날 드라마 제작시장을 고려한 관점에서 보자면 의미를 두어도 무방하다는 뜻으로 이해하면 좋겠다.

에 대한 세간의 '편견'과 '선입견'을 전복한다는 점에서 더욱 주목해야 하는 드라마이다. 그간 드라마에서 묘사된 소매치기, 전직 조폭, 꽃뱀, 제비족, 장물아비 등은 사악한 사람으로 그려지는 게 일반적이었다. 그리고 그런 이미지는 실제 우리가 이들에 대해 가지고 있는 일반적인 인식이기도 했다.

하지만 <유나의 거리>는 그런 고정관념에서 탈피하고 있다. 이들의 삶을 이른바 선악 이분법으로 재단하지 않는데, 이는 <유나의 거리>가 거둔 빛나는 성취 가운데 하나라 할 수 있다. 등장인물들은 하나같이 밉거나 얄밉지 않다. 오히려 연민의 감정을 불러일으키기까지 한다. 완전히 선하거나 완전히 악한 사람은 없으며 인간에게는 선함과 악함이 모두 공존한다는 것을 이야기라도 하듯, <유나의 거리> 속 등장인물들은 대부분 선한 면과 악한 면을 모두 가진 사람이라는 것을 시종일관 상기시킨다.

예컨대 카페를 운영하며 남자를 등쳐 먹고 사는 꽃뱀 김미선은 어떻게 하면 새로운 '구좌'를 개설할 수 있을까 고민하면서도 아래층의 독거노인인 장 노인의 구멍 난 러닝셔츠를 젖혀 파스를 붙여주기도 하고 여행을 갔다 올 때에는 선물을 사오기도 한다. 처남 홍계팔의 딱한 사정을 알면서도 혼자서 자립할 수 있도록 벌금을 갚아주지 않는 한 사장도 속정이 깊기는 마찬가지이다. 그는 조폭 시절 형님으로 모셨던 장 노인이 의지할 곳이 없자 자신의 집에 거처를 마련해주고 음으로 양으로 보필한다.

사실, 캐릭터에 대한 이런 입체적인 묘사는 <유나의 거리>의 작가 김운경의 장기이기도 하다. 두루 알려져 있다시피, 김운경은 자신의 이름을 널리 알린 드라마 <서울의 달>에서 신분상승을 꿈꾸며 친구까지 등쳐먹었던 제비족 홍식을 따뜻한 시선으로 그려냈으며, <옥이이모>에

서도 운동권 학생을 집요하게 쫓는 악질 형사조차 악인으로 낙인찍지
않았다. 인간에 대한 애정과 통찰력을 바탕으로 따뜻한 인간미를 그려냈
던 김운경의 필력은 <유나의 거리>에서도 십분 발휘되고 있는 셈이다.

우리 모두는 삼류가 아닐까?

<유나의 거리>는 삼류 인생을 이야기하고 있지만, 어찌 보면 우리의
인생 자체가 삼류일 수도 있다는 사실을 말해주는 것인지도 모른다. <유
나의 거리>를 연출한 임태우 감독은 "'삼류'라며 비웃고 우습게 보는
인생이지만 그들의 뜨거운 인생살이를 보여주면 어느 순간 시청자들도
그들 속에서 자기 자신의 모습을 발견하게 될 것이다"라고 말했는데,
이 말에 저절로 고개를 주억거리게 된다. <유나의 거리>는 인간이라면
누구나 다 내면에 가지고 있을 법한 속물근성을 건드리기 때문이다.

예컨대 <유나의 거리> 1회에서 한 사장의 부인인 홍계희는 자신의
다세대 주택에 입주해 살던 학원 강사가 자살하자 세상을 등진 고인을
향해 "월세를 두 달이나 밀려놓고 어떻게 자살할 수가 있어? 인간이면
이렇게 못된 짓을 하고 가는 게 아니"라고 화를 낸다. 이런 발언을 하는
홍계희에게서 슬픔 따위는 티끌만큼도 찾아볼 수 없다. 그렇다고 해서
홍계희가 특별히 악한 사람은 아니다. 유나가 소매치기라는 사실을 알고
난 이후 유나에 대한 '편견'을 갖기도 하지만 대체적으로 그녀는 비교적
사려 깊고 신중한 성격을 가졌으며, 우리 주변에서 흔히 발견할 수 있는
전형적인 '아줌마'이기도 하다. 홍계희의 동생 홍계팔도 비슷하다. 그나마
쓸쓸히 간 영혼을 위해 향을 피워주겠다던 그는 죽은 학원 강사의 노트북
을 빼돌리려다 걸려 망신을 사는데, 그 역시 평범한 사람이다.

콜라텍을 운영하는 한 사장은 어떤가? 그는 추석을 맞아 콜라텍 직원들과 함께 준비한 양로원 위문 방문을 콜라텍 홍보를 위한 수단으로 적극 활용한다. 검사를 그만둔 후 변호사 생활을 하고 있는 홍계숙 역시 속물근성을 지닌 사람이기는 마찬가지이다. 유나가 다영이에게 준 트렌치코트를 얻게 된 그녀가 유나로부터 그 옷은 소매치기 후배들이 명품관에서 훔쳐온 것이라는 말을 듣고 당황하면서도 "법적으로 문제 있으면 내가 다 책임지면 된다"라고 말하는 모습을 보면 속물근성은 삼류 인생이나 엘리트 인생이나 다 같이 공유하는 교집합이라는 것을 실감할 수 있다. 그런 점에서 말하자면 <유나의 거리>에서 풍기는 인간미는 바로 인간이라면 누구나 가진 속물근성을 사실성 있게 그려낸 데서 기인하는 것인지도 모르는 일이다.

이런 면에서 봤을 때 <유나의 거리>에서 가장 비현실적인 캐릭터는 콜라텍 매니저 김창만이다. "가진 거라곤 두 쪽과 큰 키"밖에 없는 창만은 인간에 대한 애정과 따뜻한 마음으로 주변 인물들과 소통하는 인물로 그려지는데, 바로 그런 이유 때문에 세상 어디에도 존재하지 않을 것 같은 동화 속 캐릭터라 할 만하다.

삼류에게도 직업윤리는 있다

<유나의 거리>에서 가장 돋보이는 것은 '삼류 인생'들이 가지고 있는 직업윤리이다. 극중 주인공으로 소매치기인 강유나는 소매치기에 대한 나름의 확고한 철학과 자기 직업에 대한 자존심으로 똘똘 뭉친 인물이다. 예컨대 유나는 소매치기 팀으로 활동하던 멤버들이 취객을 대상으로 아리랑치기를 하는 장면을 목격한 후 큰 충격을 받고 동료인 남수에게 소매치

기와 아리랑치기는 다른 것이라고 말한다. 이에 남수는 "소매치기는 되고 아리랑치기는 안 된다고 말해줄 수 없었다"라고 항변하지만 유나의 가치 관으로는 이해할 수 없는 행동이다. 유나는 소매치기 후배들과 포장마차 에서 만나 강도짓을 하다 걸린 후배들의 이야기를 하던 도중 소매치기에 대한 자신만의 소신을 이렇게 강조하기까지 한다. "난 강도짓은 인간쓰레 기들이 하는 짓이라고 봐. 사람이 도둑질을 하더라도 최소한의 미안한 마음은 가져야 한다고 내가 말했지? 우리가 왜 남의 지갑을 몰래 털려고 노력을 해? 그냥 칼 들고 지갑 내놓으라고 하면 간단하잖아. 근데 왜 힘들게 안테나를 잡고 바람을 잡고 나서야 해? 피해자들한테 들키면 미안 하고 무안하니까 그러는 거잖아. 근데 강도는 사람 목숨 우습게 알고 피해자들 사람 취급도 안 해. 그게 인간이 할 짓이니? 사람이 양심이 있어야 하는 거야, 양심이."

고물상을 운영하면서 이른바 장물도 함께 취급하는 장물아비 역시 직업윤리에 대한 확고한 소신을 가진 인물이다. 그는 유나가 훔친 시계와 다이아 반지 등을 취급하려던 한 장물아비가 자신의 기준에서 장물아비답 지 않은 행태를 보이자 장물아비는 장물아비다워야 한다고 충고한다.

콜라텍을 운영하는 한 사장은 어떤가? 그 역시 직업윤리가 투철하기는 마찬가지이다. 그는 자신의 콜라텍에서 부킹 도우미로 일하는 여종업원이 콜라텍을 이용하는 노인들에게 발기부전 치료제인 가짜 비아그라를 몰래 판매했다가 벌금을 물게 됐다는 사실을 알고는 이를 나무란다. 또 한 사장은 2층에 세 들어 사는 미선이 자신의 조폭 후배가 경영하는 호스트바 에서 일하는 남자 '꽃뱀'에게 걸려 어려운 상황에 처하자 호스트바 사장에 게 접대부들도 지킬 것은 지켜야 한다는 식으로 충고를 한다. 이런 충고를 받은 호스트바 사장 역시 한 사장의 충고에 동의하며 자신의 업소에서 일하는 접대부들이 제비족 행세를 하지 못하도록 교육을 시킨다.

아이러니이다. 소매치기와 장물아비, 전직 조폭 등이 이른바 '양심'을 운운하며 직업윤리를 강조하고 있으니 말이다. 물론 이들의 행동은 떳떳하지 못한 삶을 살고 있는 자신들을 위로하는 자기 위안일 수도 있지만 이들이 강조하는 직업윤리는 한국 사회가 처한 현실과 오버랩되며 잔잔한 여운을 주기에 충분하다. 예컨대 한국 사회를 경악케 한 세월호 참사를 떠올려보자. 오로지 자신들만 살겠다며 승객들을 버리고 퇴선한 선장과 선원들에게서 직업윤리를 찾기는 어렵다. 안타깝고도 슬픈 사실은 세월호 선장과 선원들의 행동이 특수한 경우가 아니라는 것이다. 한국 사회에 과연 직업윤리가 존재할까라는 의문이 끊이지 않을 만큼 직업윤리를 저버린 부정과 비리가 자주 발생한다. 이른바 한국 사회의 지도층을 둘러싼 추문도 직업윤리와 관계된 것이 대부분이다.

'삼류 인생'이란 과연 무엇일까? 아니, 인생을 일류와 이류, 삼류로 나눈다는 게 과연 가능하기는 한 것일까? <유나의 거리>를 시청하면서 내내 머리를 떠나지 않는 질문이다. 사람들의 손가락질을 받으며 살아가는 '삼류 인생'도 소중한 가치로 간주하며 지키는 직업윤리마저 땅에 떨어질 대로 떨어진 한국 사회에서 <유나의 거리>는 밑바닥 인생을 살아가는 사람들에게 '삼류 인생'이라는 낙인을 찍는 게 온당한지 묻고 있는 것은 아닐까?

가족은 냉혹한 세계의 안식처일 수 있을까?

MBC 예능 <아빠! 어디가?>

김나연

한 사회의 발전 수준과 무관하게 개인에게는 살아남는 일이 갈수록 힘겨운 문제가 되고 있다. 노동시장은 비정규직화하고 있을 뿐더러 정규 직이라도 안심할 수 없는 게 시장의 상황이다. 바야흐로 워크아웃, 구조조 정 같은 변수가 항시적으로 발생할 수 있는 불안의 시대이기 때문이다. 더구나 빈번하게 발생하는 사회적 재난은 삶에 대한 불신을 더욱 강화하며 개인을 고립 속으로 떠미는 듯 보인다. 사랑하는 이를 잃고 쉽게 비워낼 수 없어 통곡하는 이들의 모습은 삶을 불확실한 것으로 만듦으로써 세상에 대한 불신을 촉구하고 열정마저 빼앗는 듯하다. 이렇듯 경쟁이 강화되고 재난이 일상화된 사회에서 개인은 홀로주의의 고독 속에 유폐되기 쉽다. 타인과 교류하고 진정성을 실현하기 위해 세계와 대립하는 것마저 버겁게 느껴지는 것이다. 그것은 경제적으로도 정신적으로도 너무 많은 비용과 에너지를 요구하는 듯 보인다.

이러한 탓일까? 최근 늘어나는 가족 프로그램의 인기는 해명이 필요해 보인다. 갈수록 결혼과 출산은 기피되고 있기 때문이다. 연애와 결혼 같은 보편적 삶의 형식 속으로 들어가는 대신 애완동물을 자신의 동반자로 삼는 이들마저 늘어나고 있다. 이는 양육 프로그램의 인기가 결혼과 가족 그리고 양육이 더 이상 '보편성'을 획득하기 어렵게 된 현실에서 비롯된다는 점을 암시한다. 즉, <아빠! 어디가?>의 인기는 가족이 잃어버린 향수의 대상이 되고 출산이 드문 '사건'이 된 시대의 모습을 역설적으로 반영하는 것이다. 다소 과장이 허락된다면, 우리는 <아빠! 어디가?>의 윤후나 민율이의 성장을 통해 행복과 안타까움을 경험하는 공동육아, 가상 가족의 꿈이 현실화된 시대를 살고 있다. 시청자들은 아이들의 말과 표정 하나하나에 열광하며 이들이 상처 없이 성장하기를 소망한다. 이 아이들은 직업적 연예인이 아님에도 이미 수많은 팬을 거느린 스타이자 광고주가 탐내는 시장성 높은 상품이 되었다. 이러한 현상은 아이들은 본래 사랑스럽다거나 프로그램의 구성이 잘 되었다는 이유로만 설명될 수 없다. '아동기'가 설정된 이래로 아동은 늘 사랑스러운 존재였고, 구성이 빼어난 프로그램도 흥행에서 참패를 겪는 일은 비일비재하기 때문이다.

<아빠! 어디가?>의 인기는 사실상 어떤 '위기'에서 비롯된다. 우리들 각자는 점점 타인과 의미 있는 관계를 나누지 못한 채 고립되고 있고, '삼포 세대'는 연애를 하고 가족을 만드는 식의 통과제의에서 배제되어 있으며, 자본의 막강한 영향력하에서 '양육의 등급화·계급화'가 이루어져 출산율은 나날이 줄어들고 있기 때문이다. 각자의 삶이 버거운 이들은 홀로남기를 선택하고(강요당하고), 기혼자에게도 출산은 비장한 결단을 요하는 문제가 되었다. 그러므로 <아빠! 어디가?>는 우리 시대의 결핍과 좌절된 소망의 잔해 속에서 피어난 꽃이라고 할 것이다. TV는 빈곤의

고통이 없고 상처의 기억을 갖지 않은 관계를 등장시킴으로써 행복의 성소로서의 가족의 꿈을 대리 실현해주기 때문이다. 그것은 '스위트 홈'이 환상이 아니라 실재임을 일깨우고 회한 어린 감정마저 자아내며 가족에 대한 향수를 부추긴다.

그렇다고 이 프로그램이 가족 신화를 부풀리고 향수를 파는 데 치중하고 있다고 규정할 수는 없다. <아빠! 어디가?>는 양육의 그림자이자 집안의 가장 불편한 존재였던 아버지를 가족 속으로 끌어들임으로써 새로운 가족의 탄생을 촉구한다는 점에서 문화적 전위 역할을 하고 있기 때문이다. 그간 아버지들은 공사 영역의 성별화와 '회사형 인간'을 원하는 직장문화 속에서 양육에 참여할 계기나 동기를 박탈당해왔다. 기성세대는 자신의 성장기 내내 아버지가 부재했으며 평생 아버지와 친밀한 감정도 깊은 대화도 주고받지 못했다고 고백하기도 한다. 아버지들은 어정쩡하게 우리 곁에 머물다 떠나기도 하고, 소통불능과 권위주의로 자식과 가족에게 깊은 상처를 남기기도 했다. 로맨틱 드라마에는 아버지가 등장하지 않는데, 그 이유는 아버지가 있는 화목한 가족의 모습을 상상하기 어려워서라는 말이 있을 정도로 아버지는 낯설고 불편한 존재이다. 무섭고 어렵기만 했던 아버지를 기억하는 이들은 다감하고 친구 같은 아버지의 모습에서 자신의 유년기의 상처가 치유되는 것 같은 만족감까지 얻는다.

<아빠! 어디가?>는 아버지들에게 가장의 권위를 내려놓고 가족 속으로 들어가 친밀한 문화를 형성해보라고 제안하는 듯하다. 그리고 제작진의 이러한 의도는 적중했다. 캠핑문화가 조성되고, 많은 아버지가 자녀에게 호령하고 권위를 내세우는 게 아니라 감정을 나누고 소통하면서 가족 속으로 들어가려 한다. 그들은 권위를 내세운 대가인양 고독 속에 내몰렸던 구시대의 가부장들처럼 살지 않고 가족 속에서 진정한 행복을 찾으리라

고 '개종'을 결심한다. 가장의 권위를 중심으로 유지되던 낡은 가족이 깨지고 평등하고 민주적인 가족이 등장하게 된 것이다. 그러니 사람들은 이제 악몽으로 채워진 가족의 기억을 몰아내고 다시금 가족을 욕망할 수 있을지도 모른다.

그러나 <아빠! 어디가?>는 이렇듯 산뜻하고 의미 있는 제안에도 육아의 곤혹스러운 지점을 고민하고 그 해법을 찾으려는 데에는 다소 무관심하다. 이야기 구성상 출연 연예인 가족의 여유로운 살림이 대중에게 드러나는데, 이는 '행복한 가족'은 상호간 친밀성이나 관계성이 아닌 아버지의 경제능력에 의해 유지된다고 은밀히 말하는 듯하다. 그래서 이 프로그램은 의도하지 않게 가난한 아버지를 초라하게 비추는 거울 역할을 하기도 한다. 물론 아버지의 경제력이 가족의 행복과 아이 양육의 성패를 결정짓는다는 것은 그저 헛소문이 아니라 상당히 근거 있는 사실임을 '시장' 한복판에서 이전투구 해본 이들이라면 누구나 알고 있다. 가족 사유재산제인 사회에서 가족은 본래 계급상승이라는 공통의 책임을 떠맡는다고 볼 수 있는데, 신분경쟁의 성패를 결정하는 것은 점점 돈이 되고 있기 때문이다.

출산율은 어떤 조건하에서 낮아지는가? 자신의 자녀에게 여유 있는 경제적 지원을 해줄 수 없다고 판단될 때 아이를 출산하지 않는 것은 부모 사랑의 표현이기도 하다. 태어날 권리를 박탈하는 것이 사랑이 되는 역설적이고 비감한 상황이 발생하는 것이다. 세상에서 가장 평등한 나라라는 미국마저 1 : 99의 사회로 변하고 정치가 불평등 문제를 해결하지 못하는 상황에서 사람들이 할 수 있는 것은 감정과 몸을 통제함으로써 위기를 최소화하는 것이다. 문제는 이 프로그램이 양육의 계급화·등급화라는 우리 시대의 각본에 어떻게 대응하고 넘어설 것인가라는 고민을 하지 않는다는 것이다. 물론 '아빠와 함께하는 초저가 해외여행 편'은 행복이 돈의 크기로 환원될 수 없는 것임을 보여주기에 의미 있다고 판단된다. 사용가치가 아니라 교환가치를 중심으로 가치와 의미를 저울질하는 우리 사회의 속물성이 일거에 깨질 리 만무하지만, 행복은 돈으로 살 수 있다는 세속적 믿음에 사로잡힌 우리 시대의 맹목을 깨뜨리는 도발적인 아이디어가 더 많이 필요하다.

다른 한편으로 이 프로그램은 '정상 가족'에 집착함으로써 우리 시대에 늘어가는 다양한 가족의 형식을 반영하지 못하고 있다. 가족이 사회학자와 여성학자의 비판과 공격 속에서도 살아남을 수 있었던 것은 인간은 일회적이지 않은 영속적이고 안정된 관계를 필요로 한다는 진실 때문이다. 그런 점에서 '가족'은 여전히 많은 이들의 소망, 즉 세상에서 가장 좋은 것임이 분명하다. 그러나 함께 살기의 형식이 갈수록 다양해짐으로써 가족에 대한 정의 역시 변화하고 있다. 미혼 가족, 입양 가족, 결혼하지 않고 아이만 같이 키우는 가족, 같이 살지는 않지만 여전히 관계를 유지 중인 이혼 가족, 재혼으로 새롭게 구성된 가족 등 가족의 형식은 더 이상 하나가 아니다. 우리들은 가족이 딱딱한 고체가 아니라 유동하는 액체가 된 시대에 살고 있는 것이다. 이러한 변화에는 가족의 기능은 여전히 유효하지만 이른바 이성애자 커플이 법적 인정을 받고 혈연의 정체성이 분명한 아이를 낳아 기르는 '정상 가족'은 진부하다는 식의 반감이 깔려 있다.

이 프로그램은 '정상 가족' 이데올로기로 인해 상처받는 소수자 가족의 어려움을 그려내고 유쾌하고 도발적으로 사람들의 편견을 깨뜨리는 시도를 하지 않는다는 점에서 보수적이다. '전업주부 엄마'와 '돈 버는 아빠'로 구성된 과거의 가족 모델에서 한 발짝도 벗어나지 않음으로써 '정상성'에 집착하며, 양육 과정에서 발생하는 남녀의 갈등 등을 고민의 대상으로 불러들이지 않는다. 어쩌면 부자끼리의 여행은 어머니 노릇의 고역이 없었다면 불가능했을 터인데도 어머니(여성)의 목소리는 들을 수조차 없다. 그래서 이는 정상 가족을 구성하지 못한 사람들에게 자신의 삶이 어딘가 글러먹은 것 아닌가 하는 불안을 유발하기도 한다.

TV 오락 프로그램은 시사 다큐멘터리나 드라마가 아니기 때문에 그러한 리얼한 현실을 담는 것은 불가능하다는 반론이 제기될 수도 있다. 이러한 주장 뒤에는 대중은 '정상'적인 것을 옹호하는 보수주의자라는 전제가 깔려 있을 가능성이 높다. 그러나 대중문화 연구자의 말에 따르면 대중의 속성은 그다지 단일하지 않다. 대중은 청순가련형의 여주인공보다 자신의 욕망을 성취하기 위해 온갖 계략을 짜냄으로써 착한 여자가 되라는 이데올로기를 파열시키는 '악녀'를 미워하면서도 그녀에게 열광한다. 또 <무한도전>은 평균 이하 남자들의 황당한 도전기로, 품위나 교양 따위는 찾아볼 수 없는 직설화법의 명랑성과 자유로움에 맹렬히 공감하는 대중으로 인해 오락 프로그램의 신화가 되지 않았던가. 이는 제작진이 소재의 가볍고 무거움이 아니라 소재를 의미화·맥락화하는 방식의 진부성 여부를 고민할 필요가 있음을 암시한다. 좀 더 다양한 가족의 모습을 보여주지 못한다면 이 프로그램은 이제 너무 흔해빠진 연예인 가족 엿보기 프로그램으로 전락하게 될 것이다. 그래서 원조가 아류인양 취급되는 굴욕과 모욕을 견뎌야 하지 않으리라는 보장이 없다.

다른 한편으로 이 프로그램은 아버지들이 자신의 아이들과 함께 떠나는 집단 여행의 형식을 취함으로써 다양한 에피소드를 만들어내고 있다. 여기에는 아마도 핵가족의 아이들에게 친구를 만들어줌으로써 사회성을 키우고, 아버지들이 서로 긍정적인 의미의 상호 경쟁 또는 참조를 하게

함으로써 양육자로서의 자기 자신을 성찰하고 양육을 어른에게 주어진 공통의 임무로 제시하려는 의도가 깔려 있을 것이다. 그러나 이 프로그램이 아이 하나를 키우는 데 한 가족이 아니라 마을 전체가 필요하다는 식의 뚜렷한 아이디어를 가지고 있다고 보기는 어렵다. 마치 여행은, 한편으로는 '아버지들이여, 가족으로 돌아오라'는 새 세대의 메시지를 외면할 수도 없고, 다른 한편으로는 그들의 아버지 세대처럼 주말이 되면 생계 노동에 치인 일상을 탈출해 친구들과 함께 낚시를 떠나고도 싶은 아버지의 욕망의 절충안처럼도 보인다. 그래서 아버지들이 떼 지어 다님에도 양육의 고충을 이야기하고 노하우를 공유하는 식의 스토리텔링 구조는 보이지 않는다. 귀여운 아이들의 모습을 지켜보고 스킨십을 나누고 유쾌한 경험을 함께하는 것으로 과연 부자는 친밀해질 수 있을까? 사춘기라는 격랑의 시간이 찾아왔을 때 부자를 단절시키는 여러 어려움을 극복할 만큼 깊은 소통과 이해의 토대가 마련되고 있는 것일까?

<아빠! 어디가?>는 여러모로 사랑스러운 프로그램이다. TV는 1990년대 이후 가족은 더 이상 아름답지 않다는 식으로 가족 신화를 깨뜨린 문화의 전위였다. 그러나 우리는 여전히 가족만한 제도를 발견하지 못했고, 다시 가족을 열망하기 시작했다. 그렇지만 새롭게 구성될 가족은 과거의 진부하고 심지어 억압적이기도 한 가족 제도를 넘어서야 한다. <아빠! 어디가?>는 개인의 고립이 심화되고 공동체가 해체됨으로써 다시금 가족에 대한 선망이 발생하고 내 아이에 대한 사랑의 열정이 지펴지는 현실을 명민하게 읽어내고 우리에게 가족에 대한 꿈을 부추긴다. 그러나 새로운 가족 모델을 제시하기보다는 전통적인 가족에 대한 향수를 불러일으키는 데 그치고 만다. 가족이 여전히 억압이고 상처가 되는 현실 속에서 화목한 가족의 꿈을 가로막는 제도적·문화적 장치를 민감하게

숙고하지 못한다.

우리는 지금 가족에 대한 혐오와 선망이 극렬하게 대립하는 시대를 살고 있다. 주부를 대상으로 하는 평일 아침 드라마들은 가족의 아름답지 않은 민낯을 그대로 드러내 보인다. 혼외정사, 부부 간 소외, 관계의 피상성, 폭력과 상처의 기억 등을 이야기함으로써 가족의 불편한 진실을 들추어낸다. 다른 한편으로 <아빠! 어디가?>는 이상적인 가족을 이야기함으로써 시청자에게 쾌락을 선사한다. 아이를 낳고 아이의 성장을 지켜보는 것만큼 세상에서 가치 있고 행복한 일은 없는 것처럼 보인다. 그렇지만 가족에 대한 불안의 상상력이 영원히 봉합될 수 있을까? 이 행복은 현실의 얼룩을 지워버림으로써 가능한 쾌락이기 때문이다. 시청자들은 종종 행복한 가족 신화가 균열되는 징후와 마주하기도 한다. 성동일이 자신의 자녀를 낯설게 바라볼 때, 퉁명스럽게 아이를 대할 때 실제 어색했던 부자 관계의 기억이 귀환되기 때문이다. 이 프로그램이 가족 간의 갈등을 중심 이야기로 배치하고 그것을 풀어가는 과정을 보여준다면 아마도 가족이 매혹적이지만 너무 먼 파라다이스가 아니라 인간의 노력 여하에 따라 도달할 수 있는 행복의 언덕으로 비춰지지 않을까.

가작

따뜻함 뒤에 숨은 차가운 '선긋기'
JTBC <비정상회담>

김미라

    '외국인'이라는 단어를 처음 접했을 때 어떤 이미지가 떠오르는가? 또 '이주 노동자'라는 단어를 들었을 때는 어떠한가? 아마 전자의 경우는 백인, 후자의 경우는 동남아계 유색인이 먼저 떠오를 것이다. 이미지는 관념에서 나오며, 관념은 무의식에서 형성된다. 우리의 무의식은 여러 가지 요인에 의해 영향을 받는다. 주변 사람과의 관계에서 영향을 받기도 하고 본인이 살고 있는 공동체에서 영향을 받기도 한다. 기술이 발달하면 서부터 미디어에서 받는 영향도 무시할 수 없게 됐다. 미디어는 그 탄생 목적처럼 특정한 메시지를 전달하는 데 효과적인 도구이다. 하지만 미디어는 딱히 의도를 갖고 있지 않더라도 글과 영상, 목소리 그리고 분위기만 으로도 수용자에게 하나의 고정관념과 이데올로기를 형성시킨다. 이렇게 형성된 이미지 중 가장 대표적인 것이 인종주의이다. 불과 몇 년 전까지만 하더라도 미국의 드라마나 영화에 등장하는 동양인은 항상 가난하거나 범법자였다. 특히 한국인의 경우에는 킬러나 입양아 또는 하층민으로 주로 묘사됐다. 서구 미디어는 동양인에게 강한 인종주의적 편견과 차별을 보였다. 그리고 어느새 우리나라도 백인을 제외한 국가 또는 인종에게는 보편적인 시각을 가장한 편견과 차별을 내비추고 있다. 냉정한 시각으로 본다면 누구나 알아차릴 수 있는 문제이지만, 이것이 웃음과 따뜻함, 즐거움으로 포장될 때는 이러한 문제의식조차 마비된다. 한창 대중의 사랑을 받고 있는 JTBC <비정상회담>은 그래서 더 안타깝다.

2014년 7월 7일에 첫 방송된 JTBC <비정상회담>은 '비정상적이고 재기발랄한 세계의 젊은 시선은 한국 청춘들이 봉착한 현실적 문제를 어떻게 바라볼 것인가'라는 기획의도를 갖고 야심차게 시작했다. 그리고 이에 걸맞게 각국 출연자들은 저마다 명확하고 색깔 있는 미래의 답을 제시한다. <비정상회담>을 보면 과거 KBS <미녀들의 수다>라는 프로그램을 떠올리게 된다. 외국 젊은이가 한국에 대해 이야기한다는 점에서는 비슷하지만 두 프로그램은 엄연히 다르다. <미녀들의 수다>는 외국인의 시각에서 바라본 한국의 문제점을 다룬 반면, <비정상회담>에 출연하는 외국인은 각국을 대표해 입담을 겨룬다. 지상파에 비해 비교적 자유로운 아이템 선정 덕분에 주제의 폭도 넓다.

<비정상회담>은 사회나 일상에서 발생하는 고민에 대해 찬반토론을 하고 그 안에서 각국 문화의 차이와 공통점을 찾는 형식으로 구성된다. 이 프로그램의 장점은 토크쇼의 지평을 넓혔다는 데 있다. MBC <놀러와>와 <무릎팍 도사>가 폐지되고, MBC <별바라기>나 KBS <해피투게더>, SBS <힐링캠프> 등 여러 토크쇼가 시청률에서 저조한 성적을 내면서 지상파 토크쇼 시대가 저물고 있는 데 반해 <비정상회담>은 회를 거듭할수록 저력을 보여주고 있다. 시청자를 금세 몰입하게 만드는

힘은 참신함에 있다. 기존이 심야 토크쇼처럼 반복되는 식상한 주제도
아니고, 패널이 틀에 박힌 것도 아니다. 또 억지로 휴머니즘을 이끌어내는
흔한 결론도 없다. <비정상회담>은 성교육, 동거, 독립, 대인관계, 결혼
등 보편적인 관심사를 전제로 한다. 외국인 출연진도 한국어가 매우 능숙
할 뿐 아니라 예능 감각까지 갖추고 있어 이들의 화법에 시청자는 쉽게
재미와 공감을 느낀다. 또한 서로의 생각과 가치관을 가감 없이 표출하는
모습에서 외국인에게 한국적인 것을 강요했던 과거와 달리 이국적인 재미
도 느낄 수 있다.

이처럼 <비정상회담>은 우리 사회의 문화적 다양성을 적극 차용한
프로그램이다. 발언에 대해서도 특별히 제지하지 않는다. 그래서인지 방
송 중에는 간간히 중국인 장위안과 일본인 타쿠야처럼 국가 간의 민감한
문제를 놓고 맞설 때가 있다. 그럴 때는 「손에 손잡고」 노래를 부르면서
서로 손을 맞잡고 넘어간다. 표면적으로는 다양한 의견이 오가고 그 안에
서 발생하는 문제를 포용력 있게 다루는 것처럼 보인다. 하지만 속을
들여다보면 그렇지 않다. 문화적 다양성과 상대성이라는 미명 아래 서구
중심의 글로벌라이제이션이 그려지고 있다.

이런 관점에서 가장 눈에 띄는 것이 출연자의 국가 구성이다. 출연진은
미국, 캐나다, 터키, 벨기에, 이탈리아, 프랑스, 독일, 중국, 일본, 가나,
호주 출신으로 구성되어 있다. 이따금씩 출연진이 사정이 생겨 게스트가
투입될 때에도 이집트 사람이 1명 나온 것을 제외하고는 국가 구성이
크게 달라지지 않았다. 출연진은 모두 오디션을 통해 선발됐다. 그래서
게임 전문가부터 배우, 모델, 음악감독, 엔터테이너, TV 아나운서, 웹진
편집자, 비보이, 마케팅 매니저까지 이력과 직업도 다양하다. 하지만 국가
구성은 다양하지가 않다. 세계 11개국이라고 하지만 대부분 유럽 국가와

미주 국가, 다시 말해 백인이 주를 이루고 있다. 아프리카 가나 출신인 샘 오취리가 있지 않느냐는 반문할 수도 있지만 샘 오취리의 경우 여러 예능 프로그램을 통해 이미 방송 감각을 인정받은 출연자이다. 더군다나 샘 오취리 한 명이 있다고 해서 전체의 균형을 이뤘다는 것은 어불성설이다. <비정상회담>은 다문화와 다양성을 표방하면서도 정작 우리 사회에서 다문화를 형성하고 있는 수많은 동남아시아 사람은 회를 거듭해도 투입시키지 않는다. 필리핀, 태국, 베트남, 대만, 몽골, 홍콩, 미얀마 등 우리나라와 인연을 맺고 있는 국가는 적어도 세계 청년들이 의견을 나누는 장소에는 초대되지 않았다. <비정상회담>은 다문화라는 시대의 변화를 반영한 것 같지만 은연중에 세계 권력을 중심으로 하는 구조를 반영하고 있다.

인종을 떠나서 보더라도 출연진의 국가는 대부분 선진국이다. 아시아도 중국과 일본 등 이른바 선진국 대열에 진입한 국가로 구성되어 있다. 세계의 권력구조에서 우위를 점하고 있는 이들이 일상적인 문제를 토론하고 정상과 비정상을 진단하는 것이다. <비정상회담>과 여타 외국인 출연 프로그램을 보면, 암묵적으로 즐겁고 유쾌하고 상식적인 토론을 펼치는 것은 선진국 출신의 백인, 어렵고 힘들고 고난을 겪는 일은 동남아시아 이주민, 희화화되고 재미있는 모습을 연출하는 것은 아프리카 출신의 흑인의 몫이 되어 있다. 이 시대 청춘들이 알고 보면 비슷한 고민을 하고 각국마다 가치관과 해결방법이 다르다는 것을 보여줌으로써 문화적 차이를 극복하겠다는 이 프로그램의 거시적인 목표는 웃음 뒤에 가려진 차별과 편견으로 인해 무색해진다. 매회 큰 주제를 잡고 토론한다는 측면에서 이 프로그램은 하나의 목적지를 향해 달리는 기차에 비유할 수 있다. 그리고 이 기차의 탑승객들은 모두 설국열차의 맨 앞좌석에 앉는 사람들과도 같다.

이런 상황이라면 가나 출신 샘 오취리의 발언이 어느 정도로 존중되는
지가 중요해진다. 외국인이 출연하거나 외국인을 묘사할 때 특정 국가에
대한 기존의 지식과 상식을 깨기보다는 특정 국가에 대한 고정관념을
더 강하게 만들어버리는 문제가 생긴다. 안타깝게도 <비정상회담>은
웃음에 치중해 이런 고정관념과 이데올로기를 무의식적으로 표출하고
있다. <비정상회담> 제작발표회에서 시청률이 3%를 넘으면 샘 오취리
분장을 하겠다거나, 이탈리아 출연진과 인사할 때 '라자냐'라고 특정 음식
을 지칭하는 MC 전현무의 태도는 충분히 문제가 될 수 있다. 물론 웃자고
말한 것에 무작정 심각할 필요는 없다. 하지만 아무렇지 않게 내뱉은
말에서 결국 관념 밑에 자리 잡고 있는 인종에 대한 무의식적인 편견이
드러난 것에 대한 심각성은 인지해야만 한다.

프로그램 중간에도 샘 오취리의 모국에 대한 이야기는 종종 무시되기
일쑤이다. 문화재에 대한 이야기가 나왔을 때 유럽 국가는 엄지손가락을
치켜세우며 인정해주는 반면 샘 오취리가 자신의 부족에 대해 이야기하면
우선 무시하면서 거짓말로 치부한다. 동거나 술 문화 이야기가 나왔을
때에도 검증이 필요한 이야기라며 믿을 수 없다는 식으로 몰고 간다.
아니나 다를까 회가 거듭할수록 샘 오취리가 국가나 문화적 배경에 대해서
의견을 내세우는 일은 눈에 띄게 줄어들었다. 오히려 웃음을 유발하는
코멘트만 부각될 뿐이다. 제작진이 일부러 그러지는 않았을 것이다. 처음
보다 샘 오취리의 비중이 드러나지 않는 것에는 여러 가지 이유가 있을
수 있다. 그러나 역사적으로 세계열강의 권력관계하에서 모진 시간을
보낸 가나의 이야기를 들어보지 않는다면 이 프로그램은 특수성을 계속
유지하기가 어려워 보인다. '저 나라는 저렇구나', '두 나라 사이에는

저런 차이가 있구나' 하는 식으로 문화다양성을 절감하며 그 나라를 새롭게 이해하는 데 도움을 주는 것이 프로그램의 순기능이라면, 선진국과 백인의 모습만을 줄기차게 보여주는 것이 과연 그 순기능을 다하는 일인지 고민해봐야 한다. 실제 우리 사회에 잔존하면서 한국 사회의 구성원이 되는 외국인은 동남아시아나 아시아 계열이 대부분이다. 유럽이나 미주 국가 구성원의 의견이 중요하지 않다는 것은 아니지만 그들의 의견과 생각은 어학연수나 어학원 또는 여러 다양한 환경을 통해 손쉽게 접할 수 있는 데 반해 동남아시아는 그렇지 않다.

한류가 세계로 스며들고 있는 것과 동시에 우리 사회도 문화적·인종적 다양성이 넓어지고 있다. 아프리카 가나 출신 유학생만 200여 명이며, 동남아시아 사람은 몇 명인지 헤아릴 수조차 없다. 이제 우리나라도 '인종차별'에 대해 고민하는 시점에 들어섰다. 차별을 받던 입장에서 누군가에게 상처를 주는 입장이 됐다. 이는 하루아침에 해결할 수 있는 문제가 아니다. 역사의 편린에서 자유롭기에는 그 역사가 길기 때문이다. 미디어도 변해야 한다. 결국 시청자의 사랑을 받고 사회에 긍정적인 영향을 주기 위해 방송이 제작되는 것이기에 더더욱 그렇다.

과거 2012년 MBC <세바퀴>에서 이경실과 김지선이 만화 <아기공룡 둘리>의 캐릭터인 흑인 마이콜의 분장을 하고 트로트곡 「신토불이」를 부른 모습을 보고 한 흑인 소녀가 유튜브에 영상을 올려 한국인을 강하게 비판한 적이 있다. TV 프로그램을 통해 반복적으로 재생산되는 인종에 대한 이미지나 내러티브적인 요소는 인지적인 고정관념과 서구 중심의 이데올로기를 강화하거나 정당화하고 있다. 생각을 평평하게 만들고 진정한 세계화를 이루기 위해서는 미디어에서부터 이러한 관습적인 서사나 무의식적인 프레임 형성을 경계해야 할 것이다.

가작

사극의 흥행 공식과 그 위태로움

김현순

사극의 흥행 공식

언제부턴가 사극의 장르는 정통 사극과 팩션 사극으로 구분되는 모습을 보여왔다. 오랫동안 사극의 주류를 차지했던 궁중의 권력암투와 비극 등을 버무린 역사극은 점차 판타지의 옷을 입고 시공간을 자유롭게 넘나드는 팩션의 형식으로 변형·확장되고 있다. 역사극의 일차적 구성요소가 과거 '시간'을 빌려오는 것이라는 점을 생각해보면 시공간을 넘나드는 판타지의 활용은 그 '시간'의 제약을 떨쳐낸 자유로운 상상력의 정점이라 할 수 있겠다.

역사적 사실(fact)에 문학적 상상력(fiction)을 더한 '팩션(Faction)'이라는 장르는 사극뿐 아니라 소설, 영화 등 다양한 분야에 적용된다. 실재했던 사건을 기반으로 거기에 다양한 이야기의 얼개를 입히고 짜임새를 새롭게 만드는 구성은 사람들의 지적 호기심을 자극하고 신선한 볼거리를 제공하는 측면이 있기 때문이다. 여기에 기존의 역사적 권위를 부정하거나 재해석하는 관점은 익숙하고 관습적인 역사적 시각에 식상한 사람들에게 흥미롭고 매력적인 요소로 다가간다.

또한 공적인 역사가 주목하지 않았던 소수자나 비주류의 인물을 밖으로 끄집어내어 역사의 전면에 부각시키는 것도 팩션의 한 역할이다. 잡초처럼 역사의 바닥에 엎드려 있던 비주류 인물이 작가의 상상력에 힘입어 사극의 꽃으로 화려하게 피어나는 경우가 드물지 않다. <대장금>의 의녀 장금이, <선덕여왕>의 미실과 비담, <바람의 화원>의 도화서 화인들, <불의 여신>의 여성 사기장 등 역사의 주류에서 소외되거나 주목받지 못했던 인물을 시대의 주인공으로, 역사의 한 축으로 살려내는 것은 팩션이라는 장르만이 할 수 있는 역할이기도 하다.

그런데 이러한 판타지 사극은 구성과 내용의 두 가지 측면에서 전형성을 지니고 있다. 하나는, 과거라는 시대적 배경을 빌려왔을 뿐 그 시대를 구성하는 실제적 내용을 전혀 고려하지 않거나 또는 그에 제약받지 않는다는 점이다. 고려 시대에 현대적 무기를 사용하는 주인공이 등장한다든지, 지금 시대의 사람이 과거 속으로 걸어들어가 당대의 시대적 인물과 교류하며 활동하는 상황이 그러한 예이다. 이것은 그야말로 동화적 판타지의 변형이라 할 수 있는데, 상상력의 발현이라는 측면에서는 매우 신선한 발상이지만 역사 왜곡이 지나치거나 역사의 희화화가 심각할 때에는 단순히 역사라는 무대를 빌린 한바탕 오락거리로 추락한다. 그럴 때 판타지 사극은 역사적 세계관을 상실한 채 오락성에만 의지하여 역사라는 허구의 세계를 떠도는 무중력의 기구에 불과하게 된다.

또 하나는 시청자에게 익숙한 '신데렐라 이야기'를 변형한 것으로, 특히 여성을 주인공으로 내세운 사극에서 그 전형성이 유감없이 드러난다.

이런 드라마에는 불우한 환경에서 생활하지만 당차고 긍정적이며 자신의 일에서 성공하는 캔디 같은 여주인공, 시건방지거나 개념이 부족하고 정신적 결핍을 지닌 재벌 2세의 남자 주인공, 처음부터 끝까지 여주인공을 지켜보고 응원하며 순정적인 사랑을 보내는 키다리 아저씨 같은 남자 부주인공과 여주인공을 질투하고 못살게 구는 제3의 여성이 반드시 등장한다.

　드라마 <기황후>는 이러한 '신데렐라 스토리'가 갖춰야 할 모든 요소를 갖추고, 여기에 최근의 사극 트렌드인 적당한 판타지를 더하면서 드라마 흥행 공식을 충실하게 따랐다. 훗날 기황후가 되는 여주인공 승냥은 대제국 원의 왕자인 타환을 만나 철없는 그를 길들이고 끝없이 자신을 갈망하게 만든다. 상처를 가진 재벌 2세의 캐릭터를 그대로 반영한 듯한 타환은 권력의 한가운데 있으면서도 권력으로부터 소외된 인물이다. 황제이면서도 실권은 없던 유약한 그는 승냥을 만나면서 자신의 권력이 지닌 의미를 파악하고 그걸 제대로 활용하는 법을 배워나간다. 자신이 사랑하는 승냥을 향한 인정 욕구에 목말라하는 타환은 권력과 사랑이라는 두 개의 바퀴를 점차 성공적으로 굴리게 되고 이 과정에서 승냥(기황후)은 매번 결정적인 존재감을 발휘한다.

　기황후의 성공담 한 축에는 또 다른 남자 왕유가 있다. 그는 어린 시절 승냥을 구해준 인연으로 시작해 한결같이 승냥을 지켜주고 보호하면서 승냥을 향한 애틋한 마음을 지켜나간다. 그 한결같은 마음을 가능하게 하는 것이 기황후에 대한 사랑 때문인지, 자신의 사랑을 완성하기 위한 욕망 때문인지 모르겠으나 기황후에 대한 그의 사랑은 비현실적일 정도로 한결같다.

　이들 대제국 원의 황제와 고려의 왕 왕유가 "사랑한다. 죽어서도 승냥이를 지킬 것이다"라며 기꺼이 죽음을 맞는 장면은 여성들의 로망을 끝까지 밀고나간, 신데렐라 이야기의 완결이었다. 끝까지, 죽음과 바꿔서라도 사랑하는 여인을 지켜주고 지켜내는 그런 남자에 대한 로망, 더구나 그런 남자가 세계 대제국의 황제이고 한 나라의 왕이라면 드라마 속 여주인공을 향한 여성 시청자의 감정이입은 한결 가팔라질 것이다. 이는 배경만 바뀐 신데렐라 캐릭터의 변형이자 영원한 신데렐라 구도의 반복이었다.

문제는 역사의 한 부분을 빌려와 시청자의 로망을 충족시키고 이야기의 재미를 끌어올려 흥행 공식을 충실하게 따른 이 드라마가 보여주는 역사에 대한 왜곡에 있다. '한계를 극복하고 성취를 이룬 한 여인의 스펙터클한 이야기'로서 드라마가 보여주는 역사의 철저한 도구화, 이것이 드라마 <기황후>의 가장 큰 문제라 할 수 있다.

드라마 <기황후>에 나타난 역사의 도구화

'최초의 한류를 일으킨 여인', '고려라는 작은 나라의 한계를 극복하고 글로벌한 성취를 이뤄낸 여인', '공녀에서 세계 제국 원의 황후가 된 철의 여인', '이국의 왕실에서 고려의 긍지를 지키며 사랑과 정치적 이상을 실현한 카리스마 있는 인물'. 드라마 <기황후>에 대한 제작진의 설명이다. 개인적 삶의 영역에서는 이러한 말이 일부분 맞지만 역사적인 맥락에서 보면 '기황후'에 대한 이러한 평가는 사실과 어긋나거나 사실을 적극적으로 왜곡하고 있다.

드라마는 결국 사람들 사이의 관계에서 드러나는 갈등과 화해의 극적인 전개라는 의미에서 보면 개인의 삶을 극적으로 드러내기 위해 역사적 사실의 일부를 살짝 비틀거나 변형하는 것은 드라마의 인물 구도를 위해 필요한 장치일 수도 있다. 그러나 그것은 역사적 사실의 본질을 훼손하지 않는 범위 내에서, 그리고 사실을 적극적으로 왜곡하지 않으려는 의지 안에서의 변형이어야 한다. 그런 점에서 드라마 <기황후>는 역사적 사실에 대한 왜곡의 정도가 타당한 수준을 넘는다고 할 수 있다.

우선, 인물에 대한 적극적인 왜곡과 허구를 지적할 수 있다. 대승상 연철은 타환이 황제에 오르기 전에 죽었고, 황후 타나실리는 기황후가 아들을 낳기 전에 죽었으며, 고려왕 왕유와 기황후 사이의 아이는 당연히 있을 수가 없으며, 바얀후투그(혜종의 정식 황후)가 실제로는 대단히 어질고 현명했다는 역사적 사실 등은 어쩌면 사소한 것들이다. 이 정도는 갈등을 이끌어가는 인물 간의 대립을 묘사하기 위한 드라마의 속성으로 이해할 수도 있지만, 문제는 이런 개인적 갈등이나 주인공의 캐릭터를 위해 역사 자체를 근본적으로 도구화하는 시선에 있다.

원이라는 대제국에 복속된 힘없는 나라 고려의 공녀로 끌려가 고난과 위기를 욕망과 지혜로 극복하고 마침내 대제국의 심장부, 그것도 황후라는 위치에 오른 여인은 충분히 매력적인 인물이다. 그러나 스스로의 운명을 개척해간 여인의 카리스마를 그려내는 과정에서 대제국 원과 그녀의 모국인 고려의 역사는 사정없이 왜곡되거나 폄하되었다. 원나라 말기에 엄연히 존재했던 원과 고려의 알력은 드라마에서 소거되었고, 원은 다양한 민족과 다양한 이념, 개방된 문화 등으로 폭넓은 문화적 교류와 융화가 이루어진 세계의 수도였음에도 다양한 문화의 균형추를 상실한 채 대단히 편협하게 그려졌다. 또한 원나라에 존재했던 고려인의 집단 거주지 고려촌의 모습은 얼마나 초라하고 비루하게 묘사되었는가.

실제로 기황후는 그녀 나름의 정치적 계산과 공인으로서의 활약을 바탕으로 스스로 자신의 입지를 마련하고 확장해갔다. 기황후는 굶주리는 백성들에게는 식량을 아끼지 않았으며 자금을 모아 자신을 지지해줄 세력을 꾸준히 넓혀나갔다. 그렇게 그녀는 이국의 황실에서 자신의 정치적 야망을 실현해가면서 모국인 고려의 내정을 간섭했으며 그녀의 오빠들은 고려의 정치와 민생을 혼란에 빠뜨린 주범이었다. 고려에 대한 그녀의 행동은 철저히 개인적인 욕심과 친정에 대한 애착에 기인한다. 물론 공녀를 폐지하고 고려의 풍습 등을 원에 유행시킨 공로는 있지만 그것은 고려에 대한 충심과는 별 상관없는 일이었다.

자신의 권력을 이용해 모국을 괴롭힌 기황후를 덕성과 모국에 대한 충심을 가진 여인으로 표현한 건 역사적 가치의 전도이다. 자신의 삶을 최선으로 살았다는 이유만으로 매국노를 성공한 인물로 볼 수 없는 것과 같은 맥락이다.

또 하나의 인물인 왕유에 대한 논란은 드라마가 시작되기도 전부터 드라마 밖에서 분출했다. 왕유가 기대고 있는 역사적 인물이 고려의 충혜왕이라는 사실 때문이었다. 사적으로는 극도로 파렴치하고 부도덕한 인물이며 공적으로는 고려의 자주권을 더욱 훼손시키고 정치적 문란함의 극치를 보인 인물이라는 점에서, 충혜왕은 여주인공에게 생의 마지막까지 순정을 바치고 조국인 고려를 염려하고 사랑하는 드라마 속 왕유와는 정반대이다. 기승냥의 정치적 성취, 그리고 여인으로서의 완성을 위해 드라마의 한 축이 되어 맹렬히 활약한 왕유의 존재는 드라마에서는 멋지고 순애보적이었으나 역사적 맥락으로 보면 희화화에 가까울 정도로 왜곡되었다. 역사 왜곡이라는 지적이 드라마 밖에서 계속 제기되자 제작진은 왕유를 가공의 인물로 창조했음을 강조했지만 인물의 모티브를 기존 역사 속 인물에서 빌려온 이상 그런 주장은 시청자의 씁쓸함만을 자아냈다.

역사에서 드러난 사실적 자료가 부족하고 그래서 허구와 설정의 영역이

넓은 인물일수록 작가가 창조해낼 수 있는 여지가 넓어진다. 그런 점에서 역사 드라마에서 허구의 인물을 창조하는 것은 전혀 문제가 아니다. 그러나 그 인물이 실제의 역사적 맥락과 닿아 있는 사람이거나 존재했던 인물인 경우는 사정이 많이 달라진다. 그럴 때 작가의 상상에는 실제를 지나치게 왜곡해서는 안 되는 제한이 따르며, 역사 드라마라는 장르를 선택한 이상 그 제한은 작가 자신이 선택한 '역사'에 대한 예의이자 작가가 갖춰야 할 자세이다.

물론 드라마에 역사관을 들이대는 것이 적절한지, 또한 어디까지 역사관의 잣대를 적용해야 하는지 그 범위와 한계를 두고 이견이 있을 수는 있겠으나 사극이라는 옷을 입은 이상 지나친 역사 왜곡은 경계해야 할 부분임에 분명하다.

역사적 사실과 상상력의 조화를 위하여

역사 드라마가 역사라는 외피를 빌려오긴 했지만 드라마가 결국 하고자 하는 이야기는 지금 여기를 살고 있는 이 시대 사람들의 이야기이기 때문에 인물들 간의 스토리라인을 마음껏 펼쳐내는 재미적 요소를 따르는 것은 자연스러운 일이다. 문제는 이 과정에서 개인의 서사를 완성하기 위해 역사를 적극적으로 왜곡하거나 변형하는 데 있다.

역사 속 한 줄 기록에 의지해서 무궁무진한 허구와 상상의 세계를 창조하는 역사 드라마에서는 역사적 사실을 보완하거나 새로운 해석을 돕기 위해 끌어낸 허구가 실재를 압도하거나 왜곡하는 경우를 자주 보게 된다. 드라마 <기황후>도 그런 혐의에서 자유롭지 못하다.

역사를 왜곡하지 않으면서도 작품으로서의 재미와 흥행에 성공하는 사극을 만드는 것은 쉽지 않다. 이미 실재했던 역사의 기록을 빌려와 그 기본 골격을 해치지 않으면서도 인물들의 갈등이나 긴장 등 드라마의 요소를 대입시키는 게 만만치 않기 때문이다.

그렇다고 교과서적인 리얼리즘을 충실히 따르는 것이 반드시 역사를 왜곡하지 않는 것도 아니다. 역사는 승자의 기록이기 때문에 역사책에 기록 자체가 모두 '사실'이라고 단정하기는 힘들다. 역사를 기록한 사람은 당대의 주류 지식인일 가능성이 많고, 따라서 그들의 이해관계와 논리를 반영한 기록일 가능성이 높은 상황에서 역사 속 비주류나 소수의 이야기를 드라마로 만드는 입장에서는 더욱 더 역사의 기록에서 배제된 상상이나 허구를 이끌어낼 필요가 있다. 그러다 보면 그 과정에서 역사의 왜곡이나 변형이 일어날 가능성 또한 커진다. 사실 고증에만 집착하면 이야기로서의 재미가 덜하고 상상력에만 의존하면 역사 왜곡이라는 위험성을 피해가기 어려운 상황에서 결국 이 둘을 조화시키는 것이 역사 드라마의 관건이라 하겠다. 역사적 사실과 상상력의 조화는 그만큼 쉽지 않은 일이다.

역사란 '과거에 일어났던 사실'인 동시에 '과거 사실에 대한 기록'이기도 하다. 그런 의미에서 역사 드라마는 '과거 사실에 대한 새로운 기록'이며 역사 드라마의 작가는 과거 사실에 대한 새로운 기록자이다. 그래서 그동안 역사에서 조명 받지 못했던 소수 또는 여성을 역사의 전면으로 끌어내는 역할을 할 때, 그리고 주류 역사적 해석에 갇혀 있던 기록에서 새로운 사실을 발굴하고 전혀 새로운 해석을 이끌어낼 때 역사 드라마는 한껏 그 존재감을 발휘한다.

왕이나 지배층 중심의 이야기로 채워지던 사극에 의녀, 궁녀, 사기장, 화원 등을 빌려 당대의 사람들을 살려내고 이들의 이야기를 만들어가는 드라마나, 지금까지 누구도 저항하지 못했던 주류적 해석에 새로운 해석을 입힌 드라마에 시청자는 매혹적으로 반응한다. 그 과정에서 세계를 이분법적으로 바라보고 인간을 선악의 구도로만 파악하는 극도의 단순화는 사라지고 주변 문화에 대한 재조명이 이루어지게 된다. 그렇게 역사 드라마는 과거의 이야기를 통해 지금 여기의 인간들을 이야기하고 있다.

앞으로도 팩션 기법을 활용한 역사 드라마는 계속 만들어질 것이다. 시공간을 이동해서 벌어지는 팩션 사극의 판타지에 열광하는 시청자의 욕구와 드라마의 재미와 흥행을 위해 역사를 빌려오는 제작자의 의도가 맞아떨어지기 때문이다.

역사에 대한 왜곡 논란이 일 때마다 제작진은 '이건 팩션일 뿐이다. 역사적 사실에 상상을 더한 허구의 이야기이다. 이야기로 봐달라'고 주문한다. 그러나 역사적 사실과 드라마에서 창조된 허구를 시청자가 명확하게 구분하기란 쉽지 않으며 또한 허구를 강조할 거라면 처음부터 굳이 역사적 사실에 의존할 필요가 없을 것이다. 명백하게 구분되지 않는 사실과 팩션의 경계. 그 경계를 역사 왜곡이라는 울타리에 걸려 넘어지지 않으면서도 드라마로서의 재미를 포기하지 않는, 두 마리 토끼를 잡는 일이 쉽지만은 않다.

드라마는 서사를 가진 이야기의 연속이기도 하지만 캐릭터의 매력을 활용하는 종합적인 공간이기도 하다. 결국 역사극에서 작가는 왜곡의 위험을 안고 이야기를 비틀기보다는 캐릭터를 새롭고 창의적으로 발굴해서 꽃피우는 것이 역사적 사실을 왜곡하지 않으면서도 인물들이 살아 있도록 하는 묘수가 될 것이다. <기황후>가 흥행 공식을 제대로 짚어내 성공했으면서도 방영 내내 역사 왜곡이라는 비판과 비난에서 자유롭지 못했던 점을 생각해보면 역사적 사실과 상상력의 조화를 위해서는 이야기 비틀기보다는 캐릭터 창조가 더 중요하게 작용해야 할 것으로 보인다.

'육아'는 어떻게 '예능'이 되었나?
KBS <슈퍼맨이 돌아왔다>를 통해 본 '육아 판타지'

김정경

긴장에서 이완으로, 아이돌에서 아이들로

"세상이 이렇게 밝은 것은/ 즐거운 노래로 가득 찬 것은/ 집집마다
어린 해가 자라고 있어서이다/ 그 해가 노래이기 때문이다/ 어른들은
모를 거야/ 아이들이 해인 것을/ 하지만 금방이라도 알 수 있지 알 수
있어"

어린 시절 한번쯤 흥얼거려봤을 동요 「아이들은」의 도입부이다. 집집마
다 자라던 어린 해(孩)들은 이제 주말 브라운관으로 하나둘 모여 들기
시작했다. 어른들은 모를지 몰라도 예능 프로그램 제작자들은 일찍이
간파했다. 이 아이들이 시청률을 밝혀줄 해(sun)인 것을 말이다.

최근 몇 년간 예능판은 리얼 버라이어티를 기반으로 한 서바이벌 오디
션 프로그램과 방송가에서 일종의 마스터 키(master key: 특정한 자물쇠만

여는 것이 아니라 일정 건물 안의 잠금장치나 특정 형태의 잠금장치를 모두 열수 있는 열쇠)가 되어버린 아이돌들의 차지였다.

우승열패 신화에 매몰돼 살아갈 수밖에 없는 우리 세대의 우울한 자화상을 반영하고 공정하지 못한 사회상에 대한 일침으로 시청자에게 대리만족과 카타르시스를 안겨줬던 서바이벌 프로그램 특유의 날카롭던 촉감은 차츰 무뎌져만 갔다. 노래에서 춤으로, 다시 직업으로, 음식으로, 아마추어에서부터 프로에 이르기까지 마치 '경쟁'을 '경쟁'하듯 프로그램이 우후죽순 무한 증식한 탓이다. 시청자들은 더 이상 쫄깃한 긴장도 뭉클한 감동도 느끼지 못하며, 오히려 피로감만 늘었다.

한편, 음악 프로그램에서부터 버라이어티쇼, 드라마에 이르기까지 채널만 돌리면 튀어나오는 아이돌들 역시 점차 낮아지는 그들의 연령이 무색할 만큼 더 큰 자극을 강조하며 선정성 경쟁에 열을 올렸다. 나이에 맞지 않는 아이돌의 어색한 '어른 흉내'는 주말 저녁 TV 앞에 모인 가족 시청자들을 불편하게 만들기에 충분했다.

견고한 기획에 기반을 두지 않은 서바이벌 프로그램과 아이돌들의 소구력은 애당초 유통기한이 정해져 있을 수밖에 없다. 경쟁에 지치고 조로(早老)에 지친 주말 예능은 새로운 돌파구가 필요했고, 긴장 대신 이완을, 소외 대신 포용을, 자극 대신 무해를 선택했다. 자연스레 '아이돌'을 밀어내고 그 자리에 '아이들'이 들어왔다.

아이들, 아빠와 육아의 품에 안기다

사실 아이들을 주인공으로 한 예능 프로그램은 예전부터 있어왔다. 2000년대 초반 MBC에서 방영한 <전파견문록>과 현재도 방영 중인

SBS <스타주니어쇼 붕어빵>이 대표적이다. 이 두 프로그램은 아이들의 '시선'에 초점을 맞춘다는 점에서 매우 닮아 있다(공교롭게도 두 프로그램의 진행자가 이경규 씨라는 점도 동일하다). 순수한 동심의 시선에서 바라본 세상에 대해 아이들이 어른들과 소통하는 과정을 보여준다는 점이 그렇다. 여기서 아이들은 어른들과 동등한 위치로 자리매김하고 프로그램 안에서 만큼은 오롯한 '주체'로 선다.

그러나 최근 트렌드로 자리 잡은 '아이들'은 이들 프로그램과 확실한 구분 짓기를 시도한다. 그 시초라 할 수 있는 MBC <아빠! 어디가?>에서 드러나듯 아이들은 엄마 대신 '아빠'와 결합하고 철저하게 '육아'의 대상이 된다. 이는 후발주자인 KBS <슈퍼맨이 돌아왔다>(이하 <슈퍼맨>), SBS <오! 마이 베이비>를 거치며 마치 하나의 공식처럼 더욱 견고화된다. <오! 마이 베이비>는 가족 육아를 표방하지만 스토리텔링을 이끄는 핵심 축은 늘 연예인 아빠 쪽이다.

아이들을 소재로 한 예능 프로그램이 예전부터 있어왔듯이 육아를 소재로 한 프로그램도 처음은 아니다. 2000년대 초반 재민이를 국민 아기로 만든 MBC <목표달성 토요일―god의 육아일기>를 쉽게 떠올릴 수 있다. <god의 육아일기>와 최근 방송되는 육아 프로그램의 차이는 가상의 자리에 리얼을, 스타의 자리에 아빠를 들여놓았다는 점이다.

KBS <슈퍼맨>은 '일만 했던 아빠들의 제자리 찾기 프로젝트'를 표방하며 엄마가 없는 48시간 동안 육아를 도맡는 아빠의 모습을 그리고 있다. 우리 사회에서 아직은 낯선 아이와 아빠, 아빠와 육아의 조합은 일면에서는 신선하게 다가온다. 맞벌이 부부가 증가하면서 일과 가정이 양립하는 문제는 우리 사회의 큰 이슈로 자리매김했고, 저출산 고령화가 사회 문제로 대두된 이때 그 파급력이 많이 줄긴 했지만 여전히 주말 황금시간대에 지상파에서 보이는 연예인 아빠들의 아이 돌보기와 아이들의 귀여운 모습은 육아와 관련된 여론을 자연스럽게 조성하고 시청자에게 육아에 대한 하나의 롤 모델로 기능할 수 있기 때문이다. <슈퍼맨>이 육아를 경험하며 아이와 함께 성장하는 아빠의 모습을 보여주려 애쓰는 것도 그래서이다.

하지만 방송사마다 치열한 시청률 경쟁을 벌이는 주말 저녁 황금시간대란 점과 일상의 피로를 잠시 잊고 TV를 보며 마음 편히 웃고 싶은 시청자의 욕구가 맞닿는 지점에서 <슈퍼맨>이 보여주는 육아의 세계는 철저하게 '예능적'일 수밖에 없다. 마치 현실에선 결코 느껴보지 못할 우리의 욕망을 충족시켜주는 한 편의 포르노그래피나 로맨틱 드라마처럼 <슈퍼맨>의 세계는 또 하나의 욕망과 관음증, 무한한 만족만이 존재하는 이상한(?) 육아의 세계로 우리를 끌어들인다.

슈퍼맨(Man)만 있고 슈퍼파더(Father)는 없다

<슈퍼맨>이 다루는 육아라는 소재가 예능이 될 수 있었던 가장 큰 이유는 육아라는 지속적인 활동을 찰나의 이미지로 변환시켰기 때문이다. 일상의 가정에서는 매일 전쟁같이 치러지는 육아 활동이 <슈퍼맨>에서는 하나의 이벤트가 된다. 168시간(일주일)에서 48시간(만 이틀)을 떼어내고 거기서 다시 70분 남짓의 분량을 정제한다. 그래서 우리가 보는 <슈퍼맨>은 생활을 그려내는 리얼리티 프로그램임에도 드라마보다는 광고와 더 닮아 있다.

광고계에는 3B 법칙 있다. 바로 아기(baby), 미녀(beauty), 동물(beast)이 등장하는 광고는 성공한다는 것이다. <슈퍼맨> 속 아이들은 시청자의

시선을 잡아끄는 광고 속 아기로 대상화되어버렸다. 이런 효과를 극대화하기 위해 관찰자 시선으로 머물던 카메라는 한순간 아이들의 다양한 표정 변화와 귀여운 동작을 클로즈업하기 바쁘다. 말하지 못하는 어린 아기를 대신해 만화처럼 말풍선 자막이 등장하기도 한다. 물론 철저히 어른의 시선(제작진)에서 짐작하는 아이의 마음이다. 이런 점은 아빠를 보여주는 방식에서도 크게 다르지 않다. <슈퍼맨>에서 아빠의 자리는 사실 <god의 육아일기>에서 보여준 연예인의 자리를 벗어나지 못한다.

일을 하면서 아이 양육도 함께 도맡는 엄마를 가리켜 '워킹맘', '슈퍼맘'이라고 칭하는데, <슈퍼맨>의 아빠들 중에서 이런 '슈퍼맘'에 대응할 '슈퍼파더'는 사실 아무도 없기 때문이다. <슈퍼맨>의 아빠들에게 아이와 함께하는 48시간은 미리 마련된 시간이다. 다른 걱정 없이 온전히 양육 활동에 전념할 수 있는 그런 시간이란 말이다. 가끔 타블로를 통해 일하는 아빠의 모습을 비춰주려는 시도를 하지만 이 역시도 공연장에서 엄마와 함께 한 명의 관객이 되어 연예인인 아빠의 공연을 관람하는 모습 정도에 그친다. 연예인이라는 직업의 특수성을 감안하더라도 분명 아빠에겐 해결해야 할 더 치열하고 복잡 다양한 일들이 있을 텐데 카메라도 시청자도 그것을 보고 싶어 하지 않는다. 거추장스러운 생활을 하나둘 잘라내자 예쁘고 행복한 순간의 이미지만 가상의 삶을 채운다.

삼포 세대와 맞벌이 부부를 위한 맞춤형 육아 판타지

<슈퍼맨>은 현재 13주째 동시간대 방송되는 프로그램을 제치고 시청률 1위를 기록 중이다. 주말이 지나면 인터넷에는 출연 중인 아이들의 기사로 도배되고, 사람들이 모이는 곳이나 각종 커뮤니티에는 출연하는

아이들에 대한 코멘트가 이어진다. 프로그램 시청 층의 특성상 <슈퍼맨> 역시 미혼 여성들의 반응이 가장 뜨겁다.

인터넷 커뮤니티 게시판에는 "출연하는 아이들의 귀여운 모습을 보니 나도 그런 아이를 키우고 싶다", "쌍둥이를 낳고 싶다", "아이들을 자상하게 돌보는 남편들 멋있는 것 같다" 등의 반응이 주류를 이루는데, 연애, 결혼, 출산을 포기할 수밖에 없는 '삼포 세대'라는 신조어가 청년들의 수식어가 된 오늘날 <슈퍼맨>을 둘러싼 시청자들의 이 같은 반응은 쓸쓸함을 자아낸다. 현실에서는 결코 채울 수 없는 욕망이거나 때론 많은 대가를 치러야만 얻을 수 있는 상황이 <슈퍼맨>에서는 상처도 고민도 없이 오직 만족감만을 선사하기 때문이다. MBC <우리 결혼했어요>를 통해 결혼에 대리만족한 시청자들은 <슈퍼맨>을 통해 결혼 이후에 펼쳐질 행복한 가정과 육아에 대한 대리만족을 얻는다. 이런 판타지는 맞벌이 부부에게도 예외는 아니다. 일상에서는 육아에 드는 빠듯한 비용을 고민해야 하고, 조금이라도 더 긴 시간 아이를 돌봐줄 수 있는 어린이집을 찾아나서야 하고, 아이를 대상으로 한 범죄가 빈번하게 발생해 언제 어디서나 아이의 안전을 걱정해야 한다. 하지만 <슈퍼맨>이 보여주는 육아의 세계는 완벽하고 안전하고 여유로우며 심지어 풍요롭기까지 하다. <슈퍼맨>의 아빠는 아이가 원하는 모든 활동을 지원해줄 수 있고 아이와 함께할 충분한 시간을 가진 완벽한 부모로서 존재한다. 그야말로 '육아 판타지'이다.

아이들은 성장하고 예능은 퇴보한다

파일럿 프로그램으로 첫 선을 보인 <슈퍼맨>은 방송 1주년을 맞았다.

아이들은 일 년 사이 몰라볼 정도로 쑥쑥 성장했다. 그러나 예능은 퇴보했다. 아이들과 아빠, 육아를 접목시킨 <슈퍼맨>은 사실 이전 프로그램들의 또 다른 짜깁기에 불과하다. 나아가 육아라는 틀에서 아이를 대상화하며 시청자에게는 시선을 강요하기도 한다.

<슈퍼맨>을 보는 주말 저녁은 행복하다. 브라운관을 가득 메우는 아이들의 천진난만한 표정과 행동이 우리를 미소 짓게 만들고, 조금은 서툴지만 열심히 아이를 보려는 아빠들의 모습이 대견하다. 원한다면 장난감은 무엇이든 가지고 놀 수 있고, 먹고 싶은 음식을 뭐든 먹을 수 있고, 가고 싶은 곳은 언제든 갈 수 있는 유아의 세계는 마치 엄마의 가슴에 안겨 젖을 빨던 시절을 떠올리게 하며 우리에게 만족감을 준다. 하지만 프로그램이 끝나고 TV가 꺼지면 낯선 얼굴과 조우하게 된다.

"아이들이 없어져보면/ 아이들이 없어져보면/ 나나나 나나나나 낮도 밤인 것을/ 노래 소리 들리지 않는 것을." 「아이들은」의 마지막 가사처럼 시청자에서 생활인으로 돌아가야 하는 숙명을 타고난 우리는 웃음 뒤의 공허함, 뜻 모를 박탈감을 느낄 수밖에 없다. <슈퍼맨>의 육아 판타지는 그렇게 예능이 된다.

가작

지역성 없는 지역방송 프로그램에 대한 비판

KBS 제주총국의 <투맹쇼-느영나영 제주넘기>를 중심으로

김사림(필명)

「방송법」 제6조는 방송의 공정성과 공익성을 강조하면서 '지역 사회의 균형 있는 발전과 민족문화의 창달'을 명시하고 있다. 방송 이념의 중요한 요소 가운데 하나로 지역성을 규정하고 있는 것이다. 그러면 지역성이란 무엇인가? 유사한 성질이나 기능적인 관계에 따라 주변과 구분되는 공간적인 범위를 지역이라고 한다면, 그 지역의 고유한 특성을 지역성이라고 말할 수 있다. 다시 말해 지역성이란 그 지역의 독특한 정체성(identity)을 의미한다.

따라서 지역방송은 지리적 근접성과 공동 의식, 공동 규범으로 유지되는 지역 사회 주민들과의 자유로운 접근과 소통을 통해 지역과 지역 주민의 알 권리와 이익을 대변하면서 지역성을 구현하는 최소한의 역할을 맡아야 한다. 이러한 의미에서 지역방송은 지역 사회의 갈등 해소, 지역 경제 활성화, 지역 문화의 보존 및 양성, 올바른 지역 여론 형성을 위한 공론의 장 마련 등 지역의 가치와 정서를 담아내야 한다. 또한 지역방송은 지역 사회의 민주주의를 신장시키는 중요한 커뮤니케이션 기구로서, 지역 문화예술 창달자의 역할을 수행할 의무를 가지고 있다. 지역성이라는 공익적 가치를 유지하고 실현하기 위한 노력이 필요하다는 말이다.

최근 미디어 기술의 발전 등 방송 환경의 변화로 지역방송은 위기를 맞고 있다. 방송권역 내의 과다한 방송사 난립과 시청권역 세분화에 따른 경제적 기반 약화, 광고시장의 다변화 등 지역방송사로서는 감내하기 어려운 요인이 많은 것도 사실이다. 그럼에도 지역방송을 통해 추구하는 방송의 지역성이 공익성과 더불어 중요한 방송 정책의 하나라는 점은 한편으로 아이러니한 현상일 수도 있다.

이처럼 지역방송의 환경은 날이 갈수록 어려워지며 극복될 수 있다는 희망도 보이지 않는다. 다만, 지역방송 프로그램을 제작하는 방송인들의 의지, 이른바 로컬 프로그램을 통해 지역성을 구현하고 지역의 가치를 드높이려는 열정이 있을 때 지역방송의 위기를 그나마 극복할 수 있다고 본다.

그러나 지역방송에서 제작한 일부 로컬 프로그램을 마주하는 시청자로서 매우 불편함을 느끼는 것도 사실이다. 물론 대부분의 지역방송인들이 열악한 제작환경과 근무 여건하에서도 지역성을 구현하기 위한 프로그램을 제작하는 데 심혈을 기울이고 있다는 것을 모르는 바는 아니지만, 지역성을 도외시한 일부 프로그램을 접하면 지역방송의 존재 가치를 의심하게 된다.

이 글에서 비판하고자 하는 프로그램은 KBS 제주방송총국이 제작 방송하고 있는 <투맹쇼-느영나영 제주넘기>이다. 2014년 6월에 시작한 이 프로그램은 매주 수요일 저녁 7시 30분부터 55분간 KBS 1TV 채널을 통해 제주 전역에 방송되고 있다. KBS 제주총국이 제주 최초의 예능 리얼 버라이어티 쇼라고 강조하며 방송을 시작한 이 프로그램은 개그맨 김원효와 이문재가 MC를 맡고, 걸그룹 위주의 가수를 게스트로 초청해 토크와 퀴즈를 진행하는 것을 주요 포맷으로 한다. 스타의 제주 여행을 추억 앨범으로 제작한다는 취지로 방송하고 있는데 방송 프로그램으로서 갖춰야 할 포맷 특징이 전혀 없고 중앙 방송사의 오락 프로그램을 짜깁기 한 듯한 인상이 강한 프로그램이다.

특히 프로그램 오프닝은 초청된 게스트 소개와 자랑으로 뒤범벅된 채 방송 시간의 1/10을 허비하며, KBS 자사 자랑은 물론 특정 관광업체를 간접 홍보하기도 하는 등 눈뜨고 보기 민망한 내용으로 가득하다. 지역성 의 구현은 차치하고 지역성을 오히려 말살하는 일도 비일비재하다.

이 프로그램의 오프닝이 끝나면 게스트들은 제주에서 수행할 미션을 정하기 위한 방법으로 넉둥베기라는 놀이를 한다. 넉둥베기는 제주의 전통 윷놀이로 다른 지방의 윷보다 훨씬 작은 손가락 절반 정도 크기의 윷을 종지에 담은 다음 멍석에다 던져 길을 찾는 놀이이다. 하지만 이 프로그램에서는 넉둥베기라는 말을 쓰면서도 오락 프로그램에서 많이 본 1미터가량 되는 크기의 윷을 사용한다. 방송 시간이 온 가족이 저녁 식사를 함께하는 저녁 7시 30분대라는 점을 감안했을 때 제주의 아이들은 넉둥베기를 어떻게 이해할까 하는 생각에 분통이 치밀어 오른다. 지역의 전통문화를 말살하는 데 지역방송이 앞장서고 있다는 말이다.

걸그룹 한 팀을 게스트로 초청해 짧은 일정 동안 2주분을 녹화하다 보니 차량으로 이동하는 모습에 전체 프로그램의 1/10 이상의 시간을 소요하는 것도 눈에 거슬린다. 시청자의 입장은 전혀 고려하지 않은 제작 자의 입장만 보인다.

중요한 것은 제주의 로컬 프로그램에 제주가 없다는 것이다. 아무리 오락 위주의 프로그램이라 하더라도 주 시청자가 제주도민이라면 지역 주민에게 메시지를 전달하거나 제주의 자연이나 문화를 소개하는 내용이 암시적으로라도 깔려야 하는데 개그맨 MC와 게스트들의 말장난만 판을 치고 있다. 특이한 것은 담당 PD가 프로그램 전반에 걸쳐 수십 회 이상 출연한다는 점이다. <1박 2일> 같은 프로그램에 가끔씩 PD가 출연해 상황을 설명하는 정도의 컷은 보아왔지만 이처럼 대놓고 출연하는 것은 이 프로그램 외에 본 적이 없다.

실제로 지난 8월 20일과 27일에 방송된 <투맹쇼-느영나영 제주넘기> 프로그램을 요약해보면 도대체 공영방송 KBS가 제작한 프로그램인가 하는 의구심이 들 정도이다.

8월 20일 방송의 도입 부분은 게스트인 걸그룹 달샤벳의 인사로 시작되었다. 달샤벳의 멤버 여섯 명 가운데 다섯 명이 출연했는데 그녀들의 애칭, 장기, 노래를 비롯해 이날 출연하지 못한 멤버인 수빈의 영상편지를 소개하는 데 8분을 할애했다. 53분짜리 프로그램의 15%를 인사하는 데 쓴 것이다. 이어서 맹한 팀과 맹물 팀으로 나누고 수행할 미션을 정할 넉둥베기를 하는 데 11분을 할애했다. 게다가 미션 수행 장소인 대정읍으로 이동한다는 예고 자막이 나온 뒤 정작 이동한 곳은 대정읍이 아니라 KBS 제주총국의 라디오 부스와 TV주조정실, 전망대였다. KBS 사원을 출연시켜 제주총국의 시설을 설명하는 견학 프로그램으로 변해버린 것이다. 게스트들은 라디오 스튜디오에서 DJ의 흉내를 내거나 뉴스 스튜디오에 앉아 앵커의 흉내를 내고 영상편지 쓰기 등의 장난스런 행동을 하다가 전망대로 자리를 옮겼다. 정작 대정읍에서 미션을 수행하리라 기대했던 시청자들은 전망대에서 벌어지는 미션, 퀴즈풀이에 당혹해야 했다.

가관인 것은 퀴즈 문제였다. 게스트들이 서로의 몸짓을 통해 100초 동안 KBS의 정규 프로그램명을 몇 개나 맞추는가 하는 문제였는데, 정답은 KBS의 <전국노래자랑>, <인간의 조건>, <해피투게더>, <우리동네 예체능>, <도전 골든벨> 등 10개였다. 로컬 프로그램에서 왜 KBS 중앙방송의 프로그램명을 정답으로 하는 퀴즈 문제가 제시돼야 하는가? 이는 자사 홍보가 도를 넘어선 것이다. 달샤벳이 KBS 제주총국에 머문 시간은 오프닝부터 45분으로, 프로그램 전체 시간의 85%를 KBS 제주총국에서 허비하면서 자사를 홍보하는 데 주력한 것이다. KBS에서의 퀴즈를 끝내고 대정읍으로 이동하는 소형 버스 안에서의 잡담(토크라고 치자)이 6분 동안 방송되고, 결국 대정읍 운진항의 도착하자마자 다음 주 프로그램 내용을 예고하면서 끝이 난다. 프로그램이 방송되는 53분 동안 담당 PD로 보이는 문PD는 음성으로 또는 화면에 얼굴로 무려 15회나 출연했다. 자사의 시설과 프로그램 홍보도 모자라 PD까지 홍보하는 낯 뜨거운 행태의 프로그램이었다.

그 다음 주인 8월 27일 방송분은 또 어떤가? MC의 오프닝 전에 지난주에 방영된 달사벳의 출연, 넉둥베기 하는 모습, KBS 제주총국의 견학 코스, 퀴즈 풀기, 운진항 이동의 전 과정을 요약하느라 5분을 허비했다. 그 뒤로는 당초 충효의 고장 대정읍을 찾아간다고 예고해놓고선 해수풀장에서의 2인 3각 걷기, 제주의 특정 관광 상품인 씨 워킹(헬멧 모양의 모자를 쓰고 바다에 입수해 수중 경관을 감상하는 것) 소개, 그리고 밀면 음식점 방문이 이어졌다. 이는 자칫 공영방송의 로컬 프로그램이 특정 상품과 음식점을 소개한다는 오해를 불러일으킬 수도 있는 대목이다. 게다가 이 지역의 충과 효는 아예 도외시됐다. 이 프로그램의 말미에 자막으로 처리되는 "수신료의 가치, 감동으로 전합니다"라는 문구를 보면 과연 제작자는 수신료의 가치를 얼마나 고민하는지, 지역 시청자들에게 감동을 주기 위해 어떤 노력을 하는지 늘 궁금하다.

지역방송의 공익적 가치는 지역성을 얼마나 유지하고 실현하는가에 달려 있다고 할 수 있다. <투맹쇼-느영나영 제주넘기>에 가한 비판에 대해서는 오락성 프로그램이기 때문에 그럴 수밖에 없었다고 변명할 수도 있다. 그러나 문제는 프로그램 제작자가 지역성에 대한 고민을 하지 않는 데다 공익적 가치를 창출하려는 노력도 의지도 없었다는 데 있다.

제주 지역방송 중 오락성을 띤 로컬 프로그램은 여럿 있다. 제주MBC의 <우리 동네 차차차>는 오락 프로그램이다. 매주 화요일 저녁 6시 20분부터 55분 동안 방송하는 이 프로그램에서는 유명한 개그맨이 아닌 지역의 청년 네 명으로 구성된 공동 MC가 각 마을을 찾아다닌다. MC들은 마을 어른들과 흥겨운 노래마당을 펼치거나 농사 이야기를 나누기도 하고, 출타한 자녀들에게 보내는 영상편지나 마을의 전설과 유래를 보여주는 동네 드라마 등의 포맷으로 마을 사람들의 따뜻한 인심을 보여주기도 하며, 한중 FTA 협상에 따른 농촌의 현실을 함께 고민하기도 한다. 물론 전체적인 구성은 MBC의 <늘 푸른 인생>과 엇비슷하지만 이 프로그램에서는 지역성이 넘쳐난다. 지역의 사람이 있고, 경제와 역사가 있고, 문화가 있기 때문이다.

지역방송은 지역에 존재하기 때문에 지역 사회에 밀착된 방송을 제작해야 하며 지역의 정치·경제·사회·문화 면에서의 발전에 기여해야 한다. 또한 지역 사회의 공공성 이념을 구현하기 위한 목표를 설정하고 지역 주민의 참여를 이끌어냄으로써 공감대를 형성해야 한다. 바로 그것이 최근 지역방송이 안고 있는 위기를 극복하는 전략이자 생존 방안이다.

이런 점에서 KBS 제주방송총국의 로컬 프로그램 <투맹쇼-느영나영

제주넘기>는 지역의 사람이나 역사, 경제와 문화가 전혀 없이 지역성이라는 의미를 반영하지 않은 채 제작되어 지역 시청자들의 눈살을 찌푸리게 하고 있다.

때로 지역방송인들은 제작비가 열악하고 전문 인력이 모자라 번듯한 프로그램을 제작하기 어렵다고 말한다. 충분히 이해하고 인정한다. 그러나 지역성을 구현하기 위해 제작자 스스로 얼마나 고민하고 노력했는지를 먼저 묻고 싶다. 적어도 지역방송사의 제작자라면 지역성을 치밀하게 고민하고 반영하면서 지역 문화의 전수자이자 지역 주민의 대변자로서의 역할을 해야 한다.

가작

아침 드라마는 막장이어야 하나?

MBC 아침 드라마 <모두 다 김치>를 중심으로

오기영

성인이 되어 가정을 꾸리고 떨어져 살다가 최근 얼마 동안 부모님을 모시게 되었다. 부모님은 TV를 그리 즐겨보는 편은 아니지만 시간을 지키며 빼놓지 않고 보는 프로그램이 있는데, 바로 MBC 아침 드라마인 <모두 다 김치>이다. 다른 프로그램은 시간을 놓쳐도 무덤덤한데 유독 그 드라마만큼은 못 보면 크게 아쉬워한다. 그만큼 두 분에게는 아침 드라마가 TV에서 가장 지배적인 프로그램이다. 그런 이유로 본의 아니게 나 자신도 열렬한(?) 시청자가 되어 드라마를 대부분 보게 되었고, 드라마 내용을 파악하게 되었다. 주인공인 하은은 남편, 딸과 함께 가정을 꾸리며 억척스럽고 성실하게 살아왔지만, 남편 동준이 동문 후배인 재벌 딸 현지에게 눈이 멀어 이혼하게 되고 사랑하는 딸마저 그들에게 뺏겨버린다. 좌절한 하은에게 유기농 김치 사업을 계획하고 있던 태경이 나타나 두 사람은 서로 의지하게 되고 힘을 합쳐 결국은 복수를 한다는 내용이다.

언젠가 한번은 봤음직한 멜로드라마의 줄거리이다. 그리고 그만큼이나 익숙한 것이 있으니 우리가 흔히 이야기하는 막장 드라마라 할 수 있는 요소들이다. 우선, 대부분의 등장인물이 '불쌍한 캔디'인 하은을 큰 이유 없이 괴롭히는 데 물불을 가리지 않는다는 것이다. '악녀 이라이자'인 현지는 하은을 괴롭히는 것이 취미인 듯 수단과 방법을 가리지 않는데, 하은의 어머니가 운영하는 떡집을 난장판을 만들거나, 김치 사업을 노골적으로 방해하거나, 심지어 보살피는 것을 힘들어하면서도 하은의 딸을 뺏기까지 한다. 전남편도 마찬가지여서 자신은 다른 여자와 결혼했음에도 전 부인인 하은이 다른 남자와 가까워지자 행패를 부리기도 하고 협박을 일삼기도 한다. 그 외에도 선영, 수진, 하늘, 세찬 등이 수시로 하은을 직간접적으로 괴롭힌다. 이렇게 주인공을 할퀴는 데 혈안이 된 제작진의 의도는 명백하다. 아침 드라마의 주 시청자 층인 주부들의 취약한 심리를 파고들겠다는 것이다. 불편한 시댁과의 관계, 무관심한 남편, 말 한마디 나누기 쉽지 않은 사춘기 자녀들 틈에서 많은 주부가 공허감과 존재감의 약화를 경험하고 있다. 그런 주부 시청자들의 감정이 이입된 인물인 불쌍한 주인공에게 고통을 주어 시청자가 드라마를 보는 내내 불편하고 분노하게 만듦으로써 역설적으로 TV에서 도망가지 못하도록 옭아매겠다는 심산인 것이다.

둘째는 얽히고설킨 인물관계인데, 출생의 비밀이 드러나면서 태경은 재벌 총수의 숨겨진 아들, 하은은 재벌 총수 사모님의 숨겨진 딸이었음이 밝혀진다. 이렇게 되니 수십 년간 어머니인 줄 알았던 은희는 실제로 고모였고, 이혼한 전 남편은 동복동생의 남편이 되고, 자신이 좋아하는 태경은 동복동생의 이복남매가 되고 말았다. 언제부턴가 드라마에서 출생의 비밀이 없는 드라마가 오히려 이상할 정도가 되었는데, 이는 도저히 이길 수 없을 것 같던 강력한 라이벌이나 복수의 대상에 대한 반전을 이룰 수 있게 하는 틀이다. 하루아침에 신분이 바뀌어 재벌 총수나 유력인의 자식이 되면 멀게만 느껴졌던 복수의 길이 성큼 다가온다. 또한 시청자에게는 현실에서는 자신이 남편이나 자식에게 부엌데기라고 구박받는 신세이지만 원래 나는 고귀한 신분이었다는 상상의 기회를 제공해주기도 한다. 하지만 결국에는 인물관계가 마치 칡덩굴처럼 복잡하게 얽혀 드라마의 리얼리티를 떨어뜨리고 말았다.

셋째로 막장 드라마의 최종 종착지는 복수의 완성이다. 모든 시청자는 결국은 주인공이 자신을 괴롭히던 시어머니, 악녀 등 모든 사람에게 통쾌하게 복수하고 이야기가 마무리될 것이란 걸 안다. 시청자에게 통쾌한 복수의 카타르시스를 주지 않고 주인공이 처절하게 짓밟힌 채로 드라마가 끝난다는 것은 상상할 수 없으며, 혹시라도 그런 결말로 드라마가 마무리된다면 아마도 그 드라마의 작가와 연출가는 앞으로 다시 보기 힘들 수도 있을 것이다. 또한 이 복수의 장치야말로 시청자들이 끝까지 드라마를 보게 하는 원동력이다. 따라서 복수가 완성되면 그렇게 질질 끌던 드라마도 신속하게 막을 내린다. 드라마 <모두 다 김치>에서도 이런 틀 속에서 이야기가 진행되었다.

통신기술의 발달로 상품에 하자가 있거나 상품의 기능이 좀 떨어지면 블로그나 카페에서 소비자에게 난도질을 당해 더 이상 시장에서 살아남기가 힘들다. 풍부한 정보와 상호 간의 소통 덕택에 소비자들은 과거에 비해 훨씬 약아지거나 합리적으로 바뀌었다. 그런데 이상하게도 우리가 매일 시청하는 드라마에는 이런 기준이 적용되지 않는다. 이른바 '욕하면서 보는' 현상인데, 이런 드라마의 시청자 게시판을 들어가보면 올라오는 글의 수위가 만만치 않다. 하루에도 수십 건씩 글이 올라오는데 대부분은 제작진을 향한 분노와 절규의 글이며 적나라한 욕도 심심찮게 보인다. 만약 오락·교양 프로그램이었다면 제작진이 사과를 하거나 급기야 프로그램을 중단하는 일도 발생할 수 있겠지만, 이 게시판에서는 일체의 사과는 물론 그에 대한 최소한의 해명도 없다. 오히려 이런 상황을 제작진이 즐긴다고 보는 것이 맞을 수도 있다.

물론 이런 드라마가 모두 사라져야 하고 막장 드라마의 요소가 없어져야 한다고 말하려는 것은 아니다. 시청자 층이 다양한 만큼 이런 드라마를 좋아하는 시청자를 위해 이런 부류의 드라마도 존재해야 한다. 하지만 최근 흐름을 보면 이런 막장 드라마의 영향력이 점점 커지고 있으며, 막장으로 치닫는 드라마일수록 황금시간대에 방송되는 드라마보다 시청률이 높은 경우가 많다. 제작진의 입장에서 보면 이보다 더 효율적일 수는 없다. 상대적으로 스케일이 크지 않고 최고의 배우를 캐스팅하지 않아 투자비용도 적은데 높은 시청률을 이끌어내니 말이다. 작가의 입장에서는 막장 드라마의 프레임은 이미 정해져 있으므로 크게 고민하지 않고 그 틀 내에서 비교적 용이하게 극본을 쓸 수 있다는 장점이 있다. 또한 실시간 촬영이라 불릴 정도로 시간에 쫓기는 제작 현실에서 인기에 따라 횟수를 늘리거나 줄일 수 있고 내용을 수정하는 데 대한 제약이 상대적으로 적은 점도 강점이다.

그럼에도 우리가 피하지 말고 직시해야 할 문제가 많은 것도 사실이다. 이런저런 막장 드라마의 영향으로 산전수전 다 겪어 이제 웬만한 자극은 먹히지 않는 시청자들을 만족시키기 위해 더 충격적인 자극으로 수위를 높이다 보면 드라마의 원래 속성인 현실처럼 보이는 비현실을 그리는 것이 아니라 만화처럼 비현실 자체를 그리는 드라마를 양산할 수밖에 없다. 결국 시청자가 공감할 수 없는 드라마, 보고 나서 아무것도 기억에 남지 않는 드라마가 되어버리면 그런 드라마를 시청자가 앞으로도 계속 지켜줄지는 누구도 장담할 수 없다. 또한 드라마를 보는 시청자는 결국 우리의 어머니들이요, 아내들이다. 남편과 아이를 보내놓고 마음 편히 보는 아침 드라마가 공허한 마음에 감동과 즐거움을 채워주는 것이 아니라 황량함과 상처를 주고 있는 것이다. 그들이 하루를 즐겁게 시작하고 감사함을 느낄 수 있는 드라마도 막장 드라마만큼 다양해졌으면 좋겠다.

몇 년 전 한 다큐멘터리에서 아프리카 흑인 소녀가 드라마 <대장금>을 보면서 무척 감동받았고 그로 인해 자신의 많은 것이 변화되었다고 말하는 장면을 본 적이 있다. 누구나 가슴 한구석에 묻어두고 가끔 되새겨보는 감동적인 드라마가 한두 개쯤은 있을 것이다. 좋은 드라마는 제대로 캐릭터가 살아 있어 그런 매력적인 인물을 통해 감동을 준다. 그러한 드라마는 삶의 맛을 좀 더 진하게 느끼고 좀 더 행복하게 살아갈 수 있는 자양분이 된다. 하지만 그런 작품은 작가와 연출가가 일생에 한 번 낳을까 말까 하는 역작으로, 완성되는 데 많은 시간이 필요하다. 따라서 작가나 연출가 등 드라마 관계자들이 실패하더라도 좀 더 독창적이고 참신한 시도를 할 수 있는 토양을 만들어야 한다. 미래에 그런 역작을 내어놓을 수 있는 잠재력 있는 작가와 연출가들이 시청률에 연연하는 막장 드라마의 덫에 걸려 중도에 포기하거나 고사하는 일이 없었으면 하는 바람을 가져본다.

신을 버린, 자유와의 밀회

김나은

오혜원의 신은 죽었다

인간 사회에서 끊이지 않는 질문이 하나 있다면 그것은 행복에 대한 질문일 것이다. 플라톤에서부터 시작된 선의 이데아와 진정한 행복에 대한 논쟁은 "행복의 추구와 자유가 유효한 선을 가져다줄 수 있을까?"라는 마이클 센델(Michael Sandel)의 질문으로 현대까지 이어진다. 그에 대한 답은 명확하지 않고 아직도 무엇의 추구가 행복인가라는 의문은 여전하다. 이 질문에 대해 현대인에게 주어진 선택사항으로는 크게 두 가지가 있다. 돈 또는 사랑, 억압 또는 자유. 그리고 이 선택사항은 멘티가 멘토에게 던지는 질문을 만들어낸다. "사랑은 없지만 부자인 사람과의 결혼, 행복할 수 있을까요?" 또는 "사랑하지만 가난한 사람과의 결혼, 행복할 수 있을까요?" 이 끝없이 돌고 도는 질문과 관련해 정성주 작가는 시청자에게 하나의 이야기를 보여준다. <변호사들>에서는 정의의 자격에 대해, <아내의

자격>에서는 현모양처라는 이름의 자격에 대해, 그리고 마침내 <밀회>에서는 행복해질 자격에 대해 세상에 질문을 던진 것이다. 결코 선하지만은 않은 방법으로 행복을 추구하는 인물 오혜원을 통해서 말이다.

오혜원은 가난한 집에서 태어나 음대에 진학한 후 성공하기 위해 서한그룹의 "우아한 노비"가 된 인물이다. 그녀가 모시는 주인은 공식적으로는 30년 지기 서영은이고, 비공식적으로는 서영은의 계모 한성숙이다. 두 주인을 모시는 오혜원이 자신의 신념을 바쳐 모시는 신은 사실 서영은도 한성숙도 아닌 돈과 권력이다. 돈과 권력을 내려 받을 수만 있다면 오혜원은 자신의 주인이 누구이건 상관없다. 서한예술재단의 대표라는 명예와 권력을 잡기 위해 그녀는 어떤 일이고 마다하지 않는다. 서류 위조는 물론이요, 불법 자금 세탁을 위한 계좌 명의 차용도 해주고 주인들의 화풀이를 위해 기꺼이 뺨도 내준다. 자신의 볼을 얼음찜질하는 것이 일상이 된 그녀에게 서한예술재단의 대표 자리는 그동안의 인내에 대한 보상이지만, 사실 자신들이 이룩한 것에 대한 경계가 확실한 서한그룹 사람들에게 오혜원은 자신들의 지분을 빼앗는 환영받지 못할 손님일 뿐이다.

돈과 권력만이 자신에게 달콤함을 안겨주는 유일한 과실이었던 오혜원은 가난하지만 재능 있는 스무 살 연하의 이선재를 만난 뒤 오직 자유를 통한 행복만을 추구하며 자신이 일궈낸 모든 것을 버린다. 이처럼 비록 <밀회>는 장르적으로 불륜치정극에 속하지만 그 속을 들여다보면 단순한 불륜 드라마가 아니라 자신과 너무나 닮고 또 서로에게 필요한 존재인 사람들이 만나 행복을 위한, 인간다운 삶을 살기 위한 고민과 선택을 하고 그 선택에 따른 모든 책임을 말하는 드라마이다.

니체가 이성과 인간에 대한 확신인 '신'은 죽었다고 말하며 인간을 특정 짓는 것은 자신을 개선하고 환경을 개선하려는 의지, '권력에의 의지'라고 주장한 것처럼, <밀회>의 오혜원은 돈과 권력이라는 '신'을 버리고 진정으로 자신이 원하는 주체적인 삶을 살기 위해 노력해 결국 그 자유를 쟁취해낸다. 니체의 말처럼 권력과 돈이라는 세속적 신을 버린 후에야 비로소 주체적인 삶을 만난 것이다.

서로 사랑할 수밖에 없던 두 사람

오혜원과 이선재의 관계는 수학적이지만 철학적이다. 둘의 관계는 마치 1이 10이 되기 위해서는 9가 필요하고 8이 10이 되기 위해서는 2가 필요한 것처럼 서로에게 결핍된 것이 서로에게 존재하는 완벽한 관계이다. 각자가 가진 소유와 결핍은 수식으로 정리할 수 있을 정도로 명확하다. 남자와 여자, 가난과 부, 열정과 냉정, 감성과 이성, 독립과 속박이라는 차이점과 함께 둘은 피아노 그리고 손목 건초염이라는 공통점도 있다. 플라톤의 수학과 철학의 연관성에 대한 주장처럼, 오혜원과 이선재의 이런 수학적인 필연성으로부터 진정한 행복에 대한 의문이 발생한다.

또 오혜원에게 이선재는 단순한 남자가 아니라 순수하고 때 묻지 않은 또 다른 자신이다. 20년 전의 자신을 보는 듯한 이선재의 모습에 세월의 더러움을 만지며 성숙한 오혜원이 해줄 수 있는 일은 그의 순수를 보호하는 것이다. 그렇기에 이선재에게 "더러운 건 내가 다 해"라고 하는 말은 비단 그만을 향한 얘기가 아니라 순수를 지켜내기 위해 싸움을 해야 하는 자신에 대한 격려일 수도 있다. 오혜원이 이선재에게 보내는 사랑은 한편으론 헌신적인 자기애인 것이다. 즉, 오혜원과 이선재의 만남은 서로에게는 결핍의 충족이고, 오혜원과 이선재를 통한 오혜원의 과거와의 만남은 그녀에게 기회이자 현실을 바꾸는 강력한 동기가 된다.

다시 온 기회, 그리고 새로운 선택

권력과 돈을 좇던 오혜원은 답답했다. 물론 돈과 권력이 항상 답답함을 주는 것은 아니다. 그러나 오혜원이라는 사람에게 그것들은 자신이 진실로 원하지 않았던 것이기에 그러했다. 그녀의 돈과 권력을 향한 열망은 과거 가난했던 자신의 삶이 만들어낸 집착과 욕망에 불과했다. 자신의 삶을 스스로 "노비"라고, "더럽다"라고 말하는 그녀의 마음 깊숙한 곳에는 '벗어나고 싶다'는 탈출 욕구가 있었다.

하지만 삶의 굴레를 벗어나기란 쉽지 않고 권력의 단맛이란 큐피드의 마르지 않는 사랑의 샘물과 같다. 마시고 마셔도 갈증은 채워지지 않고 오히려 더 큰 갈증이 생기지만 그 샘물은 떠날 수 없이 달콤한 악몽인 것이다. 이런 오혜원의 악몽을 깨워주는 킥[1]은 이선재의 순수였다. 오혜원에게 이선재라는 기회가 왔고, 그 기회 앞에서 오혜원은 돈과 권력을 버리고 자유와 사랑을 택한다. 다시 기회가 왔을 때 선택한 그것이 진정으로 그녀가 원하던 삶이었다.

"선이란 진정한 행복을 추구하는 것"이라는 플라톤의 말처럼, 오혜원의 진정한 행복을 향한 선택은 불륜이라는 악을 선으로 보이게 만든다. 여기서 선이란 절대적인 의미의 선이 아니다. 다만, 자신이 돈과 권력을 위해 취했던 행동을 책임짐으로써 거기에서 자유로워지려는 그녀의 선택을 감히 악이라고 정의내릴 수만은 없다는 뜻이다.

---

1) 크리스토퍼 놀란 감독의 영화 <인셉션(Inception)>(2010)에 나온 용어로 꿈에서 깨어날 수 있는 신호를 뜻한다.

자유의 무게

오혜원이 이선재, 자유를 선택함으로써 치러야 하는 대가는 감옥이었다. 조직을 나가기 위해 손가락을 자르고 자신에게 내려지는 가혹한 벌을 참아내야 하는 것처럼 오혜원은 감옥으로 가야만 했다. 이 모습은 마치 오혜원이 마지막까지도 서한그룹의 방패에 불과한 듯 보이지만, 그녀가 감옥에서 보이는 미소로 방패가 아닌 날개를 '선택'했다는 것을 알 수 있다. 그 미소는 "뭔가를 했다고 생각했는데 알고 보니 바다 한가운데서 이리저리 휩쓸리고 있었던" 삶을 정리하고 닻을 내린, 이선재라는 육지에서 보내는 미소이다.

누군가는 그녀의 선택에 대해 오혜원이 결과를 너무 쉽게 받아들였고 크게 투항하지 않는 모습에 김이 빠졌다고 말할 수도 있다. 그러나 오혜원이 계속해서 투항하며 자신의 미래만 지키고자 했다면 그것은 결코 진실되고 순수한 자유라고 할 수 없다. 모든 자유는 책임에서 비롯되기 때문이다. 감옥은 돈과 권력의 굴레에서 나오기 위한 대가이자 과거 자신의 행동에 대한 스스로의 책임이다. 자신의 선택에 따르는 모든 것을 감내하고 미래의 빛을 기다리는 모습을 어떻게 가볍다고만 말할 수 있을까.

시나리오와 연출, 문학성과 예술성의 승리

<밀회>가 가진 이런 철학은 가장 완벽한 그릇에 온전히 담겼다. <밀회>의 연출은 불륜만을 강조하지도, 그들의 스무 살 나이 차를 강조하지도, 여자와 남자의 관계를 강조하지도 않는다. "우린 사랑할 수밖에 없었어요"라고 말하며 자신들만은 로맨스라고 주장하는 불륜 드라마가 많음에

도 <밀회>가 특별할 수 있었던 이유는 바로 이 조심스러움이다.

안판석 연출가는 <밀회> 속의 사랑을 마치 함부로 다루면 깨지는 도자기처럼 다룬다. 계모가 딸의 머리를 변기에 박고 호스트들과 음대 비리의 모습을 보여주는 적나라함과 다르게 오혜원과 이선재의 사랑은 간접적이다. "그 섬세한 아름다움은 강렬한 햇빛을 피해야 한다"[2]라는 말처럼 보여주면 부서질까 하는 염려로 그들을 다루고 있다. 그의 이런 세심한 연출은 두 사람이 마침내 관계를 갖는 장면에서 정점을 찍는다. 관계의 장면을 직접적으로 보여주는 대신 피아노, 악보, 밤하늘 등의 장면과 함께 둘의 대화로 표현한다. 자극적인 영상에 몰리는 싸구려 시청률보다는 작가의 소중한 도자기를 지키는 데 더 주의한 것이다. 스티븐 스필버그(Steven Spielberg)가 <라이언 일병 구하기>에 맷 데이먼을 캐스팅한 이유로 "모든 위기를 헤치고 구해야 하는 라이언 일병은 누가 봐도 구하고 싶은 옆집 소년 같은 이미지여야 했다"라고 답한 것처럼 오혜원과 이선재의 사랑은 '누가 봐도 더러운 치정극이면 안 된다'라는 그의 의지가 느껴진다.

철학을 풀어낸 오혜원과 이선재의 이야기, 그리고 그것을 조심스럽게 담은 그림의 균형은 그리스 비극이 냉철의 아폴론과 광기의 디오니소스의 균형으로 완벽한 서사극이 된 것처럼 <밀회>가 완벽한 드라마가 될 수 있도록 한다. 종편 채널 드라마의 시청률이 6% 가까이에 달한 것[3]은 연출, 이야기 그리고 인물들의 조화가 만들어낸 승리의 증거라 할 수 있다. 이렇듯 <밀회>는 작가의 사상, 철학과 함께 그것을 담아내는 연출

---

2) 테네시 윌리엄스의 소설 『욕망이라는 이름의 전차(A Streetcar Named Desire)』에 나오는 문장이다.
3) <밀회>는 5.4%의 시청률을 기록했다(2014년 5월 13일 닐슨코리아 제공).

의 중요성을 각인시키는 한편, 드라마가 흔히 폄하 당하듯 '그저 시간만 죽이는 여가용'이 아닌 시나리오의 문학성과 연출의 예술성이 만들어내는 종합예술임을 아름답게 증명했다.

비정상의 문화들

JTBC 예능 <비정상회담>

하진환

'문화들'

18세기 독일의 철학자 요한 고트프리트 폰 헤르더(Johann Gottfried von Herder)는 '문화들(cultures)'이라는 말을 처음으로 사용했다. 문화(culture)라는 말을 복수(複數)로 표현한 것이다. 당시 서구에서는 계몽주의의 영향으로 문화가 곧 '문명'의 의미를 가지게 되었고, 같은 시기에 진행된 활발한 식민지 개척으로 다양한 문화가 존재한다는 것을 알게 되었다. 문화들이라는 말은 그 말 자체로 문화라고 불리는 것을 다원적이고 수평적인 것으로 이해하기 시작했다는 의미로 해석된다. 문화에 대한 과거의 이러한 연구와 이해를 바탕으로 오늘날 문화가 가지는 의미는 더욱 확장되고 발전되었다. 지난 2008년에 프랑스의 석학이자 칼럼니스트인 기 소르망(Guy Sorman)은 제2회 글로벌 서울 포럼에서 "문화가 돈이고 경제이자 경쟁력이다"라며 문화의 가치를 높이 평가해 언급한 바 있다. 이제 문화가 큰 의미를 가지고 우리 삶에서도 중요시되고 있는 것은 명백한 사실이다. 헤르더의 말처럼 세계에는 우열을 가릴 수 없는 다양한 문화를 가진 국가들이 정말 많고, 소르망의 말처럼 그 문화들은 자국의 경제와 국가 경쟁력의 원천이 되었다.

국경 없는 청년회

이러한 문화의 중요성을 재차 강조라도 하듯, 오늘날의 미디어는 세계의 다양한 문화의 모습을 전파를 통해 쏟아냈다. 일례로, 문화를 다루는 방송 프로그램의 양도 늘어났다. 하지만 세계의 다양한 문화를 소개하는 프로그램은 많았으나 시청자가 흥미롭게 여길 만한 방식으로 세계 각국의 문화를 자연스럽게 알리는 프로그램은 흔치 않았던 것 같다. 또한 프로그램 자체가 독일의 철학자 위르겐 하버마스(Jurgen Habermas)가 말한 공론장(public sphere)의 역할을 함으로써 출연자들이 자유롭게 각자의 사상과 의견을 나누는 프로그램도 흔치 않았다. 만약 세계 속 다양한 국가만큼이나 다양한 생각을 지닌 세계의 청년들이 토론을 펼치는 프로그램이 있다면 어떻겠는가? 다른 나라의 문화를 간접적으로나마 접하면서 우리의 문화와 그들의 문화를 비교하고 그 차이를 깊이 이해할 수 있다면 아주 좋은 기회가 아닐 수 없다. 지난 7월부터 방영되기 시작해 높은 인기를 구가하면서 동시간대 지상파 프로그램의 시청률을 위협하는 한 프로그램이 있다. 여기서는 국경 없는 청년회, 바로 JTBC의 <비정상회담>에 대해 논하고자 한다.

'비정상'이 인기를 끄는 이유

국경 없는 청년회인 <비정상회담>의 주요 키워드는 바로 '비정상'이다. 이는 프로그램 내에서 중의적인 표현으로 쓰이는데, 먼저 정상(正常)이아니라는 의미의 비정상(非正常)으로 쓰이기도 하고, 한 나라의 대표나수뇌를 의미하는 정상(頂上)이라는 말 앞에 아닐 비(非)가 붙어 쓰이기도한다. 프로그램에서는 이러한 두 가지 의미를 상황에 따라 복합적으로사용한다. 하나는 세계 각국 출신의 청년들을 지칭하는 말로 쓰이고,다른 하나는 안건을 상정하는 자가 '이러한 생각을 가진 내가 정상인가?또는 비정상인가?'라는 형식으로 질문을 던질 때 쓰인다. 이는 시청자로부터 좋은 반응을 이끌어내고 다른 프로그램과 차별성을 두는 <비정상회담>만의 독특한 아이템이라고 할 수 있다.

다른 프로그램과 비교할 때 <비정상회담>이 가지는 흥미로운 차별성은 또 있다. 바로 스튜디오의 구조이다. 여타의 토크쇼 프로그램은 대부분소수의 사회자가 다수의 출연자 이야기를 쉽게 듣도록 하기 위해, 또는촬영과 같이 제작적인 측면에서 수월하게 진행하기 위해 스튜디오가 획일적이고 일방적인 구조로 되어 있다. 이는 마치 교실의 구조와 비슷하다.이런 경우 사회자는 다수인 출연자의 이야기를 한꺼번에 들을 수 없기때문에 모두의 의견을 듣기 위해서는 한 명의 출연자에게만 발언권을주어야 한다. 마치 학생 하나가 일어서서 발표하는 것처럼 말이다. 당연하게도 한 출연자가 말하는 동안 다른 출연자는 말할 수 없다. 자유로운의사표현이 힘든 것이다. 하지만 <비정상회담>의 스튜디오는 실제 토론을 진행하기 용이한 구조이다. 프로그램명처럼 출연자들이 실제로 안건을상정하고 금방이라도 불꽃 튀는 입씨름이 일어날 것만 같은 그런 구조로 출연자들이 앉아 있는 것이다.

<비정상회담>은 과거 종영한 KBS의 <미녀들의 수다>와 비교가 많이 되곤 한다. 방송 초기에는 남성 버전의 <미녀들의 수다>라는 말도 많았다. 출연자들의 성별만 다를 뿐, 각국의 문화를 소개하고 몇 가지 주제에 대해 논하며 서로 의견을 나누는 점에서 다수의 시청자들은 두 프로그램이 비슷하다고 여겼던 것이다. 하지만 앞서 이야기했던 스튜디오의 구조적인 차이는 두 프로그램이 전혀 다른 성격을 갖는 전제이자 하나의 근거가 된다. 이뿐만 아니라 프로그램의 분위기에서 파생된 차이도 있다. 과거 종영된 <미녀들의 수다>의 여성 외국인 출연자들은 현재 방영 중인 <비정상회담>의 남성 외국인 출연자만큼 인지도를 쌓지 못하거나 쌓았다 하더라도 쉽게 잊혀졌다. 이른바 한국의 예능 프로그램에서 자주 언급되는 '캐릭터(character)'의 부재가 그 원인 중 하나였다. 반면, <비정상회담>의 남성 외국인 출연자들은 방송이 매회 거듭될수록 연일 이슈화되고 별명이 붙고 있다. 자유롭게 말할 수 있는 프로그램 자체의 분위기가 출연자들이 자신의 사상과 의견을 다른 사람에게 자유롭게 전달하도록 만들어 그들의 솔직한 모습이 자연스레 노출되었는데 이러한 점이 시청자에게 친근하게 다가간 것이다. 거짓 없는 순수한 모습의 세계 각국 청년들이 한국에서 겪는 사회 현상을 다양한 시각으로 해석하고 풀이하는 모습이 화면에 비춰졌다. 그러다 보니 실제 그러한 사회 현상을 겪는 당사자인 우리도 <비정상회담>의 분위기에 쉽게 매료되었고, 그들의 의견에 공감하거나 그 이상의 것을 고민하는 등 시청자의 피드백도 활발히 일어났다.

'비정상'이 겪는 문제들

하지만 <비정상회담>이 인기를 끌고 지금의 활로가 열리기까지 그 과정이 마냥 순탄했던 것만은 아니다. 중국 출신 외국인인 장위안의 경우 방송 초기만 하더라도 극단적인 민족주의적 발언을 하는 것이 전파를 탔고, 특히 일본을 싫어하는 이미지가 너무나도 강해 시청자들로부터 많은 오해를 사기도 했다. 하지만 프로그램이 매주 방송되고 이미지 쇄신을 위한 노력을 거듭하자 부정적인 이미지가 점차 옅어졌다. 또 SNS상으로 일본 출신 외국인인 타쿠야와 실제로는 친한 모습을 보이기도 하면서 부정적으로 비춰진 이미지가 약화되었다. 프로그램이 가지는 편집의 성격상 내용이 살짝 왜곡되어 비춰진 것임이 밝혀지면서 비난의 강도가 다소 소강상태를 보이기도 했다. 하지만 이런 일은 방송 초기에 있을 법한 작은 해프닝에 불과했다.

가장 문제시된 것은 지난 8월 11일 방송분이었다. 한국의 서열문화에 대해 세계 각국 청년들의 생각을 듣는 시간이었다. 토론이 점차 가열되고 출연자들의 첨예한 의견대립이 계속되던 무렵 사회자인 성시경이 한 발언이 많은 시청자들로부터 비난을 샀다. <비정상회담>의 시청자 게시판에는 '성시경이 한국의 직장 내 서열문화를 정당화하고 그것이 한국에서는 바른 이치인양 벨기에 출신 외국인 줄리엔에게 가르치려 드는 자세가 보기 불편했다'라는 의견이 수없이 올라왔다. 더불어 사회자로서 중립적인 자세를 취하지 않고 자신의 의견만을 남에게 관철시켰다며 많은 시청자가 입을 모았다. <비정상회담>은 UN세계정상회담 같은 국가 간 정상회의를 콘셉트로 하는 프로그램이므로 사회자의 역할이 그만큼 중요하다고 할 수 있다. 사회자는 토론 중간에 출연자의 말을 정리하면서 동시에 발언의 기회를 적절히 분배하고 최대한 중립적 위치에 서는 것이 바람직한 원칙이다.

이와는 사뭇 다른 양상으로 보기 불편했다는 의견도 있다. 세 명의 사회자가 종종 문화사대주의(文化事大主義)적인 태도를 보인다는 것이다. 시청자들은 사회자들이 가끔 다양한 국가 출신의 외국인을 대할 때 평등한 자세를 지키지 않는다고 말한다. 미국이나 캐나다 같은 북미 출신 외국인이나 프랑스, 이탈리아 그리고 독일 같은 유럽 출신 외국인이 하는 말은 적극 옹호하거나 지지하면서 한국도 저런 국가들과 같은 모습으로 변화해야 한다는 뉘앙스로 말하는 경우가 있다는 것이다. 다시 말해, 이른바 '서구의 선진국'처럼 우리도 바뀌어야 한다는 느낌으로 프로그램을 진행한다는 것이다. 실제 방송을 보면 눈에 잘 보이지 않는 국가적·문화적 차별의 간극이 엿보인다. 영어나 프랑스어를 쓰는 사람은 멋있다고 이야기하면서 중국어로 시를 읊을 때는 중국어 특유의 성조가 웃긴지 사회자들이 박장대소한다. 물론 사회자들이 의도적으로 그렇게 한 것은 아니겠지만 무의식적으로라도 그런 모습을 드러내지 않기 위해 애써야 한다. 시청자에게는 모든 외국인을 차별 없이 평등하게 대하는 모습을 보여주어야 한다. 하물며 세계 각국의 청년이 각 국가의 정상이라는 콘셉트를 가진 프로그램이라면 더욱 그래야 한다. 문화사대주의가 아니라 '문화상대주의(文化相對主義)'적인 차원에서 접근해 프로그램을 제작해야 한다. 만약 <비정상회담>이 세계 각국에 대한 스테레오 타입을 만든다면 과거 KBS의 <미녀들의 수다>에서 크게 문제가 된 '루저 발언'처럼 이는 사회적으로도 더 큰 문제를 야기할 수도 있다.

이 외에도 <비정상회담>은 젊은 외국 남성 위주의 프로그램이기 때문에 그들의 토론이 국내의 중·장년층이나 어린이와 여성을 포함한 범국민적인 차원의 내용은 아니라는 의견도 있다. 방송 초기부터 많은 인기를 누리고 있는 프로그램임은 틀림없지만 시청자 게시판에는 아직 여러모로 프로그램이 변화되기를 바라는 목소리가 자자하다. 지금은 <비정상회담>에 다각적인 노력이 필요한 시점이다. 여타의 프로그램에 비해 오래된 프로그램이 아니기 때문에 그만큼 작은 변화에도 큰 효과가 나타날 가능성이 높다고 사료된다.

'비정상'이 '정상'이 되려면

먼저 <비정상회담>이 나아가야 할 지향점은 다음과 같다. 문화의 차이는 인정하되 차별은 인정하지 않는 프로그램이 되어야 한다. 세계 각국 청년들의 사상과 신념은 자국의 문화를 토대로 습득된 것임에 틀림없다. 그것을 부정하고 완벽한 객체로서 토론에 임한다는 것은 사실상 불가능한 일이다. 그런 점에서 우리도 중국 출신 외국인 장위안처럼 일본에 대해 말할 때 민족주의적인 발언을 할 가능성이 있다. 하지만 UN세계정상회담과 같은 토론형식을 빌린 프로그램이라면 시청자가 보기에 불편하지 않도록 수위를 조절해야 한다. 직접적으로든 간접적으로든 <비정상회담>이 말하는 문화 개념은 더 이상 틀리거나 그름의 문제가 아니라 서로 다르다는 것에 기초해야 한다. 다른 나라 사람이 우리의 문화에 대해 말할 때는 주의 깊게 들어야 한다. 문화의 차이를 인정하고 서로를 이해한 후에야 대화도 가능한 법이다. 이는 프로그램의 곧은 정체성 확립에 큰 도움을 주는 보다 거시적인 안목의 지향점이다.

또한 프로그램 내부적으로 지향해야 할 미시적인 방향도 살펴볼 필요가 있다. 사회자의 역할도 외국인 출연자의 역할만큼 중요하다. 단순히 안건을 상정하는 역할에서 벗어나 중립적인 자세를 취하고, 적극적으로 토론을 중재하며 옳은 방향으로 분위기를 이끌어야 한다. 문화상대주의적인 관점에서 자문화중심주의나 문화사대주의를 지양하고 국가적·문화적 차별이 최대한 없도록 해야 할 것이다. 일각에서는 사회자가 중립적인 입장을 고수하고 토론에 참여하는 외국인 출연자들이 다른 문화를 순순히 인정하면서 결론을 도출해낸다면 과연 어디서 프로그램의 재미를 찾느냐는 문제를 제기할 수도 있다. 하지만 이미 이 프로그램에서는 토론에 앞서 워밍업 차원의 토크를 곁들이고 있다. 사실 프로그램이 재미있느냐 없느냐는 외국인 출연자들이 얼마나 흥미로운 소재를 그들의 입으로 늘어놓는가가 아니라 앞서 말했듯 사회자의 역량에 달려 있다. 결국 중립적이고 문화상대주의적인 관점에 입각한 사회자의 책임과 역할에 따라 <비정상회담>의 토론이 재미있을지 그렇지 않을지 결정된다는 것이 필자의 견해이다.

마지막으로 시청자들의 비판에 관대해져야 한다. 시청자들이 보내는 비판은 곧 관심이다. 시청자가 장위안의 민족주의적인 발언이나 성시경의 한국 서열문화 정당화 발언, 그리고 무의식중에 나타나는 사회자들의 문화사대주의적인 행동 등을 꼬집으며 방송에서 잘못된 점이 무엇인지 비판하고 더 나은 방송이 되도록 변화를 촉구하는 것은 실제로 국회의사당이나 세계의 정상이 모이는 회의장 같은 공론장에 대해서도 보여야 할 아주 올바른 자세이다. 만약 이러한 시청자의 고견을 듣지 않고 무시한다면 <비정상회담>이라는 프로그램명이 무색해질 것이다. 오늘날 미디어의 수용자는 점차 수신자(receiver) 개념에서 사용자(user)의 개념으로 넘어가고 있다. 마찬가지로 방송문화도 스타덤(stardom)에서 팬덤(fandom)으로 옮겨가고 있다. 이러한 맥락에서 볼 때 이제 방송사는 시청자를 방송이 내보내는 것을 일방적으로 받아들이는 사람이 아니라 끊임없는 소통으로 더 나은 방송을 만들어가는 또 다른 주체로 인식해야 한다. <비정상회담>의 시청자가 보내는 의견을 듣는 것은 세계 각국 청년들의 의견을 듣는 것만큼 중요하다.

'정상'이 되는 그 날까지

<비정상회담>의 외국인 출연자들이야말로 헤르더가 말한 '문화들' 그 자체이다. <비정상회담>이 이 살아 있는 문화들을 데리고 새로운 방송문화를 만들어내려면 앞에서 언급한 문제들을 해결해야 한다. 실제로 한국에서 세계 각국의 정상이나 석학을 초대해 국제적인 회의를 개최하거나 학술적인 의견을 나눌 때에도 이러한 행사를 개최하는 한국의 자세가 중요하다. <비정상회담>도 이와 크게 다르지 않다. 외국인 출연자들뿐 아니라 사회자 및 제작자들도 먼저 세계 각국의 문화를 깊이 이해하고 최대한 중립에 서서 다양한 문화를 인정하는 마인드로 프로그램을 제작해 나가야 할 것이다. 수신자에서 사용자의 개념으로 바뀐 현대의 미디어 수용자는 그만큼 자신의 의도와 선택이 강조된 개인들이다. 본인의 관심도에 따라 스스로 생각하고 행동하는 주체인 것이다. 몸에 좋은 약은 입에 쓰다는 말처럼 다수의 시청자가 공통적으로 비판하는 것은 새겨들을 필요가 있다. <비정상회담>이라는 프로그램이 지금처럼 인기를 얻는 것에 그치지 않고 사회적으로나 방송학적으로 의미를 가지려면 학술적인 표현으로 송신자(sender 또는 communicator)와 수신자(receiver 또는 audience) 간의 쌍방향적인 커뮤니케이션(two-way communication)이 이루어져야 한다. 매우 희망적인 것은 잇따른 시청자의 비판을 적극 수용해 줄곧 작은

변화를 거쳐 매회 더 나은 프로그램으로 거듭나고 있다는 것이다. <비정
상회담>은 '비정상(非正常)'이 비로소 '정상(頂上)'이 되는 그날까지 끊임
없이 노력하고 성찰하는 자세를 보여야 할 것이다.

입선

사람들에게 가까이, 더 가까이
SBS 창사특집 대기획 5부작 <최후의 권력>

조민혁

　우리에게는 날 때부터 지닌 권력이 있습니다. 이 나라를 살아가는 주인으로서 갖는 권력입니다. 우리는 국가의 근본이며 모든 권위의 뒤에 버티고 서 있는 최후의 권력입니다. 그러나 번번이 그 사실을 잊고 살아갑니다. 복잡한 사회와 바쁜 일상 속에서 나의 권력이 어디에 있는지, 권력이란 무엇인지조차 고민할 여유가 없는 탓입니다. 어느새 우리는 국가의 거대한 권위 앞에서 초라해지고, '권력'이라는 단어는 나에게서 멀게만 느껴집니다. 슬픈 현실입니다. 내가 곧 국가의 이유이자 최후의 권력자임을 끊임없이 상기하는 수밖에 없습니다. 지난 2013년 11월 SBS에서는 5부작 다큐멘터리 <최후의 권력>이 방영되었습니다. 권력이 누구의 것이며 어디로 향해야 하는지 되새기자고 나선 것입니다.

　매체와 콘텐츠가 넘쳐나는 시대입니다. 감성과 흥미를 놓친 정보는 수용자에게 읽히기 어렵습니다. 지금까지 민주주의, 권력, 정치를 이야기한 방송은 딱딱하고 엄중한 태도를 버리지 못했습니다. 중요하고 의미 있는 내용임은 분명한데, 보고 앉아 있기에는 너무 재미없고 지루했습니다. 보기로 작정한 사람만 볼 수 있는 어려운 성격의 화면이기 때문입니다. 방송이란 많은 시청자가 볼 때 의미가 있으므로 이같이 무거운 태도로 일관하는 방식은 아쉬웠습니다. 그러나 <최후의 권력>은 이전의 방식과는 다른 듯합니다. '권력'이라는 무거운 주제를 어떻게 풀어냈는지 살펴봐야겠습니다.

'7인의 빅맨', 흥미로운 시작

5부작은 1, 2부 '7인의 빅맨'으로 시청자를 TV 앞으로 불러 모으며 시작합니다. 여기서는 한국의 유명 정치인 일곱 명을 한자리에 모아 재미있는 시도를 합니다. '빅맨'은 인류 역사상 가장 이상적이었다는 권력자의 모습입니다. 일곱 명은 이 빅맨을 재현하며 함께 코카서스 산맥을 등정합니다. 매일 선출되는 빅맨이 팀원들을 조율하고 협력하여 목적지로 이끕니다. 그 과정에서 드러나는 리더십과 정치력이 흥미롭습니다. 갈등, 불만과 맞닥뜨린 빅맨을 비춰 권력의 '사용 시 주의사항'을 보여준 셈입니다.

오프닝치고 너무 길었다는 점은 아쉽습니다. '7인의 빅맨'만 2부에 걸쳐 방영됐습니다. 유명 정치인들의 색다른 모습을 담은 만큼 많은 분량을 할애한 것으로 보입니다. 그러나 그만큼 호흡이 늘어지고 똑같은 전개를 거듭하는 문제가 드러났습니다. 지친 팀원들과 다독이는 빅맨의 갈등만 반복되는 식입니다. 또 '빅맨의 재현'이라는 기획의도를 비껴갔다는 문제점도 보입니다. 일곱 명이 돌아가며 맡는 빅맨의 역할은 팀원들을 독려하고 갈 방향을 결정하는 것뿐입니다. 우리가 흔히 아는 '리더'와 다른 점을 찾을 수 없었습니다. 제작진은 빅맨의 재현보다는 출연자들의 개성 부각에 더 관심이 있어 보입니다. '7인의 정치인'으로 이름만 바꾼다면 일곱 명 정치인의 성격과 특징을 조명하는 프로그램이라고 간주해도 무방할 정도입니다.

그럼에도 이 기획은 시청자의 이목을 끌었다는 점에서 평가받을 만합니다. 실험적인 시도에는 관심이 집중되기 마련입니다. 게다가 일곱 명은 전 국민이 한 번쯤 들어봤음직한 정계의 유명 인사들입니다. 여정에서 드러날 그들의 맨얼굴은 시청자들의 흥미를 끌기에 충분했습니다. 3부 이후의 본격적인 메시지를 전하기에 앞서 청중을 잘 불러 모은 것으로 보입니다.

'왕과 나', 은근한 조롱

3부 '왕과 나'에는 스와질란드, 부탄, 브루나이라는 생소한 왕정국가들이 등장합니다. 우리에게 '왕'이란 전근대의 유물로나 여겨지는 존재입니다. 도대체 이런 '옛날스러운' 나라들을 비춰 무슨 이야기가 하고 싶은 것인지 궁금해집니다. 그런데 어찌된 일인지 저들 나라의 국민은 높은 행복지수를 기록하고 있습니다. 왕은 국가의 부가 국민에게 충분히 돌아가도록 애쓰고 있으며, 산골 깊숙이 자리한 마을까지 찾아가 국민의 삶을 돌보기도 합니다. 국민의 행복을 위해 스스로 권력을 내려놓는 놀라운 모습도 보입니다. 저 왕국의 권력은 국민을 주인으로 삼고 있었습니다.

'왕과 나'는 민주주의라는 틀을 벗어나 '권력' 자체에 초점을 두고 접근했습니다. 덕분에 완전히 생소한 사례로 시선을 돌릴 수 있었습니다. 그렇게 왕국을 비춘 이 새로운 시선은 시청자에게 질문과 고민거리를 던집니다. "여기는 이런데, 당신의 민주주의 공화국은 어떻습니까?" 은근히 비꼬는 제작진의 의도도 숨어 있는 듯합니다. 시청자는 스스로가 행복하지 않다고 여기는 만큼 '왕과 나'에 불편함을 느낄 것입니다. 게다가 대한민국은 '민주주의'라는 이름의 절차와 제도를 갖춘 나라입니다. 민이 주인이라는데, 왜 주인인 내가 저들 신민보다 불행한 것일까요? 우리는 단지 한국에 국회가 있고 선거가 있음에 안도하고 있는 건지도 모르겠습니다. '민주주의'라는 이름을 쓰는 것이 곧 민주주의를 보장하는 것은 아닙니다. 주인의 영향력을 행사해야만 주인으로 대우받을 수 있는 것입니다. '왕과 나'는 저 멀리 유물과도 같은 왕국을 비춤으로써 우리의 민주주의를 힘껏 꼬집었습니다. 보는 입장에선 꽤나 뼈아픈 조롱인 셈입니다.

브루나이는 풍부한 지하자원을 바탕으로 국민들에게 세계 최고 수준의 복지를 제공하는 나라입니다. '왕과 나'가 방영된 후 시청자들에게 '이상 국가'로 회자되기도 했습니다. 그런데 혹자는 브루나이 국민의 행복과 권력은 무관하다고 말합니다. "저기는 석유가 나오는 부자 나라니까 저렇게 잘사는 거지" 하는 식입니다. 부자 나라의 국민은 전부 행복한 것일까요? <최후의 권력>은 국가의 부가 국민의 행복을 담보하는 것은 아님을 보여줍니다.

뒤이어 방영된 4부 '금권천하'는 세계에서 가장 부유한 나라 중 한 곳인 미국을 담았습니다. 현재 미국에서는 국민을 위한 공교육과 공적 의료보험이 무너지고 있습니다. 부의 정점에 서 있는 나라이건만 서민들은 여전히 삶이 고달프고 힘들어 보입니다. 사회안전망을 견고히 구축한 브루나이와는 대조적인 모습입니다. 권력이 부를 어떻게 사용하고 분배하는지에 따라 결과는 천차만별인 것입니다. <최후의 권력>은 두 나라를 차례로 비추며 이를 선명하게 드러냈습니다.

'금권천하', 이것은 당신의 이야기입니다

<최후의 권력>은 근본 없는 권력의 끔찍한 맨얼굴을 보여주기도 합니다. 4부 '금권천하'는 미국의 공교육과 의료보험을 통해 자본과 결탁한 권력의 모습을 전합니다. 그런데 그 전달하는 방식이 우리에게 몹시도 와 닿습니다. 제작진은 50여 분의 방영시간 동안 일반 가정집을 빈번히 등장시킵니다. 한국의 대다수 서민들과 다를 것 없는 넉넉지 못한 보통 가정들입니다. 감당할 수 없는 병원비에 막막해하는 가족들의 눈빛이 보입니다. 화면에는 아이들의 모습도 자주 나타납니다. 폐쇄된 학교 밖으로 내몰린 아이, 직접 거리로 나서서 사람들에게 호소하는 아이, 충치 치료를 못 받아 죽음으로 내몰린 아이도 있습니다. 제작진의 카메라는 이들의 모습을 가정과 학교, 길거리에서 가까이 비춥니다. 권력이 그것의 근본인 국민을 떠났을 때 그 결과는 우리와 같은 평범한 사람들의 몫이며 앞으로 살아갈 아이들의 몫임을 알게 합니다.

미국의 정경유착을 담은 다큐멘터리는 종종 있었습니다. 대부분 호화로운 집을 짓고 사는 재계 거물이나 천문학적인 정치자금을 모으는 정치인의 모습을 보여주는 식이었습니다. 믿기 어려울 정도로 터무니없는 액수가 정·재계에 흘러간다고 말하곤 합니다. 사실, 말 그대로 시청자는 그처럼 호사스러운 장면이 믿기지 않습니다. 실제로 벌어지고 있는 현실이지만 현실감을 느낄 수도 없습니다. 나와는 상관없는 일로 여겨지기 때문입니다. 그러나 '금권천하'는 우리와 같은 평범한 사람들의 모습에 집중했습니다. 시청자는 화면 속의 사람들에게 감정을 이입하고 비극을 체감합니다. 나에게 일어날 수 있는 일이니 불안감도 느낍니다. 나와 같은 저들의 얼굴이 "이것은 당신의 이야기입니다"라고 거듭 말하기 때문입니다.

무거운 상징, '피플, 최후의 권력'

5부작의 마지막은 우리가 권력을 되찾기 위해 가야 할 길을 보여줍니다. 권력을 되찾으려는 한국적인 시도들을 볼 수 있었습니다. 해외 사례를 나열하며 '먼 나라 이야기'만 들려주는 식이 아니라 반갑습니다. 경남 의령의 작은 마을과 성북구 정릉시장, 석관동의 한 아파트 주민자치회까지 나옵니다. '피플, 최후의 권력'은 한국의 생활밀착형 사례들을 담아냅니다. 내 주변 가까이에서 벌어지는 이야기들은 더 많은 울림을 주기 마련입니다.

그중에서도 감곡마을의 이야기는 여전히 진한 인상이 남습니다. 이 마을의 할머니들은 일평생 남자들 뒷전에 밀려나 권력에서 소외되어 있었 습니다. 그런데 최근 할머니들이 반란을 일으켰습니다. 힘을 모아 권력을 되찾고 자신들의 이익을 대변할 이장도 새로 뽑은 것입니다. 이제 할머니 들은 당당한 주인의 모습으로 살고 있습니다. 이 이야기는 어느 산골 마을의 유쾌한 소동쯤으로 여겨지는 데 그칠 수도 있습니다. 그러나 어떤 한 장면은 분명하고 무거운 상징으로 시청자들에게 남아 있습니다.

감곡마을 할머니들이 논두렁길을 두런두런 줄지어 걷는 장면이 있었습 니다. 볕이 좋은 하늘 아래 황금빛 논밭의 물결 사이로 할머니들은 여유롭 게 걸어나갑니다. 카메라는 할머니들의 행진을 마치 영화 속 한 장면처럼 아름답게 담아냅니다. 이 모습은 여전히 많은 시청자의 기억에 남아 있을 것입니다. 이 장면은 할머니들이 군수에게 생필품 상점을 요구하여 약속 을 받고 당당히 귀가하는 순간입니다. 권위와 맞서길 수차례 거듭하여 이제는 군수에게까지 나아간 것입니다. 권력의 주인으로 사는 사람의 발걸음은 이다지도 당당하고 여유로운가 봅니다. 제작진은 감곡마을 할머니들의 행진을 통해 <최후의 권력>의 주제를 꿰뚫었습니다. 이 장면은 짧지만 유쾌하고 아름다워서 이 프로그램의 상징으로 시청자들의 기억에 각인되었습니다. 최후의 권력자로서 당당히 걷는 할머니들의 모습은 시청자를 묵직하게 다그치고 있습니다.

정보가 홍수처럼 여기저기 불어나 흐르고 있습니다. 아무리 좋은 메시지라도 지루하게 나열하면 시청자는 피로감만 느낄 뿐입니다. 그러나 <최후의 권력>은 '권력'이라는 무거운 주제임에도 시청자가 '나의 이야기'로 느끼도록 노력한 점이 돋보입니다. 공감을 유도하거나 인상을 심어주기도 했습니다. 새로운 시각으로 접근하여 고민할 거리도 던져줬습니다. 이렇게 흥미를 유발하고 충격과 유쾌함을 녹여냈으니 시청자로서는 무척 반가운 마음입니다. <최후의 권력>은 수용자의 눈높이와 매체 환경에 맞춘, 세련된 다큐멘터리라고 평할 수 있겠습니다.

우리가 국민주권의 지위를 세운 것은 오래되지 않았습니다. 대한민국은 겨우 60여 년 남짓 됐을 뿐입니다. 익숙하지 않은 것이 당연합니다. 게다가 사람은 망각하기를 쉬지 않는 탓에 자꾸 잊고 맙니다. 그러나 우리는 적절한 시기마다 이를 상기하고 되새겨왔습니다. 그리고 방송은 그 과정에서 중요한 역할을 해왔습니다. 우리는 조만간 또 다시 최후의 권력이 바로 나라는 사실을 잊고 살아갈 것입니다. 삶이 바쁘고 고된지라 어쩔 수 없습니다. 그러나 방송 역시 또 다시 "지금 당신의 권력은 어디에 있습니까?"라고 물으며 되새겨줄 것입니다. 언젠가 방영될 또 다른 <최후의 권력>을 기대하며 기다립니다.

세월호 사태에 대한 '손석희의 사과'를 통해 본 JTBC <뉴스 9>

윤광은

손석희라는 브랜드는 JTBC와 어떻게 동거하고 있는가

종편 채널이 출범한 지 2년이 넘었다. 종편 채널은 모두 네 개로, 각각 TV조선, 채널A, MBN, JTBC을 말한다. 이들은 두 패로 나눌 수 있다. 기준점은 방송 편성 전략의 차이이다. TV조선, 채널A, MBN이 기존 모(母) 언론사 기반에 십분 편승해서, 특히 보도 전략에서는 50대 이상 나이든 세대를 겨냥하는 행보를 취한다면 JTBC는 정확히 반대 방향으로 걸어가고 있다. JTBC의 캐치프레이즈는 '젊은 방송'이다. 종편 방송 JTBC의 성채는 두 개의 기둥으로 세워져 있다. 예능/드라마 등 엔터테인먼트 부문과 다큐/시사 등 보도 부문이다. 과감한 투자와 도전적인 콘텐츠 개발로 <썰전>, <히든싱어>, <밀회> 등 큰 반향을 얻은 예능/드라마 프로그램을 발주해 청장년층에게 브랜드 이미지를 각인하는 데 성공했다.

그리고 나머지 하나의 기둥이 바로 '손석희'라는 이름 석 자로 대변되는 <뉴스 9>이다.

종편 방송은 시청 수요라는 점에서 태생적인 한계를 안고 있었다. 지난 이명박 정부의 적극적인 추진 아래 탄생했으며, 그 과정에서 야권과 시민 사회의 반발에 부닥쳤다. 방송국 출범과 함께 '종편 불매 운동' 같은 시청 저항이 일어날 정도였다. 이는 종편 채널이 보수 성향인 메이저 언론사의 '자회사'라는 점에 기인한 것이었다. 이른바 '조중동'에 동의하지 않는 진보 성향과 젊은 세대의 시청자에게 종편 방송은 플라스크 유리관처럼 격절된 이계이다. 다른 세 개의 종편 채널은 이 점을 개의치 않고 '진보 성향, 젊은 세대' 바깥의 나머지 절반과 어깨동무를 하고 걸어나가는 반면, JTBC는 이 한계와 정면으로 싸우고 있으며 이미 절반의 승리를 거뒀다는 점에서 눈여겨볼 만하다.

그 '이미지 쇄신'의 기수로 낙점되며 대대적인 홍보 속에 초빙된 인물이 바로 국민적 지지를 얻는 방송인인 JTBC 보도 부문 사장 손석희였다. 오늘날 종편과 공중파의 공존으로 재편되는 방송 지형이라는 중요한 논제를 다루기 위해서는 종편 방송사인 JTBC의 정체성을 보여주는, 손석희가 진두지휘하는 JTBC 보도국을 살펴볼 필요가 있다. 올 상반기 한국 사회를 뒤흔든 '세월호 사태'는 이를 살펴보기에 알맞은 리트머스 시험지이다. 이 글에서는 세월호 사태 초기에 <뉴스 9>이 보여준 보도윤리위반에 대한 대응을 논하며 구체적인 결론으로 나아갈 것이다

지난 4월 30일, 방송통신심의위원회는 JTBC를 징계했다. 세월호 사건이 발생한 당일 구조된 학생에게 뉴스 진행자가 던진 부적절한 질문에 대해 '주의' 조치를 내린 것이다. 뉴스 진행자가 생존 학생에게 "다른 친구들이 죽었는데 그 소식 들었느냐?"라는 질문을 던졌고 생존 학생은

망연한 목소리로 힘없이 대답했는데, 이는 재난 사고 생존자의 아픈 기억을 들추면서 시청자를 주목케 하려는 질문이었다는 게 징계의 이유였다. 위원회 내에서는 신속한 사과의 '진정성'을 들어 JTBC를 옹호하는 반대 의견도 있었다고 한다. 일각에서는 <뉴스 9>이 '친정부' 압력에 순응하지 않은 데 대한 응징이라는 반응도 보였다. 방통위가 내린 처벌 수위가 합당한지는 잘 모르겠다. 처벌 논리에 대해서는 대체로 동의하는 편이다. 방통위의 결정에 정치논리가 개입했는지 여부는 근거가 없으므로 무익한 논쟁이며, JTBC 아니 손석희 사장의 사과 방송엔 그 나름의 어폐가 있기 때문이다.

세월호 사건이 터진 후 재난 보도도 홍수를 이뤘다. 그중 많은 보도가 엉망이었고 한심했다. 재난을 볼모삼아 이목을 노리는 선정성이 문제라면 JTBC 앵커의 질문도 그에 못지않게 부적절했다. 사람들은 분노 어린 비판을 쏟아냈고 그 분노는 정당했다. 그런데 이상한 일이다. JTBC에는 이 일이 오히려 전화위복이 되었으니 말이다.

손석희 사장은 당일 JTBC <뉴스 9> 오프닝에서 직접 사과했다. 과연 발 빠르고 현명한 대처였다. 대중은 즉각 감응했고, 감동적인 미담을 회자하며 화답했다. 일개 보도국 직원의 잘못에 방송국 사장이 조아리는 것은 정말이지 보기 드문 일이다. 과오를 저지르고도 반성에는 인색한 사회 지도층 및 기성 언론의 작태와 선명하게 대비되었다. 잘못을 인정하는 것은 의미 있는 일이고 존중 받아야 한다. 지적할 것은 그 사과의 특정한 워딩이다.

"저는 지난 30년 동안 갖가지 재난 보도를 진행해온 바 있습니다. 제가 배웠던 것은 재난 보도일수록 사실을 기반으로 신중해야 한다는 것과 무엇보다도 희생자와 피해자의 입장에서 사안을 바라봐야 한다는 것입니다. 오늘 낮에 여객선 침몰 사고 속보를 전해드리는 과정에서 저희 앵커가 구조된 여학생에게 건넨 질문 때문에 많은 분들이 노여워하셨습니다. 어떤 변명이나 해명도 필요치 않다고 생각합니다. 제가 그나마 배운 것을 선임자이자 책임자로서 후배 앵커에게 충분히 알려주지 못한 저의 탓이 가장 큽니다. 깊이 사과드리겠습니다. 속보를 진행했던 후배 앵커는 깊이 반성하고 있고 몸 둘 바를 몰라 하고 있습니다. 사실 저도 많은 실수를 했었고 지금도 더 배워야 하는 완벽하지 못한 선임자이기도 합니다. 오늘 일을 거울삼아서 저희 JTBC 구성원들 모두가 더욱 신중하고 겸손하게 정진하도록 하겠습니다. 다시 한 번 사과의 말씀 드립니다."

이 말에는 두 가지 문제가 있다. 하나는 조직과 시스템을 개인에게로 환원했다는 것이다. 둘째는 그로 인한 불신과 신뢰가 자리바꿈했다는 것이다. 손석희는 "지난 30년 동안 배웠던" 자기 원칙을 말하며 운을 뗐고 "나도 많은 실수를 했고 지금도 더 배워야 하는 사람이다"라는 인격자의 말로 맺음말을 꾸몄다. 이 오프닝 멘트는 '나'에서 시작해 '나'로 끝난다. 1분여의 멘트 동안 '저', '제', '저희'라는 1인칭 주어가 7번 등장한다. 보도의 진정한 주어인 JTBC는 말미에 단 한 번 거론된다. JTBC 보도에 대한 JTBC의 사과에 JTBC가 없다. 거기서 존재감을 뽐내는 것은 '30년 재난 보도'의 경륜과, 그럼에도 '더 배울 것이 남았다'는 겸손을 자처하는 자타공인 신뢰도 1위의 방송인이다. 보수 언론 계열사로서 거대 자본의 지원을 받아 방송시장에서의 입지를 노리는 구조적 실체인 JTBC는 고용된 사장과 동일시되거나 그 뒤에 숨어버린다. 하지만 잘 알다시피 손석희 =JTBC가 아니다.

JTBC 앵커의 질문을 '아직 충분히 배우지 못한' 직업인의 단순한 실수라고 여겨서는 안 된다. 당연하게도 그것은 구조적 논리 아래 속해 있다.

매체의 과포화로 인해 지상과제가 된 구독자 유치, 종편 채널 발주로 인한 경쟁 과열이 그 토양이다. 특혜의 산물로 졸속 출범한 종편 채널의 전문 역량과 윤리의식을 캐물을 수도 있다. 이러한 매체 지형이 세월호 사태라는 유례없는 '대목'을 만난 것이 '기레기' 사태의 본질은 아닐까? 싸구려 도덕주의와 분별없는 군중심리에 편승해 재난을 감성으로 소비하며 '그럴싸한 그림'을 뽑아내는 선정성은 '기레기' 왕국의 부속 도서일 것이다. JTBC 앵커의 질문이 매체 지형과 분리된 우발적 사고이거나 독단적 판단이었다고 말할 수 있을까? 그 정도의 질문은 용납할 수 있다는, 그 정도의 질문쯤은 던져줘야 한다는 내부적 합의와 암묵적 방조가 버티고 있던 것은 아닐까? 그 질문과 다를 바 없는 수준의 타 언론사 행태가 창궐했던 것을 봐도 이것은 특정한 개인의 문제가 아니다. 배운 바를 제대로 전해주지 못한 선임자와 후임자 간의 돈독함의 부재는 원인이 아닐 뿐더러 대안도 될 수 없다.

홍석현이 손석희를 영입한 지 1년이 지났고 JTBC의 많은 것이 변했다. 세월호 정국에서 돋보이는 활약을 펼쳤고 대중의 열광적인 지지를 얻었다. 이제 JTBC는 손석희라는 이름과 떼어놓고 말하기 힘든 것 같다. 하지만 방송국 사장 일인이 방송국의 모든 것을 장악하고 대표할 수 있을까? 그렇지는 않을 것이다. 그것은 공중파 언론 부패의 책임을 김재철 일인에게 따지는 것만큼이나 허망하고 순진한 일이다. 부임한 지 1년이 지나 손석희 체제가 궤도에 올랐음에도 이러한 비윤리적 보도가 나왔다는 것이야말로 그 증거일지 모른다. 소비자의 과제는 구조적 문제를 정확하게 응시하고 시스템 구성원들을 향해 자정을 촉구하는 것이다. 이는 손석희의 JTBC가 아닌 JTBC의 손석희를 정직하게 인정할 때 가능할 것이다.

JTBC는 손석희가 아닌 JTBC 회장 홍석현의 회사이다. 손석희는 삼성과 종편의 이미지를 덧칠하기 위해 팔레트 위의 물감처럼 골라놓은 인사이다. 손석희가 칼자루를 쥔 것이 아니라 그 반대라는 얘기이다. JTBC의 '합리적' 보도방침은 경영진이 최종 승인한 것이며, 경영진은 그렇게 구축된 영향력을 언제든 전용할 수 있다. 합리적 언론인과 비합리적 재벌의 이 모순적인 동거를 예민하게 지켜봐야 한다. 후자를 빌어 전자를 폄하하는 것도 트집이지만, 전자를 들어 후자를 외면하는 것도 망각이다. 둘은 달콤하고 위태로운 살림을 꾸리는 중이다. 삼성을 반대하지만 손석희는 찬성하는 진보적 시민들은 이 점을 분명히 명심해야 한다.

손석희의 사과가 안타까운 것은 자사의 자리와 자신의 자리를 능숙하게 바꿔치기했다는 데 있다. 앵커의 질문은 언론사의 태도를 반영하며, 조직의 논조는 조직의 이름으로 책임져야 한다. "어떤 변명이나 해명도 필요치 않다"는 그의 사과는 너무 많은 것을 변명하고 해명했다. 후배가 끼친 누를 선배가 사죄하겠다는 것은 아름다운 말이지만, 그만큼 구구하고 봉건적인 말이다. 손석희는 언론인 생활 30년 명성과 후배를 대신해 본인을 탓하는 성숙한 인격, '깊은 반성'에 '몸 둘 바를 모르고 있'다는 순진한 참회의 제스처를 앞세웠다.. 그 영리한 워딩 안에서 개별 매체의 오류는 국민적 존경을 받는 명망가가 미처 다스리지 못한 피고용인의 허물로 탈바꿈했다. 출범 3년차의 방송사는 30년 묵은 신뢰의 브랜드로 분칠을 했고, 그 브랜드는 큰 잘못을 사소하고 예외적인 실수라 설득하는 힘을 가진 것 같다. 그는 '저'라는 주어로 말하지 말았어야 했다. 이는 마땅한 불신의 대가를 신뢰의 서사로 은밀하게 각색하는 것이다. 사과는 잘못에 따른 것이지, 잘못을 갈음할 수는 없다. JTBC의 보도 책임자로서 사과드린다, 한마디면 족했을 것이다.

입선

정도전의 질문, 무엇을 위한 대의인가?

이준목

중국의 대문호 루쉰은 「고향」에서 "희망이란 본래 있다고도 할 수 없고 없다고도 할 수 없다. 그것은 마치 길과 같은 것이다. 본래 땅 위에는 길이란 게 없었다. 걸어가는 사람이 많아지면 그것이 곧 길이 되는 것이다" 라고 말했다.

모든 희망은 처음엔 불가능해 보이는 꿈에서 출발한다. 누군가는 꿈꾸는 데서 그치지만 깨어 있는 이들은 꿈을 이루기 위하여 행동한다. 남들이 미처 가보지 못한 길 또는 가지 않으려는 길을 가는 사람일수록 더 험난한 역경을 거쳐야 하고 세상으로부터 유별난 취급을 받기 마련이다.

드라마 <정도전>은 이처럼 불가능한 꿈을 현실로 만들려 했던 어느 몽상가의 실제 이야기이다. 오늘날 우리는 "대한민국은 민주주의 국가이며, 모든 권력은 국민에게서 나온다"라는 「대한민국헌법」 제1조의 권리를 당연하게 받아들이는 시대에 살고 있지만, 알고 보면 국민이 진정한 나라의 주인으로 인정받기 시작한 역사는 그리 오래되지 않았다.

정도전은 아직 민주주의라는 개념 자체가 존재하지 않았던 무려 600여 년 전 여말선초의 격변기에 감히 '백성이 하늘이 되는 세상'을 꿈꾸며 시대를 앞서간 개혁가이자 이상주의자로 21세기에 화려하게 부활했다. 드라마 <정도전>은 불가능한 꿈에 도전하는 인간의 상상력과 의지가 세상을 어떻게 바꿔놓을 수 있는지에 대한 고찰이자, 더 나은 세상을 위한 '정치의 역할'을 이야기하는 역사 담론이기도 하다.

정통 역사극이자 정치드라마로서의 <정도전>

역사는 현재의 욕망을 비추는 거울이다. 최근 천만 관객을 넘긴 영화 <명량>은 이순신 장군의 리더십을 재조명하여 신드롬을 일으켰다. 세종대왕, 광해군, 정조 같은 역사적 인물을 중심으로 끊임없이 과거를 현대적으로 재해석하려는 시도도 활발하다. 과거의 인물과 사건은 단지 흘러간 기록이 아니라, 바로 오늘날의 우리가 필요로 하는 이상과 가치를 투영한 현대적인 상징으로 복원된다.

드라마 <정도전>은 조선왕조의 실질적인 설계자였던 삼봉 정도전의 일대기를 다룬 정통 사극이자 보기 드문 정치드라마로서, 최근의 '역사 다시보기' 열풍과 맥을 같이한다. 그러면 수많은 역사적 소재 중에서 왜 하필 여말선초를 시대적 배경으로 선택했으며, 그중에서도 왜 정도전을 주인공으로 선택했을까?

정도전은 고려 말 개혁적 지식인을 대표하는 신진사대부에서 출발하여 조선 창업의 주역에까지 오르는 파란만장한 삶을 산 인물이다. 정도전의 역성혁명과 조선의 탄생 과정은 왕조 교체 자체가 극히 드물었던 한반도의 역사에서 시대를 뛰어넘은 파격이었다. 한편으로 자신의 손으로 만든

나라에서 오랜 세월 역적의 오명을 쓰고 버림받아야 했던 그의 모순된 운명은 정도전을 비극적 양면성을 가진 복잡하고 흥미로운 인물로 완성시킨다.

드라마는 정도전과 그의 시대를 조명하기 위해 역사적 사실에 충실한 정통극으로서의 관점을 지향한다. <정도전>의 드라마적 성과에 대한 찬사는 기존 드라마(특히 시대극)의 한계에 대한 반작용에서 비롯된다.

최근 드라마는 장르를 막론하고 더 가볍고 더 자극적인 이야기를 선호하는 추세이다. 일일 홈드라마에서 미니시리즈에 이르기까지 신데렐라 스토리, 불륜, 출생의 비밀 같은 자극적인 요소가 범람하며, 욕하면서 보는 '막장' 드라마가 하나의 새로운 장르로 통용될 만큼 인기를 끄는 시대이다. 반면, 진지하고 무거운 이야기, 사회적 메시지를 전달하는 드라마는 보기가 어려워졌다.

시대극도 예외는 아니어서, 기존의 정통 사극들은 영웅사관을 과도하게 그리면서 국가주의·민족주의 정서를 은연중에 강요해 젊은 시청자들과의 공감대를 상실했다. 그 틈을 노려 자유로운 역사적 상상력을 기반으로 한 퓨전 사극이 한동안 득세했으나 과도한 팩션과 판타지의 범람으로 재해석의 수위를 넘어섰고, 이는 단지 말초적인 재미만을 위하여 역사를 남용한다는 역사 왜곡 논란을 일으키기도 했다.

이에 비해 <정도전>은 철저하게 1차 사료를 바탕으로 한 정통 역사극을 지향하면서 등장인물들의 개성과 갈등, 그 시대의 대표적인 사건을 사실적이고도 입체적으로 담아냈다. '역사가 곧 스포일러'일 수밖에 없는 정통 사극에서는 결말이 뻔히 알려져 있으므로 흥미와 긴장감을 유지하는 방법은 결국 그 인물과 시대가 담고 있는 매력을 어떻게 살려내느냐에 달렸다.

여기서 <정도전>은 본격적인 정치드라마로 차별화된 승부수를 던진다. 기존의 정통 사극에서도 권력 투쟁이나 궁중 암투를 다룬 적이 많았지만 대개는 선과 악의 단순한 흑백노선만 부각시켜 극적 긴장감을 유지하기 위한 도구로 쓰이는 데 그쳤다.

<정도전>은 비장미 넘치는 대규모 전투신이나 판타지적 상상력이 차지하던 자리를 '정치'라는 테마로 대체한다. 시대가 변했어도 정치는 현대극에서 전면적으로 다루기에는 민감한 소재이다. <정도전>은 보수와 개혁, 온건과 급진, 구질서와 신질서의 충돌같이 바로 지금 현재의 이야기로 치환해도 무리 없는 민감한 사회적 화두를 600여 년 전 역사를 통해 우회적으로 풀어낸다.

주인공 정도전은 이순신 같은 전쟁 영웅도, 세종이나 정조 같은 제왕도 아니다. 실제 역사에서도 정도전은 앞에 나서서 행동하기보다 배후에서 설계하는 참모에 가까웠으며, 1인자를 만들어내는 '킹메이커'의 역할에 충실했다. 드라마는 이처럼 타고난 배경도 초월적인 무력도 갖추지 못한 한 개인이 '정치'라는 현실의 수단을 통해 세상을 어떻게 바꾸어놓을 수 있는지를 보여준다. 요동 정벌, 토지개혁, 사병혁파 등 당시의 가장 중요한 정치적 사건을 중심으로 벌어지는 다양한 사회 집단과 인간 군상의 충돌은 정치판이야말로 소리 없는 전쟁터라는 것을 보여준다. 진짜 전쟁과 다른 점이라면 정치에는 분명한 승자도 패자도 없고 선악의 구분도 불분명하다는 점이다.

정치의 역할, '대의란 무엇인가'

결국 드라마 <정도전>을 관통하는 일관된 키워드는 '진정한 대의란 무엇인가'라는 질문이다. 이는 곧 정치의 본질에 대한 고민으로 이어진다.

<정도전>에는 그야말로 무수한 대의가 끊임없이 충돌한다. 정도전에게는 '백성이 주인이 되는 민본의 세상을 만들겠다'는 대업이 그 어떤 가치보다 우선하는 대의이다. 하지만 고려 왕조라는 구질서를 지키려는 최영과 정몽주, 강력한 왕권의 나라를 꿈꾸는 이방원 등 정적에게도 그들 나름의 대의가 있다. 심지어 악역이라고 할 만한 이인임조차도 나름의 개연성과 명분을 가진 존재로 묘사된다.

드라마는 정도전의 대의를 '절대선'의 관점으로 다루지 않는다. 오히려 현실의 정치란 이상적인 선의지만으로 이루어질 수 없음을 끊임없이 환기시킨다. 극 초반 순수한 이상주의자였던 정도전은 노회한 정치 9단 이인임에 가로막혀 좌절을 거듭한다. "힘없는 자의 용기만큼 공허한 것은 없다"라는 이인임의 일침은 정도전을 이상주의자에서 냉혹한 현실의 혁명가로 거듭나게 만드는 계기가 된다. 가장 증오하던 정적이 결국 주인공을 각성시키는 멘토가 되는 것은 아이러니하다.

이는 정도전의 정치적 동반자인 이성계에게도 그대로 적용된다. 어쩌면 이성계야말로 <정도전> 내에서 가장 고전적인 '영웅'의 면모에 부합하는 인물이다. 실제 역사에서도 고려를 여러 차례 풍전등화의 위기에서 구해낸 전쟁 영웅이고 백성들의 신망을 받는 존재였지만, 이성계의 정체성은 정치와 주류 사회에 끝내 적응하지 못하고 방황하는 경계인에 가깝다. 전쟁터보다 더 잔혹한 정치의 세계에 발을 들여놓은 이후 이성계는 오히려 점점 무력한 주변인으로 전락한다. 세상을 바꿀 힘과 의지는 지녔으나 어떻게 사용해야 할지 몰랐던 이성계는 결국 급변하는 정치적 격랑 속에서 최영, 정도전, 정몽주 등 한때 믿고 의지했던 동지들을 차례로 잃고 결국 아들의 손에 몰락하는 비운의 영웅으로 묘사된다.

정도전과 이성계를 현실 정치의 세계에서 각성시키는 데 결정적인 영향을 미친 이인임은 단순한 대척점으로서의 악역을 넘어 정치의 속물성을 대변하는 존재이다. 이인임의 궁극적인 목적은 결국 자신의 권세를 유지하는 것뿐이지만, 그것이 가능했던 이유는 정치와 인간의 본질을 꿰뚫어보는 이인임만의 정확한 통찰력 때문이다. "정치에는 선물이 없고 뇌물만 있을 뿐", "의혹은 궁금할 때가 아니라 감당할 수 있을 때 제기하는 것", "정치하는 사람은 적 아니면 도구" 같은 특유의 이인임표 대사들이 공감대를 얻은 이유는 작금의 현실 정치에 대입해도 결국 그의 말이 틀리지 않다는 불편한 진실에 있다.

이인임은 심지어 정도전과 이성계 본인조차도 깨닫지 못하던 내면의 속내와 욕망을 꿰뚫어본다. 죽음을 앞두고 이인임이 남긴 마지막 대사에서 "정치에서 괴물이란 과도한 이상과 권력이 합쳐졌을 때 탄생하는 것"이라며 이상주의자에서 점점 정치괴물로 변해가는 정도전의 한계와 몰락을 예언한다.

극중에서 '대의의 혼돈'은 오히려 이인임이라는 절대악이 사라지고 난 후부터 본격적으로 시작된다. 이인임으로 대표되는 부패한 권문세족과 개혁세력(신진사대부+무장세력) 간의 충돌이 비교적 분명한 선악의 대결이었다면, 위화도회군을 기점으로 한 회군파(이성계)와 왕실파(최영)의 대립, 역성혁명을 둘러싼 급진파(정도전)와 온건파(정몽주)의 분열, 조선 개국 이후 왕권(이방원)과 신권(정도전)의 갈등으로 이어지는 권력투쟁은 결국 서로 다른 대의의 충돌에 가깝다. 어제의 동지는 오늘의 적이 되고 부자나 사제지간마저 갈라놓는 비정한 권력의 속성 앞에 인간의 무력함은 속살을 드러낸다. 오히려 후반부의 정도전은 권모술수와 정치탄압이라는 이인임스러운 방식으로 반대파를 잇달아 제거하며 악역에 가까운 면모도 드러낸다. 대의라는 이름으로 지탱해온 선과 악의 경계는 점차 허물어진다. 목적으로 수단을 정당화하려는 독선은 오늘날 현실 정치에서도 권력자가 종종 빠져들기 쉬운 함정이다.

여기서 정치극으로서의 <정도전>을 더욱 흥미롭게 만드는 것은 각기 다른 신념과 이해관계가 충돌하면서 서로에게 던지는 대체 '왜?'라는 문제의식이다. 이인임의 권력은 단지 권력 자체를 유지하는 것이 목적이었다면, 이후의 정치투쟁은 '무엇을 위한 권력인가' 하는 이념의 문제와 관련된다. 이성계와 최영, 정도전과 정몽주, 또는 정도전과 이방원의 대립은 옳고 그름의 문제라기보다 방법론에서 어느 쪽이 더 나은 세상을 위한 것이냐는 철학의 문제이다. 그리고 그것이 곧 정치의 기능이기도 하다.

정도전은 '백성'(국민)을 나라의 근간으로 여기며 백성을 잘살게 해주지 못하는 국가는 무의미하다는 논리로 역성혁명을 정당화한다. 반면, 최영과 정몽주, 이방원은 모두 방식은 달라도 근본적으로는 '국가'가 바로 서야 백성도 평안할 수 있다는 입장에 가깝다. 요동을 정벌하여 고려를 진정한 자주국가로 만들겠다는 '뼛속까지 고려인'인 최영의 포부에는 어떤 정치적 사심도 없다. 정몽주는 기득권자들과 타협하지 않겠다는 정도전의 정의론에 맞서 "정치의 소임은 절충"이라고 주장하며 포용과 상생의 정치를 호소한다. 왕조 교체는 개혁이 아니라 질서의 붕괴일 뿐이라고 생각한 정몽주에게 낡은 고려 왕조를 지키는 것은 곧 질서를 지키는 것이었다. 왕권을 중심으로 한 강력한 질서가 서지 못해 고려가 멸망했다고 주장하는 이방원도 군주 아래에 있는 모든 백성이 통치의 대상이라고 본다는 점에서 민본과 신권주의를 표방하는 정도전과는 절대 공존할 수 없는 인물이다.

승자의 논리를 떠나 과연 누구의 대의가 더 옳은가 또는 과연 이게 당시로서 최선이었나 하는 의문은 역사가 우리의 몫으로 남겨주는 여운이다. 끝내 불발로 끝났지만 최영에 이어 훗날 정도전도 추진한 요동 정벌이 과연 무모하기만 한 시도였는지, "대업은 허상"이라던 정몽주의 우려처럼 고려를 무너뜨리고 등장한 조선이 과연 역사적으로 고려보다 더 진보한 사회였는지 등은 여전히 논쟁의 대상이다. 드라마에서는 이방원이 쿠데타로 정도전의 대업을 좌절시킨 악역으로 등장하지만 실제로는 정도전의 정책을 대부분 계승하는데다 그가 내세운 강력한 왕권이 훗날 세종의 태평성대를 여는 정치적 기반이 되었다는 점은 역사의 아이러니이다. 수많은 역사의 갈림길에서 한 번의 선택이 시대의 물줄기를 예상치 못한 방향으로 바꾸어놓는 것은 드문 일이 아니다.

이 과정에서 <정도전>이 보여주는 것은 일방적인 모범답안이 아니라 불완전한 이념과 논쟁 속에 벌어지는 정치의 '열린 가능성' 자체이다. 역사의 패자라고 할 수 있는 정몽주와 최영은 지금도 충신과 절개의 상징으로 추앙받고 있으며, 정도전이 남긴 민본사상이나 신권주의는 그의 생전보다 사후에 더 큰 영향을 미쳤다.

그들 각자의 대의는 비록 당대에는 방향이 달랐지만 시대를 뛰어넘은 보편적 가치를 품고 있었다. 불완전한 인간의 속성처럼 정치 또한 완벽할 수 없기에 그 시대가 요구하는 최선의 대안을 찾기 위해 갈등하고 고뇌하는 모든 과정 자체가 곧 정치 본연의 역할이자 숙명임을 이 드라마는 보여준다.

현대의 민본, 누구나 정도전이 될 수 있는 시대

드라마 <정도전>은 결국 영웅이 아닌 인간에 대한 이야기이다. 극중의 정도전을 현 시대에 필요한 리더십이나 이상적인 통치자의 롤 모델로 해석하는 시각은 과연 얼마나 적절할까? 드라마는 정도전을 시대를 앞서 간 인물로 묘사하지만, 후반부로 갈수록 인간적인 한계와 실패도 부각시키며 완벽한 영웅으로의 신격화와 거리를 둔다.

대신 <정도전>은 운명과 시대의 한계를 절감하면서도 끊임없이 이를 뛰어넘으려고 노력한 인간의 의지에 초점을 맞춘다. 주인공 정도전은 그중에서도 자신에게 주어진 '시대정신'이 무엇인지를 가장 정확하게 이해한 인물이었다. 정도전이 이방원과의 권력 투쟁에서 패배하여 몰락한 후에도 역사 속으로 잊히지 않고 수백 년간 살아남을 수 있었던 이유이다.

인간 정도전은 극중에서 순수한 이상주의자에서 출발해 치밀한 전략가, 냉혹한 권력자를 오가는가 하면, 의리와 우정 앞에서 끝까지 번뇌하기도 하는 야누스적인 면모를 지닌 인물이다. 한편, 역사적 인물로서의 정도전은 자신만의 이념과 사상을 바탕으로 새로운 세상을 개척해낸 시대의 선구자였다. 역사상 이처럼 극과 극의 상반된 평가를 받으면서도 짧은 기간의 치적이 후대에까지 거대한 영향력을 남긴 인물은 드물다. 무엇이 시대를 앞서간 '정치적 인간'으로서의 정도전을 탄생시켰는지에 대한 호기심은 오늘날 역사가 정도전의 시대를 다시 조명하는 이유이기도 하다.

한편으로 정도전이 남긴 화두는 곧 오늘날 우리 현실에서의 '대의'는 무엇인지에 대한 고민으로 이어진다. 정치의 목적은 결국 국민을 이롭게 하는 데 있다. 그러나 정치가 국민의 편에 서기보다는 자신의 권력이나 정파, 당리당략을 위해 존재한다는 점은 600년 전이나 지금이나 크게 다르지 않다.

그럼에도 현대의 민주주의는 국민이 정치에 참여할 수 있다는 점만으로 정도전의 꿈꾸던 민본보다 더 발전된 잠재력을 지닌다. 정도전조차 결국 왕 대신 사대부라는 또 다른 지배계급을 내세운 통치가 민본의 유일한 대안이라고 설정했다. 그렇다면 모든 국민이 자발적인 정치의 주체가 될 수 있는 오늘날의 민주주의는 정도전이 꿈꾸던 민본사상을 훨씬 구체적이고 진일보한 형태로 구현하고 있는 것이다.

드라마 <정도전>의 마지막 대사에서 정도전은 "두려움을 떨치고 냉소와 절망, 나태함과 무기력을 혁파하고 저마다 가슴에 불가능한 꿈을 품는 것이 진정한 대업"이라고 독려한다. 정도전이 만일 지금의 세상을 볼 수 있었다면 어떤 감회에 젖을까? 불가능해 보이던 꿈은 그 꿈이 가능하다는 희망을 품은 이들에 의해 현실이 됐다. 오늘날의 정치는 이제 더 이상 권력자들만의 전유물도, 나와는 거리가 먼 세상의 이야기도 아니다. 자신의 힘으로 리더를 선택하며 또 견제할 수도 있는 현대의 민본 세상은 최소한의 정치의식을 지닌 깨어 있는 국민이라면 누구나 '이 시대의 정도전'이 될 수 있다는 메시지를 남긴다.

부러진 뼈에 연고 바르기
EBS 다큐프라임 <왜 우리는 대학에 가는가>

김지영

그 겨울, 바람이 분다

때론 기나긴 설명보다 툭 던진 한마디가 커다란 울림을 이끌어낸다. 이를테면, "안녕들하십니까"라는 안부인사가 그렇다. 2013년 대학가에서는 하 수상한 시절, 우리들 스스로에게 '안녕'한지 묻는 대자보가 그동안 안녕하지 못했던 우리 사회로까지 울려 퍼졌다. '나'에서 대학생들에게로, '우리'에서 우리 '사회'로 그 울림이 확대되었다. 제각기 '안녕'하고자 하는 바람은 달랐을 테지만, 눈감고 귀 막고 안녕한 척해야만 살아갈 수 있었던 위선과 불편함을 벗어버리고 결국 진정한 '나', '우리'를 찾고자 하는 바람이었다.

2014년 1월 말, EBS 다큐프라임에서 방영한 6부작 <왜 우리는 대학에 가는가>는 겨우내 바람 따라 떠다녔던 수많은 물음표의 연장선에 서 있었다. 6개월의 제작기간을 거친 이 프로그램은 우연히도 대학생들의 목소리가 울려 퍼질 즈음에 방영되었다. 이 프로그램은 답을 찾으려 했지만 어느 누구도 대답해주지 않았던, 벽에서 되돌아오는 메아리 같은 이야기들을 대화의 장으로 이끄는 또 하나의 바람이 되는가 했다. 그러나 여전히 바람만 세차게 부는 겨울이었다.

미풍으로 그친 폭풍의 씨앗

<왜 우리는 대학에 가는가>, 이 제목은 "안녕들하십니까"에 상응하는 울림을 가지고 있다. 대학에 가는 것이 당연하고 정상적이고 상식이 되어버린 우리들의 현실에 질문을 던졌기 때문이다. 참 재미있는 제목이다. 보는 이로 하여금 호기심을 불러일으키는 것만으로도 성공적인 바람몰이이다. 이 제목 중 어디에 방점을 찍느냐에 따라 이 질문이 함의하고 있는 의미가 달라질 수 있으며 그 대답 역시 다양해질 수 있다.

예컨대, '왜'에 방점을 찍는다면 고등학생의 80% 이상이 대학을 가는 '이유'를 진단하는 것에서 이야기가 시작할 수 있을 것이다. 거시적으로는 우리의 사회제도와 문화, 미시적으로는 개개인이 대학을 향하고 있는 근본적인 원인에 대해 논의를 펼칠 수 있다. 다음으로 '우리'에 방점을 찍는다면 앞에서 펼친 논의 중 개개인의 구체적인 이야기를 살펴볼 수 있을 것이다. 대학을 가려는 입시 준비생, 대학에 다니고 있는 대학생, 대학을 졸업한 졸업생 등 각각의 시각으로 볼 수 있는 것들이 있다. 마지막으로 '대학'에 방점을 찍는다면 대학의 의미와 기능, 역할을 시공간을 넘나들며 탐구함으로써 우리 사회에 대학이 어떤 방점으로 기능하는가 등을 이야기함으로써 교육채널 EBS다운 마무리를 할 수 있었을 것이다.

그러나 <왜 우리는 대학에 가는가>라는 폭풍의 씨앗은 미풍이 되는
데 그쳤다. '왜' '미풍'에 그쳤는가?

대학생의, 대학생에 의한, 대학생을 위한 클로즈업
1부 〈어메이징 데이 I〉, 4부 〈어메이징 데이 II〉

요즘 TV 화질이 좋아져 피부 모공까지 신경 써야 한다는 여배우들의
푸념은 별것 아니었다. TV 화질 기술만큼이나 뛰어난 역량으로 대학생
다큐멘터리스트들이 클로즈업해나간 대학생들의 화상(畫像)은 적나라하
다는 표현이 모자랄 정도였다. 방을 구하려는 남학생은 반지하, 옥탑방을
전전하다 학교에서 멀리 떨어진 달동네까지 이르게 된다. 주말마다 아르
바이트를 해서 번 생활비를 아끼기 위해 간장에 밥을 비벼먹는 남학생은
우리 주위에서 흔히 볼 수 있는 자취생들의 서러운 표상이다. 취업, 돈,
학점 등에 이리 차이고 저리 차이는 고달픈 청춘이다. 그들이 보여준
'우리'들의 자화상엔 생기로 넘치는 눈빛도 있었지만 움푹 파인 상처와
씁쓸한 입꼬리, 나이에 맞지 않는 깊은 주름도 있었다.

대학생 다큐멘터리스트들은 1부, 4부에서 '우리'에 방점을 찍었다. 그
들이 보여준 대학생들의 배움, 관계, 시험, 연애, 돈, 취업 등은 청춘의
거뭇한 모공 하나 털 하나였다. 그런데 그들은 이를 치부 대하듯 숨기려거
나 우월한 위치에서 바라보려 하지 않았다. VJ는 자신의 친구, 선배 또는
후배인 인터뷰 대상이 자연스레 속마음을 이야기하도록 때로는 이야기를
주고받고, 때로는 묵묵히 뒷모습을 지켜보며, 때로는 대화하는 눈빛으로
바라본다. 흔들리는 앵글, 깨끗하지 않은 화면, 어설프지만 그래서 더
그들다운 영상이 오히려 편하게 화면 속 대학생들과 함께 호흡하고 공감할

수 있게 도와준다. 대학생 다큐멘터리스트들의 다듬어지지 않은 풋풋함이 강점이 된 것이다. 이로써 그들이 바랐던 대로 이 이야기는 상대방에게, '우리들'에게 "오늘을 위로하는 따뜻한 말 한마디"가 되었다. 1부의 끝자락, 작은 자취방에 햇살 한 자락이 들어오는 그 모습처럼 말이다.

'어메이징 데이'라는 타이틀에 걸맞게 대학생 다큐멘터리스트들이 담은 이야기는 '어메이징'했다. 취업을 위해 자발적인 아웃사이더가 된 친구, 면접을 보고 불안해하는 친구, 등록금이 감당할 수 없는 빚이 된 친구 등 누구도 들어주지 않고 살펴보지 않았던, 사회의 언저리에 있는 대학생의 이야기는 정말 역설적이게도 '어메이징'했다. 친구들과의 술자리에서 허심탄회하게 쏟아져 나오는 20대의 불안과 불만은 기성세대의 프로페셔널한 미디어에서는 볼 수 없는 진솔한 것이었다. 사실 '어메이징'하지 않은 자신들의 이야기를 대화를 통해 '어메이징'함으로 풀어내는, 그야말로 대학생의, 대학생에 의한, 대학생을 위한 이야기들이었다.

부러진 뼈에 연고 바르기
2부 〈인재의 탄생 I〉, 3부 〈인재의 탄생 II〉

"이정표도 없고 돌아가는 길도 없었습니다. 그래도 의심하지 않았고, 뒤돌아보지 않았습니다. 대학으로 가는 길이었으니까요." 2부 <인재의 탄생>의 첫 시작을 알리는 내레이션이다. 그렇게 시작된 내레이션에 이어 의심 없이 뒤도 안 돌아보고 대학에 간 학생들의 인터뷰가 뒤따른다. '해야 하니까'라는 의무감에, 막연한 기대감에, 주변의 기대와 평가에 따르며 대학에 들어간 그들은 대학이 "취업으로 가는 첫 번째 관문"이라는 것을 깨닫는다. 먹먹한 상황이다. 대학생이라면 누구나 공감했을 대목이다. 뒤통수를 맞아서 아프기도 하지만, 그것은 '내'가 뒤를 돌아보지 않았기 때문이라는 인과응보식의 깨달음이 사실 더 아프다. 취업할 때 필수조건인 대학 졸업장, 너무나도 당연하게 생각해왔던 틀을 뒤집는 반전은 없었다. 아픈 곳에 대한 처방은 없었던 것이다.

 '대학에 가는 것은 당연한 일.' 이 공식이 만들어지기까지는 숱한 사회 제도적·문화적 요인이 작용했을 것이다. 자연스러운 것처럼 포장된 이 찝찝한 당연함에 제작진은 질문을 던져야 했다. 말 그대로 누구도 '의심하지 않았고, 뒤돌아보지 않았'기 때문이다. 그러나 제작진은 그들 대신 질문을 던지기보다는 어떻게 하면 인재가 될 것인가라는 문제에 몰두한다.

 제작진은 취업 준비생이 된 대학생이 취업이라는 전쟁터에서 무차별적으로 스펙이라는 무기를 수집하는 모습과 누가 더 많고 다양한 무기를 가졌는가를 부러워하는 상황을 보여준다. 기업은 제각기 자신의 입맛에 맞는 인재상을 제시하고, 학생들은 도대체 어느 장단에 맞추어야 하는지 혼란스럽기만 하다. 그래서 제작진은 '인재란 무엇인가'라는 타이틀을 걸고 대학생들을 모집한다. 주로 등장하는 학생들은 열등감을 가진 지방대생, 자신의 목표를 설정하지 못한 서울대생, 기업에 취업하기 위해 스펙을 쌓는 외국 대학 학생이다. 이렇게 각각 다른 그들의 상황을 보여준 후 제작진이 제시한 해결법은 '멘토링'이다. 뭔가 이상한 익숙함이다.

 2부와 3부에선 학생의 입장에서 의심하지 않고 뒤돌아보지 않았던 그 길을 의심하거나 검토하지 않는다. 정말 '내' 탓인 건지, 왜 그랬어야 했는지 설명해주거나 무엇이 어디서부터 잘못된 것인지 따져보는 진찰은 없다. 긍정적인 마음으로 살아라, 단계적인 목표를 설정하라, 자신감을 가져라, 나를 돌아보라는 식의 자기계발서에 나오는 말들이 전부이다. 멘토링 과정 끝에 학생들은 긍정적인 마음으로 희망찬 내일을 다짐한다.

결국 개개인의 마음에서 해결점을 찾는다. '힐링'과 '멘토'의 열풍이 20대 청춘에게 던지는 위로 한마디, '아프니까 청춘'이라며 부러진 뼈에 연고를 발라주는 엉터리 처방을 답습하고 있을 뿐이다.

교육제도 안에 있는 학생은 경주마처럼 앞만 보고 달릴 수밖에 없다. 그야말로 '주어진' 그들의 길을 누군가 의심해주거나 누군가 당의정처럼 쓰인 그들의 눈가리개를 벗겨주지 않으면 끝까지 자신만의 길을 찾지도, 달리지도 못할 수도 있다. 하지만 2부와 3부는 바로 경주마로 키워진 학생들이 경마장의 룰에 따라 달릴 수 있도록 달래주는 역할을 한다. 혼자서는 해결할 수 없는 거대한 경마장의 구조적인 결함 때문에 생긴 개개인의 상처는 고스란히 자신이 감내해야 하고, 긍정적인 마음가짐으로 이 사회가 필요로 하는 인재가 되어야 한다고 말한다. 이 과정에서 멘토, 즉 기득권층의 대리인은 눈가리개의 역할, 대학생들에게 눈앞에 당근을 흔들면서 채찍보다는 덜 폭력적으로 그들을 길들이는 역할을 할 뿐이다.

이상한 시험시간, 이상한 채점시간
5부 〈말문을 터라〉, 6부 〈생각을 터라〉

2부, 3부에서 이어진 실망감은 되려 5부, 6부에서는 정말 왜 우리가 대학에 가는지 이야기를 해주지 않을까 하는 기대로 이어졌다. 그러나 다양한 층위의 논제에서 개인 내부의 문제를 찾고 해결하는 데 그쳤던 2부, 3부와 다를 바가 없었다. 개인에서 대학 강의실로 그 대상이 바뀌었을 뿐, 그 내부에서 문제점을 해결하고자 했다. 대학생이 질문하지 못하고 침묵하는 원인을 초·중·고 교육현장에서 찾았지만, 그 해결방법은 대학 교육현장에서 찾는다. 우리 대학 교육의 근본적인 문제가 입시 위주의 교육과정과 같은 사회구조와 관련되어 있다고 말하면서도 <왜 우리는 대학에 가는가>는 다시 한 번 사회구조 속의 '우리'에 방점을 찍는다. 진단과 처방이 또 엇갈린 것이다.

5부 중반에 진행된 '이상한 시험시간'에서는 제목이 던진 묵직한 돌직구를 동력 삼아 미로를 관통해 정곡을 찌르려다 이미 잘 닦여 있는 쉬운 샛길로 비껴들어가는 형국을 한눈에 볼 수 있었다. 초·중 교육과정에서 정량화할 수 없는 질문들이 시험문제가 되었다는 것을 보여준 이 '이상한 시험시간'은 문제의 본질에 쉽고 정확하게 다가갈 수 있는 지름길로서의 가능성을 가지고 있었다. 이에 더해 그 문제를 여러 대학생과 교수가 풀면서 느낀 황당함과 천편일률적인 것에 대한 거부감은 함께 문제를 풀 것을 제안 받았던 시청자로 하여금 다시 답답하고 찜찜한 기분을 갖게 했다.

제작진이 이제야 벗겨준 찜찜함의 정체를 어렴풋이 마주한 시청자는 기대하게 된다. 이상한 시험이었지만 그 문제들은 바뀔 수 있고, 제대로 된 시험으로 제대로 평가할 수 있으리라고. 하지만 우리의 예상과 달리 제작진은 이상한 시험에 대해 이상한 채점을 하기 시작한다. 몇몇 교수의 자각으로 대학 강의실이 말문과 생각을 여는 곳으로 바뀌었다는 특수한 사례를 보여준 데 그친 것이다. 물론 대학 교육이 지향해야 하는 훌륭한 모델을 보여준 실험으로서는 의미가 있겠지만 분명 아쉬운 점이 많다. 입시 교육에 대한 문제는 해외 사례와 비교해가며 잔뜩 지적했지만 해결방법은 언급되지 않았다. 현실과는 약간 동떨어진 '대학 강의실 집단 멘토링, 힐링'과 같은 채점방식은 시청자로 하여금 무력감에 젖어들게 했다. 이 과정에서 대학생은 2부, 3부에서처럼 '멘토링'의 대상, '힐링'의 대상으로 피동적인 존재가 된다. 질문이 없는 강의실을 촬영한 5부에서 불거진

초상권 침해와 편집조작 논란은 논외로 치더라도 5부와 6부의 수박 겉핥기
식 문제해결논리는 이 다큐멘터리의 완결성에 흠집을 내기에 충분하다.

미풍이 부는 겨울

　<왜 우리는 대학에 가는가>는 많은 주목을 받았다. '누구를', '왜'
보여줄 것인가 하는 기획의도는 훌륭했다. 그러나 '무엇을', '어떻게' 보여
줄 것인가에 대한 고민이 부족했던 것이 아닌가 하는 애정 어린 아쉬움이
짙게 남는다. 대학생 개개인과 같은 나무와, 대학, 사회, 제도와 같은
숲을 번갈아가며 조명하는 명석한 구성의 부재가 애석하기도 하다. 그
아쉬움은 아쉬움대로 또 다른 바람을 불러일으킬 수 있는 여지가 되기에
<왜 우리는 대학에 가는가>는 그 자체로 훌륭한 화두였다.

　다큐멘터리는 다양한 화법과 기법으로 현실을 재구성하여 관객이 실재
하고 있는 자리로 전달한다. 햇빛 한 점 들어오는 자취생의 방 한편에
놓여 있는 『긍정 심리학』이라는 책에 쓰인 "'진정한 행복'을 위한 긍정
심리학의 명쾌한 처방전"이라는 글귀는 우리들의 '힐링의 시대'를 반영한
다. 힐링, 멘토링이 시대의 조류가 된 지금, 그만큼 아프고 도움이 필요한
사람이 많기에 더더욱 제대로 된 처방이 필요하다. '진정한 행복'을 찾는
우리들은 '긍정적'임을 강요받는다. 1부와 4부에서 대학생들이 스스로
질문하고 대답하는 과정에서 도출된 진정한 대학의 의미와, 20대의 행복
과 삶에 과연 햇빛 한 점이 비추어질까 하는 의문은 재구성된 현실과
실재하는 현실 어느 즈음에 방기되었다.

　겨울에는 거센 눈보라가 휘몰아치고 봄에는 따뜻한 바람이 분다. 당연
하고 단순한 것이다. 그러나 여전히 우리는 씁쓸한 현실이 카메라의 재구

성에 의해 미적지근한 미담으로 끝맺는 계절인 미풍의 겨울에 살고 있다. 겨우내 차가운 바람이 불어야 작은 생명들은 광대한 땅에 자리 잡고 봄에 잘 움틀 수 있다. 우리는 과연 우리의 폐부까지 파고드는 바람을 충분히 맞았으며, 봄을 맞이할 준비가 되었는가? 우리는 대자보의 물음에서부터 최근의 세월호 이슈, 다큐멘터리의 화두에 이르기까지 우리들의 바람을 돌이켜보며 계속해서 되물어야 한다. 미풍이 부는 대한민국에서 왜 우리는 대학에 가는가를.

우아한 노비의 불륜과 불안정한 사회

JTBC 드라마 <밀회>

신민희

사랑만큼 살갗으로 느껴지는 온도는 없다. 어떤 때는 손을 데일 만큼 뜨겁기도 했다가 어느 샌가 얼음장처럼 차가워지기도 한다. 그렇기에 차가운 손을 가진 이는 사랑의 온도에 예민하게 반응할 수밖에 없다. 그래서 우리는 사회가 불안정할수록, 타인과 관계를 맺는 것이 점점 어려워질수록 사랑을 꿈꾸게 되는지도 모른다. 사랑이라는 것이 서로를 염두에 두는 관계라면 상대방이 나를 자신의 세계에 두고 있는지 또는 나의 사랑이 상대방에게 어떤 행복을 주는지 끊임없이 마음을 들여다보는 수밖에 없는 일이다.

TV는 이 근원적인 욕망을 즉각적이지만 가장 진실하게 담아내는 매체라고 할 수 있다. 우스갯소리로 한국 드라마는 장르에 상관없이 병원에서 사랑하는 이야기, 회사에서 사랑하는 이야기, 법정에서 사랑하는 이야기 등 장소만 바뀌고 모두 사랑하는 이야기뿐이라고 말하기도 한다. 하지만 이는 바꿔 말하면 사랑은 어디에나 있지만 어디에도 없다는 의미이기도 하다. 학교에서 회사에서 수많은 사람들과 마주치며 살아가고 있지만 어디에도 나의 고통을 함께 해줄 이는 없다는 것이다.

불안정한 사회와 불륜서사

불안정한 사회와 사랑의 상관관계를 가장 강력하게 재현해내는 것은 불륜서사이다. 불륜은 가족의 질서 또는 도덕과 법의 위태위태한 경계를 넘나들며 불안정성 자체를 기반으로 삼고 있기 때문이다. 그동안 TV 드라마에서 불륜의 소재는 다양한 방식으로 위치를 점해왔지만 최근의 대표적인 방식은 이렇다. 어려운 살림살이에 아내는 어렵게 남편을 출세시키지만 아내의 내조로 성공한 남편은 젊고 예쁜 여자와 바람이 난다. 그리고 그 바람난 남편으로 인해 아내는 자신의 진정한 꿈을 찾게 된다. 그리고 그런 여자를 기다리고 있는 것은 더 젊고 능력 있는 남자이다. 2000년대 초반에 두드러졌던 이러한 형식은 '줌마렐라', '주부트렌디 드라마'라는 새로운 신조어를 만들어내며 남편의 불륜 앞에 속절없이 눈물만 흘리던 이야기 대신 남편의 불륜으로 자아를 찾는 여성의 이야기를 다루었다. 하지만 여전히 남성의 시선에 의해 작동하는 신데렐라의 꿈이 사라지지는 못했다. 여성의 불안한 위치를 다시 남성에 대한 판타지에 종속시킨 것이다.

하지만 불륜의 소재가 늘 이와 같은 방식으로만 다루어지는 것은 아니다. 변화된 현실을 반영해 TV 속 불륜의 모습도 변화하고 있다. 그중 눈에 띄는 드라마가 바로 <밀회>인데, <밀회>는 현대 사회가 처한 불안정함을 불륜 속에서 섬세하게 그려내고 있다. 극에서 중요한 장치는 바로 '계급'의 문제이다. 대부분의 불륜 이야기는 가정이 있는 남녀가 사랑한다는 것이 도덕적으로 온당한가의 문제에 초점이 맞추어져 있는 반면, 이 드라마는 자본주의 사회 속에서 가장자리에 위치한 가난한 사람이나 비정규직[1] 등 위치가 불안해져만 가는 사람들 속에서 사회적 관계가 사랑의 관계 방식에 어떻게 영향을 미치고 있는지 초점을 맞추고 있는 것이다. 이제 구체적인 장면을 통해 그 지점들을 자세히 살펴보고자 한다.

우아한 노비와 퀵 배달 피아니스트

먼저 <밀회>의 배경은 서한그룹의 기업에서 운영하고 있는 서한예술재단이다. 오혜원(김희애 분)은 이 재단의 기획실장으로, 공식적인 업무뿐 아니라 온갖 비리와 사생활까지 함께 관리하고 있다. 오혜원과 예고 동기였던 서한그룹의 딸 서영우는 그런 오혜원에게 "너 진짜 뭐 있어?"라고 묻는다. 오혜원의 집과 가정부, 그리고 오혜원이 가진 권력, 그녀 남편의 교수자리 모두 서한그룹에서 얻은 것이 아니냐며 묻는 것이다. 이처럼 오혜원의 삶은 서한그룹에 종속되어 있다. 명품 옷을 입을 능력과 기획실장이라는 명예를 갖고 있지만 그것은 언제든 서한그룹에 의해 사라질 수 있는 것들이다. 그리고 그러한 사실을 제일 잘 알고 있는 것 역시

---

[1] 비정규직은 이제 우리 사회의 새로운 화두가 된 듯하다. 사람들이 맺는 관계의 방식, 그중에서도 사랑관계의 방식을 새롭게 만들고 있기 때문이다. <직장의 신>, <따뜻한 말 한마디> 등의 드라마 속에서 연인의 새로운 장애물은 비정규직과 정규직 사이에서 생겨나고 있다. <따뜻한 말 한마디>를 보면 직장 내에서 비정규인 남자(송민수)와 정규직인 여자(나은영) 사이에는 일종의 새로운 신분관계가 발생해 이들이 사랑을 하는 데 장애요소가 된다.

그녀이다. 그녀 자신은 우아함이라는 외피를 쓰고 있지만, 노비이고 시녀일 뿐이라는 것을. 하지만 그럼에도 자본은 그 외피를 벗기기는커녕 끊임없이 더 많은 것을 욕망하라고 부추길 뿐이다.

욕망의 선을 따라 움직였던 그녀 앞에 나타난 이선재(유아인 분)는 그 무한한 궤도를 이탈하게 만든다. 이선재는 가난한 집의 아들로, 퀵 배달을 하며 생계 전선에 뛰어들어 있다. 피아노 치는 것과 음악을 그 자체로 사랑하지만 가난한 그의 환경은 그것을 쉽게 허락하지 않는다. 천재적인 능력을 갖고 있지만 스펙 없는 그에게 아무도 관심을 기울이지 않는다. 그러다 자신의 재능을 알아봐주고 아껴주는 오혜원을 만나게 된다. 하지만 이선재는 오혜원과 달리 자신의 재능을 자본과 연결시키려 노력하지 않는다. 유명세를 얻거나 큰 상을 받는 데 목표를 두지 않은 채 음악 자체가 이선재에게 동력이 되는 것이다. 그러한 마음으로 이선재는 오혜원의 우아함 뒤에 숨겨진 노비로서의 맨얼굴과 마주한다. 가난한 남자와 가난한 여자의 불안한 계급적 위치가 서로를 사랑에 빠지게 하는 것이다. 언제부터인가 맨얼굴은 위로의 대상이 아니라 비난의 대상이 되었다. 그런 관계가 우리의 일상을 지배하고 있기에 이들의 불륜서사가 시청자들에게 큰 관심을 일으켰다고 볼 수도 있다.

소외된 자들의 관계가 비단 남녀 사이에서만 맺어지는 것은 아니다. 이 드라마는 이른바 '루저(loser)'라고 불리는 젊은 세대의 공감마저 이끌냈다. 실패한 자를 의미하는 루저는 우리 시대가 안고 있는 문제이다. 청년 실업률은 끝 간 데 없이 치솟고 그 속에서 청년들은 무기력감과 좌절감에 빠지는 악순환의 고리가 반복되고 있다. 홀로 도서관에 앉아 스펙을 쌓는 일밖에 할 수 없는 이들은 서로의 고통을 함께 나눌 수 있는 방법마저 잃은 채 고독해지고 있는 것이다. 드라마 속에 등장하는 서한 음대의 대학생들 역시 이와 크게 다르지 않다고 할 수 있다. 음악 중에서도 클래식이라는 장르는 한 개인의 노력만으로는 배움의 길로 쉽게 들어설 수 없기 때문에 그 안에서 돈이 가진 위력은 더욱 클 수밖에 없다. 그렇기에 온갖 비리로 얼룩진 음대 내에서 차별받고 멸시받던 학생들과 이선재가 모여 만들어낸 5중주 공연은 감동을 선사할 수밖에 없는 것이다. 소외되었던 이들이 소리를 조율해가며 아름다운 음악을 만들어낸다는 것은 서로의 마음에 귀를 기울이는 연대의 방식이기 때문이다. 이 공연을 끝으로 이선재가 자퇴를 결심하고 오혜원이 서필원 일가의 비리를 검찰에 폭로하기로 결심한 것은 그럼 점에서 결코 우연이 아니다. 지배와 종속적인 관계에서 벗어나 함께 더불어 있음을 실천하며 그 속에서 자신의 존재를 찾게 되는 것이다. 그런 의미에서 오혜원이 "음악이 갑이다"라고 말한 속뜻은 음악이 가진 이 연대성에 있다.

아내와 어머니가 없는 불륜서사

오혜원과 이선재의 만남은 선생과 제자 사이이자 불륜관계로, 사회의 통념적 질서를 깨드리는 금지된 사랑이다. 보통의 사랑 이야기는 사랑했던 남녀가 결혼이라는 계약을 통해 부부가 되고, 아이를 낳아 기르며 아내가 되고 아버지가 되어 행복한 가정생활을 이루는 것으로 해피엔딩을 맺는다. 하지만 불륜은 이 해피엔딩에 마침표를 찍지 않는다. 특히 여성의 불륜은 가부장적인 질서에 큰 균열을 가져온다. 보통 드라마에서 남성의 불륜은 '바람' 정도로 치부되어 남성이 잠시 유혹에 흔들리다가 가정으로 복귀하는 경우가 많다. 하지만 여성의 불륜은 그렇지 못한 경우가 대부분이다.

　또한 여성의 불륜에서 중요한 점은 여성은 부정한 아내이자 부정한
어머니라는 사실이다. <밀회>의 감독과 작가는 이 드라마 이전에 <아내
의 자격>(2012)이라는 작품을 선보인 적이 있다. 이 드라마 역시 여성의
불륜을 중심 소재로 삼은 작품으로, 제목에서 느껴지듯이 이 서사의 중심
은 아내와 어머니의 역할에 있다. 윤서래(김희애 분)는 가정주부이며 이
드라마의 중심 사건은 강남의 학원가에서 벌어진다. 집에서 남편을 내조
하고 아이의 교육을 담당하는 여성의 모습을 그려냄으로써 윤서래의 불륜
이 가족의 질서에 큰 균열점을 가져오는 것으로 설정한다. <아내의 자격>
에서 남편 한상진(장현성 분)은 아내의 불륜 사실을 알고는 "넌 몸 달아서
애 인생까지 망친 여자야"라고 말한다. 아내의 불륜 상대가 아들이 다니는
학원 원장의 남편이라는 이유 때문이기도 하지만, 근본적으로는 여성은
곧 어머니와 같은 이름이기 때문에 부정한 아내뿐 아니라 부정한 어머니임
을 통해 부도덕함을 강조하고자 하는 것이다.

　하지만 <밀회>에는 아내도 없고 어머니도 없다. 이러한 상황 설정이
가지는 함의는 다양하겠지만 여성의 불륜에서는 여성의 아내 또는 어머니
로서의 책임이 도덕적 지탄을 받게 만드는 큰 요소이다. 그렇기 때문에
<밀회>에서 오혜원의 부부 사이가 쇼윈도 부부에 가까웠다는 것과 아이
없이 둘만 생활하고 있다는 설정은 도덕적 지탄을 면하기 위한 수단이거나
또는 그렇게 해야만 여성의 불륜이 드라마 속에서 거부감 없이 받아들여질
수 있다는 현실의 반영이기도 하다.

고품격 불륜과 막장 불륜의 사이

　불륜이 배신의 문제가 될 때 부부는 서로에게 날카로운 폭력을 휘두르

며 생채기를 낸다. 총알이 날아다니는 전쟁 같은 상황 속에서 품격과 격식을 갖춘다는 것은 어려운 일이다. 그런 점에서 <밀회>가 고품격 멜로 또는 고품격 불륜으로 회자되는 것은 주목해볼 만한 지점이다. 이 드라마를 고품격으로 만들어내는 장치는 바로 음악(클래식)이다. 만약 취미가 뭐냐는 질문에 클래식 듣는 것이 취미라고 답하는 사람과 대중음악을 듣는 것이 취미라고 답하는 사람이 있다면 그들에게서 우리는 어떤 인상을 받게 될까? 흔히 취향은 개인적이라고 생각하지만, 취향은 오히려 사회적 이다. 클래식을 듣는 사람에게서는 우아하고 지적일 것 같다는 인상을 받고, 대중음악을 즐기는 사람에게서는 상대적으로 이보다 가벼운 느낌을 받는다. 그러한 인상이 실제 인물과 얼마나 일치하는가는 중요한 문제가 아닌 것이다.

불륜의 서사가 클래식이라는 취향을 만났을 때 우리는 그곳에서 막장의 분위기를 내는 불륜이 아닌 고품격 불륜을 만나게 된다. 음악을 매개로 오혜원과 이선재의 관계는 상징적으로 드러나며, 둘이 함께 피아노를 연주하는 장면은 에로틱하게 묘사되어 마치 정사 장면을 보는 듯한 인상을 준다. 직접적 묘사를 피함으로써 오히려 숨겨진 욕망을 더 자극시키고, 시청자는 이를 통해 낭만적 판타지를 소비하는 것이다. 드라마의 불륜 역시 고품격을 지향할 때만 우리는 그 이야기를 소비하고 싶어 한다. 만약 이 드라마가 기름 냄새를 풍기는 후미진 골목에서 벌어지는 노동자들 사이의 불륜을 그렸다면 우리는 이 드라마를 이토록 소비하고 싶어 했을 까? 비록 그것이 우리가 처한 진짜 현실이라 하더라도 말이다. 낭만적 판타지의 소비는 우리 각자가 처한 현실의 계급적 위치를 지워버릴 때만 가능한 것이다.

그런 점에서 <밀회>에 잠시 등장한 서필원 회장의 불륜 장면은 우리가 그동안 소비해온 낭만적 판타지에 칼날을 들이밀고 있어 흥미롭다. 재벌 그룹의 남자 서필원이 사랑에 빠진 여자는 젊고 아름다운 여성이 아니라 조그마한 식당에서 일하는 조선족 여성이다. 그런데 그녀는 신데렐라가 되려는 욕망이 없다. 오혜원은 그 말을 믿지 않았다. 가난하고 힘없는 그녀가 서필원의 사랑을 거부할 이유가 없다고 생각한 것이다. 하지만 이 조선족 여성은 자신이 욕망의 대상이 아니라 욕망의 주체임을 자각하고 있었다. 그런 점에서 이 장면은 우리의 통념을 비판하며 가난한 여성도 욕망의 주체일 수 있음을 보여주는 한편, 우리가 소비하고 싶어 하지 않는 또 다른 관계의 방식을 보여준다.

현재 브라운관에는 법정이나 병원에서 일어나는 변호사나 의사의 불륜 서사는 넘쳐나지만 일용직 노동자, 탈북자 또는 조선족의 불륜서사는 이야기되지 않는다. 브라운관 밖에서는 이들의 사랑이 넘쳐나고 있는데도 말이다. 이제 우리는 계급적 위치를 버리고 고품격 사랑만 동경할 것이 아니라 가난한 자들이(우리 자신일지도 모르는) 내는 목소리에 귀를 기울이고 삶에 뿌리박고 있는 현실을 살펴야 할 것이다.

<Let美人 시즌4>, 잔인한 신데렐라 이야기

주재은

　요즘 한국의 거리에는 신데렐라가 많다. 공장에서 찍어낸 듯 비슷한 외모를 가진 신데렐라들이다. 성형외과는 신데렐라가 되기 위한 여성들로 붐빈다. 그들은 연예인의 외모를 자신의 외모에 담으려고 한다. 김태희의 눈, 이영애의 코, 송혜교의 입술, 고소영의 얼굴형 등 성형외과에서는 음식집의 메뉴판을 보여주듯 연예인의 외모를 제시한다. 자신만이 가진 고유한 아름다움이 아닌 남이 가진 아름다움을 좇고자 한다. 우리 사회는 외모지상주의에서 한 단계 진화해 성형만능주의로 나아가고 있다. 아름다움의 기준이 성형수술이 되어가고 있는 것이다. 따라서 '손대지 않은 외모'를 가진 신데렐라는 앞으로 점점 찾아보기 힘들 것이다.

　최근 미디어에서 성형수술에 대한 내용을 워낙 많이 다루고 성형수술 광고도 갈수록 치열해지고 있어 우리는 성형수술에 대한 왜곡된 가치를 매시간 주입 받고 있다. 성형수술과 관련된 정보에 노출되는 빈도가 높아지자 성형수술을 점점 쉽게 생각하는 경향이 생기고 있다. 쁘띠 성형(칼을 사용하지 않고 주사를 이용하는 시술)과 같은 간단한 성형수술의 등장으로 수술에 대한 두려움이 적어지고 긴 회복기간 같은 제약이 개선되면서 진입장벽도 점차 낮아지고 있다. 누구나 신데렐라가 될 수 있는 것이다. 하지만 전제 조건은 자신의 신체 일부를 깎거나, 상처를 내거나, 무언가 주입해야 한다는 것이다.

우리는 신데렐라 이야기를 좋아한다. 그래서 '콩쥐 팥쥐'라는 한국식 신데렐라 이야기도 만들었다. 신데렐라는 인생역전의 상징이다. 하지만 신데렐라의 원작은 인생역전에 수반되는 잔인한 대가를 담고 있는 '잔혹 동화'이다. 원작에서 신데렐라의 언니들은 신데렐라를 대신해 왕자를 만나러 가기 위해 자신의 발 일부를 도려내어 구두를 신는 것으로 묘사된다. 여성의 아름다움을 상징하는 구두와 그것을 쟁취하기 위한 신체의 훼손, 이것은 성형수술과 아주 흡사하다. 성형수술은 이렇게 근본적으로 잔인하다. 하지만 절차상의 잔인함이 전부가 아니다. 사회적인 우등과 열등을 구별 짓는 냉혹함이 바탕에 깔려 있다는 점에서 몰인간적인 잔인함도 갖고 있다.

신데렐라 이야기에는 표면에 드러나지 않는 잔혹한 비하인드 스토리가 숨겨져 있다. 이처럼 겉으로는 기적을 보여주지만 잔인한 함의를 담고 있는 프로그램이 있다. 바로 성형수술과 관련해 뜨거운 논란의 중심에 있는 <Let美人 4>이다. 논란보다는 관심이 큰 것일까? 말도 많고 탈도 많았지만 시즌4까지 달려왔다. 특히 아시아 지역에서는 확고한 마니아층도 형성했으며, 중국과 태국에서는 대표적인 한류 예능 프로그램의 역할을 톡톡히 하고 있다. 우리나라를 넘어 해외로 진출한 만큼 이 한 편의 프로그램이 갖는 스펙트럼은 굉장하다. 프로그램이 미치는 파급효과가 크다 보니 제작 과정에서도 많은 고민의 흔적이 엿보인다. 시즌4에서는 '논란을 넘어 감동으로'라는 슬로건으로 과거 시즌에서 야기된 논란을 탈피하고자 했다. 감동은 존재했다. 하지만 논란을 넘었다고 하기에는 아직 이르다. 시즌 4의 주인공들이 과연 진정한 신데렐라가 되었다고 할 수 있는 것일까? 신데렐라 이야기처럼 적나라하게 드러나지 않고 숨어 있는 잔인한 부분을 파헤쳐보고자 한다.

<Let美人 4>의 기본적인 포맷은 오디션 프로그램이다. 더 아픈 사연, 더 심각한 외모를 가진 사람을 뽑아서 신데렐라로 만들어주는 것을 기본으로 한다. 시즌 4에는 무려 6000여 명의 지원자가 지원한 것으로 알려졌다. 그중에서 전문가들의 심사를 거쳐 스튜디오로 두 명을 초대하고, 그중에서 한 명을 최종 선택하여 신데렐라 프로젝트를 시작한다. 여기에는 1등만 고려하는 우리 사회의 잔인한 경쟁원칙이 숨어 있다. 1등으로 선택을 받지 못한 지원자는 자리를 떠나며 눈물을 보인다. 2등에게도 치료를 지원한다고는 하나, 전력으로 지원받는 1등과는 질적·양적으로 차이가 있을 것이다. 외모로 1등과 2등을 나누는 것 자체가 냉혹하기 그지없다. 게다가 1등이 의미하는 바가 진정한 1등이 아니기 때문에 더욱 그렇다.

포지션상에도 문제가 있다. 성형수술이 진행되기 이전에는 진행자와 주인공 간의 인터뷰가 먼 거리에서 이루어진다. 성형수술 이후에 외모가 변하면 그때서야 진행자들 옆에서 인터뷰가 진행된다. 성형 전과 후의 대우가 이처럼 다른 것은 마치 '못생기면 불편하고 잘생기면 편하다'라는 심리적 거리감을 상징하는 것처럼 보인다. 의사들과 방청객들의 위치도 마찬가지이다. 성형수술 전에는 비밀의 방에 숨어서 지원자들을 지켜본다. 성형수술 후에는 지원자의 공간과 의사와 방청객의 공간이 이어지게 한다. 마치 성형수술 후에야 사람으로 대우를 해주는 것 같은 공간 설정이

다. 주인공과 진행자 사이의 거리가 성형수술 전에 유독 멀다는 것은 주인공이 충분히 불쾌감을 느낄 만한 요소이다. 이러한 공간 설정이 주인공의 심리적 안정에 어떤 영향을 미칠지 고려해야 한다.

<Let美人> 주인공의 역할은 신데렐라이다. 동화 속 신데렐라를 돕는 요정의 역할은 진행자와 의사들이 한다. 그런데 방청객은 신데렐라 이야기에 접목시킬 만한 캐릭터가 없다. 따라서 방청객의 존재 이유와 명확한 역할이 무엇인지에 대해 의문이 생긴다. 대체로 지원자들은 외모로 인해 사회성에 문제가 있는 경우가 많기에 대중의 시선에 민감하게 반응할 것이다. 스튜디오라는 한정된 공간 안에 불필요하게 많은 사람이 주인공에게 시선을 두면 주인공이 심리적 안정을 취하기 힘들어질 수 있다. 앞서 말한 공간 실정처럼 동떨어져서 일 대 다의 형태를 띠고 있다. 하지만 방청객들의 역할은 환호성을 지르거나 안타까운 표정을 짓는 것뿐이다. 역할도 모호하고 존재 이유도 부족하다. 동화에서도 주인공은 한 명이고 조연은 딱 필요한 만큼만 있다. 다수의 조연은 불필요하다.

일반적으로 사람들의 상상 속에서 신데렐라는 대체로 아름다운 외모를 지녔음에 틀림없다. 이것은 일종의 편견으로, '왕자의 선택을 받았을 정도면 아름다울 것이다'라는 상상력이 만들어낸 것이다. '멋있는 남자의 선택을 받을 정도면 미모가 출중한 여인일 것이다'라는 논리는 잔인하다. 반대로 '미모가 부족한 여인은 멋진 남자를 만날 수 없다'라는 논리가 성립하기 때문이다. 사실 신데렐라가 미녀인지 여부는 아무도 모른다. 하지만 일반적으로 생각하는 미의 관점에서 벗어난 여인일 수도 있다고 가정하는 경우는 극히 드물다. 외모에 대한 편견은 역사적으로 오랫동안 지속되어왔고 다양한 문화 속에서 광범위하게 존재했다. 그리고 점차 단단히 굳어가고 있다.

외모에 대한 편견은 이분법적인 접근으로 외모의 우등과 열등을 구분하게 만든다. 이러한 이분법적 접근은 남의 외모를 평가하는 편협한 시각을 낳아서 누군가에게 상처를 입히게 된다. 게다가 요즘 세상은 열등한 집단에 포함된다고 생각하는 사람들에게 성형수술을 조장하기 때문에 이런 이분법적인 접근은 더욱 위험하다. 편견이 고착화되어 외모지상주의를 낳았고 외모지상주의가 더 심각해지면서 성형만능주의의 세태가 나타나고 있다. 따라서 우리는 더 이상 편견이 고착화되지 않도록 노력해야 한다. 이러한 편견을 깰 수 있는 최전방에 다수의 대중을 대상으로 성형수술에 대한 가치관을 전파하는 프로그램 <Let美人 4>가 있다.

　　하지만 실상은 편견을 오히려 고착화하고 있는 것만 같아 씁쓸하다. 프로그램의 간판이라고 할 수 있는 진행자들의 반응과 표현에서부터 편견은 드러난다. 지원자가 밀실에서 스튜디오로 나오고 모자이크가 사라짐과 동시에 진행자들은 하나같이 경악을 금치 못하며 입을 가리고 "어머!", "어떡하면 좋아!", "충격적이다", "소름 끼친다" 등의 반응을 늘어놓는다. 마치 지원자의 외모가 사람의 것이 아니라는 듯한 혐오감을 말과 행동으로 표출한다. 그 밖에 떡두꺼비, 괴물, 프랑켄슈타인, 고릴라 등의 비유적인 표현도 자막으로 사용된다. 사람을 사람 아닌 것에 비유하는 것이다. 직설적으로 '못생겼다'라고 말하는 것과 크게 차이 없는 잔인함이다.

　　성형수술 후의 반응에서도 마찬가지이다. 성형수술 후의 주인공을 공개하는 데 뜸을 들이는 사이 진행자들은 "감질 난다", "약 오른다", "성질이 난다", 심하게는 "욕 나온다" 등의 표현을 한다. 기존의 지원자가 아니라고 부정하기까지 한다. 이는 외모라는 단면적인 것에만 초점이 맞추는 반응으로, 진행자들의 편협한 시각을 잘 드러낸다. "진정한 여자가 되었다", "시집 갈 수 있을 거 같다" 등의 발언도 일삼는다. 여기에는 '예쁘지 않으면 여자가 아니다', '예뻐야 시집 갈 수 있다'라는 편견이 투영되어 있다. 마음의 준비를 단단히 하고 방송에 나가기로 결심한 주인공이라 할지라도 상처를 받기에 충분한 말이다.

<Let美人 4>에는 냉혹한 자본주의 논리가 깔려 있다. 마르크스는 자신의 저서 『자본론』에서 자본주의를 냉혹하다고 바라보았다. 그리고 자본에 의한 소외를 강조했다. 여기서 언급한 자본의 특성을 신데렐라의 구두에 접목시켜 생각해보자. 구두의 사이즈는 정해져 있고 신을 수 있는 사람은 한정적인 상황에서 신데렐라와 그 자매는 구두를 갖기 위한 투쟁을 벌인다. 자매는 발의 일부를 도려내는 것도 마다하지 않는다. 마치 돈을 가진 사람만이 성형수술을 받을 수 있고 여건이 안 되는 사람들은 외모로 인해 소외받는 구조와도 같다. 우리 사회에 만연한 성형만능주의의 차가운 논리라 할 수 있다. <Let美人 4>를 유심히 지켜보면 이처럼 시청자의 소외를 불러일으킬 자본주의의 냉혹함을 볼 수 있다.

<Let美人 4>의 주인공들은 대한민국에서 가장 최고의 시설을 갖춘 장소에서 수술을 받게 된다. 이와 같은 최상의 환경을 일반인도 쉽게 접할 수 있을까? 수많은 사람이 아직까지도 정상적인 시설을 갖추지 못한 곳에서 수술을 받고, 이에 의한 부작용으로 고통 받고 있는 것이 현실이다. 일부 성형외과는 응급시설도 제대로 갖추지 못했다고 언론이 보도한 적도 있다. 성형외과의 역량에 따라 차이는 분명히 존재한다. 사실 성형수술은 잠재적인 위험이 항상 도사리는 수술이기 때문에 모든 환자가 안정성이 입증된 최고 수준의 환경에서 수술을 받고 싶을 것이다. 하지만 돈을 가진 사람만이 더 평판이 좋은 의사에게, 최상의 시설과 장비로, 전문가의 충분한 지원을 받아 수술을 받을 수 있다. 돈을 가진 사람들이 더 안전한 수술을 받게 되는 셈이다.

수술을 마친 지원자는 초호화 시설인 '렛미인 합숙소'에서 회복하는 동안 생활하게 된다. 혼자 생활하기에는 지나치게 넓은 공간이 조성되어 있고 그 안에는 스폰서들의 온갖 호화스러운 제품이 갖춰져 있다. 트레이너가 지원자의 생활공간에 방문해 직접 건강관리도 해준다. 하고 싶은 것을 아무런 비용 없이 누릴 수 있는 것이다. 일반인도 성형수술 후의 생활이 이와 같이 호화스러울 수 있을까? 대부분의 환자는 회복 시기에 이런 생활을 향유할 수 없다. <Let美人 4>에 등장하는 합숙소는 시청자에게 큰 괴리감을 조성하는 장치이다.

대다수의 시청자는 프로그램을 시청하는 동안만 무도회에서 왕자와 행복한 시간을 보낸다. 시청자들은 최상의 조건을 갖춘 의료 인프라와 초호화 회복 시설을 간접적으로 경험하지만, 12시 종이 치면 신데렐라의 마법이 끝나는 것처럼 이는 방송이 끝나는 시간까지만 한정적으로 누릴 수 있는 행복이다. 모두가 구두를 신을 수 있고 모두가 무도회에 참석할 수 있는 아름다운 세상이 아니기 때문에 시청자들은 시각적·시간적으로 국한된 간접경험밖에 할 수 없다. 시청자들은 프로그램을 시청한 후에는 자본으로부터의 소외감과 심리적 불쾌감을 느끼게 될 것이다.

<Let美人 4>에서 탄생한 신데렐라들은 과연 신데렐라의 동화처럼 행복한 결말을 맞이했을까? 방송 중에 일부 주인공의 변화된 일상생활을 보여주는 장면이 있었다. 이 부분에서 많은 시청자가 감동을 받았다. 외모가 아닌 사람을 집중 조명했기 때문이었다. 진한 감동은 사람에게서 온다. 외모에만 초점을 맞추는 몰인간적인 시선은 인간의 존엄성에 대한 무시이며 잔인한 처사라고 보아야 한다. <Let美人 4>가 아쉬운 이유도 여기에 있다. 사람을 경시하는 구조, 사람에 대한 편견을 고착시킬 여지가 있는 진행, 자본주의적 논리에 의한 사람의 소외 등은 하나같이 누군가를

짓밟거나, 누군가에게 상처를 남기거나, 누군가의 의욕을 꺾어버리는 것이다. 결론적으로 잔인했다. 그렇다면 시즌 5에서는 어떤 방향으로 신데렐라 이야기를 이어가야 좋을까?

가장 먼저 구조상의 문제로는 오디션 포맷과 위치 설정을 수정해야 한다. 오디션 프로그램은 경쟁논리에 의해 1등만을 조명하므로 기본적으로 잔인하다. 그런데 가장 절박한 지원자 두 명을 뽑아 그중 한 명을 다시 선택하는 것은 필요 이상으로 잔인한 일이다. 다수의 지원자 중 한 명을 뽑는 과정이 부득이하게 필요하다면 방송에서는 생략하고 넘어갔으면 한다. 애초에 신중한 검토를 통해 한 명을 미리 선택해 방송에 내보내는 것이 덜 잔인하다. 또한 주인공의 위치는 주인공의 심리적 안정을 최대한 배려하는 차원에서 설정되어야 한다. 성형수술 전과 후에 따라 주인공과 물리적·심리적 거리를 달리 하는 것은 주인공에게 상처를 주는 행위이다. 사람들의 시선에 민감할 것을 고려해 출연진의 수도 대폭 줄여야 한다. 특히 역할이 모호한 방청객은 없어도 무방한 요소라고 생각된다.

다음으로 진행자들은 반응과 표현을 여과해야 한다. 말 한마디, 사소한 행동 하나를 과대 해석하는 것이 아니냐는 판단은 금물이다. 이는 어쩌면 지원자의 사회적응 여부와 사회가 그 사람을 바라보는 시선을 결정하는 중요한 부분일 수 있다. 진행자들은 사소한 언행에서도 편견을 바탕으로 한 것은 아닌지 조심해야 한다. 자신이 그러한 처지에 놓이지 않았다고 해서 개인적인 생각에 기초해서 판단하면 안 된다. 사소한 반응과 발언이 주인공에게 어떤 영향을 끼칠지 생각하며 배려해야 한다. 무의식적으로 나타나는 반사적인 반응이 나왔을 경우에는 제작 후 자체적인 심의를 거쳐 방송에 내보내는 것이 바람직하다. 이는 외모에 대한 편견과 맞서 싸워야 할 <Let美人>의 책임과 사명이기도 하다.

마지막으로 성형수술에 대한 자본주의적 접근을 최대한 배제해야 한다. 방송이라는 산업의 특성상 자본에서 완전히 독립적이기를 기대하기는 힘들다. 방송이 존속되기 위해서는 자본의 유입이 필요하고 따라서 홍보와 광고를 프로그램에서 떼어내는 것은 불가능하다. 하지만 이를 최소화하려는 노력은 계속되어야 한다. 수술비용에 대한 추가 정보를 알려주는 것이 시청자들의 추가적인 피드백을 발생시킬 수는 있지만 홍보성이 지나치게 묻어나는 것은 아닌지 고민해야 한다. 최고 수준의 시설과 의료진으로 수술을 진행하는 것은 지원자의 안전을 고려했을 때 마땅한 일이다. 하지만 초호화 회복 시설을 소개하는 것은 시청자들에게 다소 시청하기 거북한 요소일 수도 있다. 또한 성형수술에 대한 정보를 전달함에 있어 비용 중심의 정보가 아니라 실질적으로 도움이 될 만한 정보와 경각심을 일깨워줄 만한 내용으로 채운다면 더 나은 프로그램으로 거듭날 것이다.

　잔인한 것은 보면 볼수록 내성이 생겨서 점점 아무렇지도 않게 된다. 미디어에서 보여주는 잔인한 장면에 지속적으로 노출되면 점차 잔인한 것에 무뎌져 무의식적으로 이를 무시하게 된다. 어쩌면 신데렐라의 이야기도 기존에 잔인했던 이야기가 세월이 흐르면서 잔인한 부분이 아무렇지도 않게 받아들여지고 무시되어 탈락한 것일지도 모른다. <Let美人 4>도 마찬가지이다. 시청자들은 시즌4에 이르기까지 프로그램에 스며든 잔인한 논리에 내성이 생겼다. 표면적인 개선을 통해 논란을 넘어섰다고 말하지만 실제로는 눈에 띄지 않는 잔인한 요소들이 그대로 남아 있다. 겉과 속 모두 건강한 프로그램이 되려면 시즌5에서는 잔인함을 철저히 걸러내야 한다. 그래야만 잔혹 동화가 아닌 아름다운 동화로 기억남을 것이다.

입선

유쾌한 마녀, 이제는 불쾌하다

JTBC 예능 <마녀사냥> 비평

양근호

    'TV 속 19금'은 으레 실패작으로 여겨졌다. 보수적인 시청자, 정확히 말하자면 보수적인 척하는 시청자들은 가족과 함께 시청하는 TV로 19금 방송을 시청하기를 꺼려하기 때문이다. 이러한 악조건 속에서도 <슈퍼스타K 6>를 꺾고 금요 예능의 강자로 올라선 19금 프로그램이 있다. 엄마와 딸, 심지어는 아빠와 딸이 함께 방청하러 오기도 하고, 좋은 것만 보고 들어야 할 임산부가 태교를 하겠다며 방청하러 오는 19금 토크쇼, <마녀사냥>이다.

TV는 성인(性人)을 싣고

    우리나라에서 성(性)은 터부시된다. 그러다 보니 성에 대한 지식을 음지에서 습득하게 되고, 성은 저급하고 안 좋은 것이라며 다시 음지로 밀어

넣는 악순환이 반복되어왔다. 그간 우리 사회의 성 담론은 크게 이러한 악순환의 연장선상에서 이루어지는 음담패설 아니면 이러한 악순환의 연결을 끊으려는 구성애의 성교육 두 가지로 구별되었다. <마녀사냥>은 두 개의 담론에서 벗어나 새로운 성 담론을 만들어냈다.

<마녀사냥>의 성 담론은 악순환을 선순환으로 바꾸려는 움직임을 띠고 있다. 성을 양지로 끌어올리는 방법으로는 쌍방향적 소통을 선택했다. <마녀사냥>은 '너의 곡소리가 들려', '그린라이트를 켜줘/꺼줘' 같은 코너를 통해 익명성을 빌어 성에 대한 고민을 토로할 수 있는 장을 마련했다. 더 나아가 강남역, 한강공원 등 야외에서 실시간으로 이뤄지는 이원생중계는 성을 주제로도 유쾌한 대화를 가능케 했다. 방송 초반에는 "주변에 사람이 많다"라며 부끄러워하던 시민들이 바니 걸 복장을 구입했는데도 개선되지 않는 남자친구와의 불만스런 잠자리를 성토하는 등 서로 자신의 경험에 대해 털어놓기 시작했다(2013. 10. 25).

딸이 아빠와 <마녀사냥>을 방청하러 온 이유는 "같이 재미있게 볼 수 있어서"였다(2014. 1. 3). 시청자가 원했던 'TV 속 19금'은 경청하지 않으면 안 될 것 같은 수업도, 술자리에서 씹을 안주거리도 아닌 '공감의 재미'였던 것이다. 방송을 보며 성에 대해 많은 이야기를 나눈다는 모녀 방청객(2013. 12. 27)처럼 <마녀사냥>은 짐짓 보수적인 척 가면을 쓰고 있던 부모 시청자들까지 무장 해제시켰다.

화형 당한 '마녀재판'

<마녀사냥>의 성 담론에는 부모-자식 간의 수직적인 담론은 물론 남녀 간의 수평적인 담론도 포함된다. 특히 '마녀재판'에서 이루어지던

출연진의 대화는 <마녀사냥>의 성 담론 수준을 높여주었다. '마녀재판'은 영화 속 여주인공을 마녀(마성의 여자)로 지목해 그녀가 어떤 방법으로 남자의 마음을 흔드는 '죄'를 저질렀는지 낱낱이 파헤쳐보는 2부 코너였다. 유부남(신동엽, 샘 해밍턴)과 총각(성시경, 허지웅)으로 구성된 1부와 달리, 2부에서는 여성을 대표하는 곽정은과 한혜진, 그리고 게이 홍석천을 추가로 배치해서 프로그램이 마초이즘으로 빠질 위험에서 구출했다. 이때 곽정은은 전문가로서 '마녀재판'에서 심판하는 마녀(여주인공)와 관련한 연구 사례나 마녀가 되는 기술 등 이색적인 정보를 제공했고, 한혜진은 성시경과 대립각을 세우며 긴장감을 주었다. 이와 더불어 홍석천은 여성과 남성을 모두 공감할 수 있는 중간자로서 의견을 조율하는 역할을 했다. 기계적으로나 화학적으로나 완벽한 조합이었다.

그러나 호평을 얻고 있던 '마녀재판'은 방송 7회 만에 변명의 기회도 없이 화형 당했다. 시청자들은 한 TV 칼럼니스트와 제작진 간의 인터뷰 기사를 통해 저작권 문제로 이 코너가 폐지됐음을 짐작할 뿐이다. '마녀재판'이 폐지되고 생긴 코너는 '그린라이트를 꺼줘'인데 이 코너는 이름처럼 프로그램이 승승장구한다는 청신호(그린라이트)를 꺼버리고 말았다. '그린라이트를 꺼줘'는 헤어짐의 기로에 서 있는 커플 시청자의 사연을 받고 출연진들이 의견을 나누는 것으로 구성된다. '그린라이트를 꺼줘'는 1부 '너의 목소리가 들려'나 '그린라이트를 켜줘'와 비교했을 때 출연진이 남성뿐이냐, 여성과 게이도 참여하느냐의 차이만 있을 뿐 프로그램의 구성 면에서 별반 다를 것이 없다.

가장 큰 문제점은 <마녀사냥>의 '마녀'가 사라졌다는 점이다. '마녀재판'에서는 가상의 인물을 '마녀'로 지목했을 때 같은 행동에 대한 남성과 여성의 '시각차'를 분석하는 재미가 있었다. 하지만 가상의 인물이 현실의 남녀로 바뀌다 보니 시각차는 '입장 차'로 바뀌었다. 곽정은의 전매 특허였던 '어느 박사님의 연구 결과'는 없어졌다. 이제 그녀는 이별을 앞둔 여성에게 감정적으로 호소할 뿐이다. 한혜진 역시 여성의 입장을 대변하는 데 불과하다. 여성과 남성의 차이를 생물학적으로 접근하던 홍석천이 설 자리도 좁아졌다. '마녀재판'의 폐지가 출연진의 케미(사람 사이의 화학작용)마저 깨뜨린 것이다. 이로써 <마녀사냥>에는 객관성은 사라지고 분노와 편들기만 남게 되었다.

마녀사냥? 약자사냥!

'마녀재판'을 폐지한 여파는 도미노처럼 이어져 프로그램의 재미에까지 영향을 미쳤다. '마성의 여자'를 바라보는 '시각차'의 즐거움이 사라지자 이는 외국인, 게이 등 사회적 소수자를 '마녀'로 앉히고 그들을 사냥하는 재미로 대체됐다. "1년에 52주, (방송) 26회가 딱 6개월(째 되는 날)"이라고 말하는 샘 해밍턴을 가리켜 "참 희한한 외국인"이라고 말한다. 이외에도 샘 해밍턴을 '~하는 외국인'으로 규정짓는 발언이 자주 오간다. 더불어 '사대기'(싸대기), '뽁수'(복수) 등 한국어 발음에 서툰 샘 해밍턴이 대본을 읽을 때 범하는 실수를 집어내어 놀리는 유치한 폭력을 보이기도 한다.

외국인 사냥은 여기서 멈추지 않는다. 흑인, 백인 등으로 구분 짓고 평가하는 인종주의적 발언도 난무한다. 사연에 등장한 토고 출신 남자는 흑인이라는 이유로 우스꽝스러운 말투를 쓰는 랩퍼라는 인종 차별적 스테레오 타입으로 표현되기도 했다. 또 "외국인인 샘 해밍턴이 의외로 보수적이어서 당황했다"라는 제작진의 인터뷰를 통해 '외국인은 우리보다 성에 대해 개방적'이라는 고정관념을 지니고 있음을 간접적으로 인정하기도 했다.

이밖에도 브라질·러시아 여자라면 섹슈얼한 느낌으로 "오~"라는 저급한 감탄을 내뱉는가 하면, "(흑인은) 키도 크고, 손도 크고, 다 크다"라며 "The darker the berry, the sweeter the juice"(열매가 진할수록 과즙은 더 달콤하다)라는 말을 본래 뜻과 다르게 사용하는 등 성희롱을 일삼는다(2014. 1. 10). <마녀사냥>은 외국인이 성적 대화의 소재가 될 때 기존 포르노에서 비춰진 인종별 스테레오 타입을 재생산하고 있는 것이다. 제작진의 고정관념을 방송에 그대로 노출하는 것은 방송을 보는 시청자들에게 외국인에 대한 차별적 시선이 용인된다는 착각을 불러일으킬 수 있다.

홍석천으로 대표되는 성소수자 역시 희화화의 대상이 된다. 2012년 SNS를 통해 "구경거리가 아닌 사람으로 봐줄 수 없냐"라며 자신의 심경을 고백하기도 했던 홍석천이다. 방송 초기에는 커밍아웃에 관한 심경, 고달픈 게이로서의 삶 등 그에게 연애 상담을 받은 연예인 A씨의 이야기가 아닌 진짜 홍석천의 사랑 이야기를 들을 수 있었다. 방송 2회 때 홍석천은 최근 결별한 자신의 심정을 솔직하게 고백했고 출연진 모두 숨을 죽이고 그의 이야기에 귀를 기울인 바 있는데, 이는 <마녀사냥>에서만 볼 수 있는 홍석천의 모습이었다.

그러나 요즘 홍석천의 분량 중 대부분은 그의 적극적인 행동으로 시작해 남자들의 질겁 또는 구타로 귀결된다. "홍석천의 첫사랑은 교회 형"이라든지 "성정체성을 깨닫기 전인 22살 때까지 이성을 사귀었다"라는 폭로전이 이어진다. 또 여성과 아무렇지 않게 신체적 접촉을 하는 홍석천을 본 후 "나 오늘부터 게이 할래!"라고 한다. 커밍아웃 이후 그의 삶을 조금이라도 생각했다면 이런 폭력적인 발언을 할 수 있었을까 싶다. 이는 사람 홍석천을 다시금 구경거리 성소수자로 전락시킨 것이며, 기존의 '성소수자 TV 담론'을 뛰어넘지 못하는 것이기도 하다.

\<마녀사냥\>, 별일이 없기를

\<마녀사냥\>이 더 이상 유쾌하지 않은 이유는 딱 한 가지이다. 진부하기 때문이다. 진부함은 기존의 TV 담론을 답습하는 데서 비롯된다. '시각차'를 다루던 성 담론은 남녀의 '입장 차' 다툼으로 변질됐으며, 외국인과 성소수자에 대한 사회적·성적 고정관념을 깨뜨리기는커녕 오히려 이를 고착화시키고 있다. 코미디의 본질은 강자를 깎아내림으로써 웃음을 유발하는 것인데, \<마녀사냥\>에서는 오히려 약자인 소수자들을 희화화시켜 재미를 뽑아내고 있다. 불쾌한 웃음이다.

\<마녀사냥\>은 매번 "별일이 없다면 다음 주에도 찾아온다"라는 인사말로 마무리를 짓는다. 19금 토크쇼는 언제든 방통위의 철퇴를 맞을 준비를 해야 하기 때문에 그런 말을 한 것일 테다. 아직까지는 논란성이 짙은 성적 발언이 노련한 MC 신동엽에 의해 잘 포장되어 마무리되었기에 별일이 일어나지 않았다. 그러나 이제는 성적 발언뿐 아니라 불쾌한 웃음도 경계해야 할 때이다. 유쾌한 웃음은 박수를 받지만 불쾌한 웃음은 외면을 당할 테니 말이다.

나 혼자 산다? 난 혼자서도 잘 사는데, 넌?

MBC 예능 <나 혼자 산다>

이종은

1인 가구의 급부상

혼자 사는 가구가 부쩍 많아졌다. 독신 가구, 다시 말해 1인 가구가 앞으로도 더 늘어날 것이라던 전망은 이제 더 이상 전망이 아닌 현실이 되었다. 한 발 더 나아가 최근에는 2050년이 되면 열 집 중 네 집이 1인 가구일 것이라는 통계청의 통계가 보도되기도 했다.[1] 새삼스럽지도 않다. 이런 현대 사회의 동향을 반영하듯 예능 프로그램에서도 각 세대별 연예인의 혼자 사는 모습을 담기 시작했다. 지난 2013년 3월 첫 방송된 MBC 예능 프로그램 <나 혼자 산다>가 그렇다. 그러나 텔레비전 화면 속 20대 스타들의 싱글 라이프를 보다 보면 무언가 새삼스럽다. 혼자

---

1) ≪중앙일보≫, 2014년 9월 22일자.

살기에 이따금씩 찾아오는 사무치는 외로움을 제외하면 그들과 20대 시청자가 공유하는 건 더 이상 없는 듯하다. 그렇다. TV 속 연예인들의 혼자 사는 모습은 남 일이다. 우리네 20대가 공감하고 지지해주기엔 혼자 사는 모습이 달라도 너무 다르기 때문이다.

1인 가구를 형성하는 20대, 그들의 삶은

1인 가구 중 20대가 차지하는 비중은 공동 1위인 30대와 70대 이상 (19.1%)에 이어 18.4%로 그 다음으로 많다.[2] 20대가 혼자 사는 이유는 뭘까? 아마 대학에 진학하면서 학교 근처로 거주지를 옮긴 경우가 가장 흔할 것이다. 이처럼 고등학교 졸업 후 바로 혼자 살기도 하고, 대학 졸업 후 타향에서 취직이 되어 직장 근처에서 혼자 살기도 한다. 각종 시험 준비, 취업 준비로 고시원 등지에서 혼자 사는 경우도 있다. 굳이 대학이나 취직 때문이 아니더라도 일찍이 부모에게서 독립해 혼자 사는 경우도 빼놓을 수 없다. 그렇게 20대가 혼자 사는 이유는 다 다르지만 이들의 생활모습은 대부분 비슷하다. 바로 빠듯하다는 것이다. 부모가 매우 부자라서 학교 근처에 아파트 한 채를 전세로 빌려주거나, 방은 작지만 최신식 가전제품으로 채워진 원룸에 살거나, 일찍이 청년 사업가로 성공하여 혼자 사는 소수를 제외하면 20대는 온전한 직장을 가지기보다 그런 직장을 가지기 위해 준비하는 시기인 경우가 절대적으로 많기 때문에 일정한 수입이 없다. 고등학교를 졸업하고 바로 생계에 뛰어들었거나, 아니면 20대 초중반에 남들보다 비교적 일찍 취업이 되었다 하더라도

---

2) 통계청, 『한국의 사회 동향 2012』.

이제 갓 사회 초년생이 된 이들에게 주어지는 월급은 그리 넉넉하지 않다. 월세 내고, 각종 공과금 납부하고, 한 달 교통비와 통신비, 식비를 포함한 생활비를 덜고 나면 수중에 남는 돈은 고스란히 미래를 위한 저축의 몫이다. 취업이 되고 난 후 처음 얼마 동안 벌어들이는 돈은 그동안 빌린 학자금 대출을 갚는 데 쓰이기도 한다.

TV속의 20대

그런데 TV 앞에 앉은 우리에게 웬 또래 연예인들이 나와서 자신들의 일상을 보여준다. 요리가 귀찮거나 재주가 없어서 마트에서 인스턴트, 레토르트 식품을 사다 쟁여놓는 모습은 우리와 비슷한 구석이 있는 것도 같다. 자고 막 일어난 모습에, 정리정돈이 안 된 모습에, 냉장고를 열어보니 먹을 게 별로 없는 모습에 공감이 가기도 한다. 그런데 혼자 사는 20대의 집에 크고 화질 좋은 TV가 놓여 있다. 고가의 안마의자와 운동기구도 보인다. 생소한 광경이다.

2014년 5월 23일 방송된 <나 혼자 산다> 55회에서는 인기 여자 아이돌 가수 소유의 혼자 사는 모습이 그려졌다. 일찍 일어나 아침을 뚝딱 해서 챙겨먹고, 곧바로 설거지와 청소를 끝낸 뒤, 헬스장으로 가서 개인 트레이너에게서 자세를 꼼꼼히 지도받으며 운동을 한다. 개운하게 운동을 마친 뒤 집안에 들여놓을 간단한 인테리어 용품과 생필품을 구매한 후 친구에게 전화를 해 저녁 초대를 하고, 평소 좋아한다는 와인까지 한 병 구비한 뒤 집으로 돌아간다. 놀러온 친구와 함께 늦은 저녁식사로 닭발을 해치우고, 친구가 돌아가자 그녀는 씻고 화장대에 놓인 제법 커다란 화장품 냉장고에서 화장품들을 꺼내 하나하나 정성스럽게 바르기 시작한다.

여기서 딱히 소유가 잘못한 것은 없다. 오히려 시청자들은 저렇게 멋진 몸매는 역시 운동으로 꾸준히 관리해야 완성된다는 것을 보며 잠깐이나마 운동의 필요성을 실감하고, 스스럼없이 닭발을 들고 뜯는 모습에 친근감을 느끼기도 하며, 밤에 혼자 TV를 보다 잠드는 모습을 보며 조금은 안쓰러움을 느끼기도 했을 것이다. 그러나 순간순간 보여준 털털한 모습과 친근함 외에 같은 20대로서 강한 유대감을 느끼기에는 사는 모습이 너무 달랐다.

아침 일찍 일어나 헬스장에서 전담 트레이너와 그날그날 몸 상태 체크를 하고 자세를 교정 받으며 운동한 후, 가뿐한 마음으로 수업을 들으러 갈 수 있다면 얼마나 좋을까? 집을 더 예쁘게 꾸미기 위해 인테리어 소품도 거리낌 없이 사고 과제가 없는 날엔 동기들을 불러 집에서 저녁이나 다 같이 해먹을 수 있다면, 이런저런 미래에 대한 불안과 고민으로 잠이 오지 않는 날이면 막걸리나 맥주 대신 가끔은 집에서 와인 한잔 마시며 잠들 수 있다면, 각종 시험 준비로 밤을 새느라 푸석하기 그지없는 내 피부에 화장품 전용 냉장고에서 방금 꺼낸 에센스를 고이 바르고 잘 수 있다면 얼마나 좋을까?

20대 대표의 부재

20대 출연자들의 나이를 보니 2014년 현재 소유는 한국 나이로 23살, 양요섭은 25살, 서인국은 27살이다. 여자로 치면 한창 바쁠 졸업반 4학년이거나 휴학 중일 나이이고, 남자로 치면 군대를 제대하고 복학생이 되어 있거나 마찬가지로 슬슬 취업전쟁에 박차를 가할 때이다. 벌어들이는 소득이 있으니까 자연히 사는 모습도 우리와 다를 수밖에 없다. 나이만

비슷할 뿐, 그들의 모습은 30대 골드 미스나 골드 미스터의 생활 양상과 닮아 있다. 이 프로그램에서 진정한 20대를 대변하는 게스트는 없는 것이나 마찬가지이다. 차라리 또 다른 게스트 육중완의 모습이 더 와 닿기도 하다. 그는 올해 35세로 20대는 아니지만 꿈을 위해 서울에 상경한 뒤 줄곧 반지하와 옥탑방을 전전하며 살았다고 한다. 소박한 살림살이에 고달픈 타향살이이지만 여전히 자신의 꿈을 위해 달려가는 모습에서 묘한 동질감과 위로를 받는다.

청춘 드라마, 청춘 시트콤…
'청춘'이란 장르가 사라진 가운데 20대들의 이야기는…

문득 그 옛날 <논스톱> 시리즈가 떠오른다. MBC의 장수 시트콤으로 당시 이 시트콤의 주인공들은 시즌이 바뀌어도 항상 대학생이었다. <논스톱>을 보고 자란 세대인 나는 대학은 늘 저런 시트콤 같은 일상이 벌어지는 재밌는 곳이 않을까 막연히 꿈꾸기도 했다. 과방이나 기숙사 로비는 모임의 장이자 소통의 장이어서 그곳에선 늘 재밌는 이야기가 오가거나 비밀 이야기가 생성되고, 그곳에서 고민거리를 나누는 줄 알았다. 물론 머지않아 알게 되었다. 과방 사용은 신입생 때 누리는 특권에 가까우며, 우리를 기다리는 건 웃고 넘기는 싱거운 사건보다 진지하고 무거운 사건일 때가 많다는 걸. 그렇지만 당시 시트콤에는 리포트 작성을 두고 싸우고, 시험에 쫓기고, 알바에 지치고, 사랑 때문에 웃고 우는 우리의 모습이 과장되지만 진솔하게 녹아 있었다.

이제 와 그런 시트콤이 부활한다면 그때보다 더 가혹한 취업전쟁에 내몰린 대학생, 취직에 성공했지만 사표를 늘 들고 다니는 선배, 스스로 아싸(아웃사이더를 줄여 부르는 말)가 된 이들과 알바와 학업을 병행하느라 지친 후배, 주거 빈곤 상황에 내몰렸지만 그럼에도 나름 젊음을 즐기려고 노력하는 친구, 대학을 거부하고 고독히 자기 갈 길을 가는 친구, 패기 하나로 광장에서 1인 시위라도 감행하는 친구 등 피부에 와닿는 다양한 20대의 형상을 다룰 수 있지 않을까 싶다.

혼자 사는 다양한 연령대의 고충을 담아내주길

<나 혼자 산다>를 보다 보면 각 세대별 혼자 사는 이들의 고충이 녹아 있다. 40~50대에 혼자 사는 이는 노총각이거나, 이혼한 사람이거나, 기러기 아빠이다. 이 프로그램에서는 김광규가 노총각의 삶을, 이성재나 김태원이 기러기 아빠의 고충을 대변한다. 30대 골드 미스터의 삶은 전현무나 노홍철이 대표한다. 60대 이상 1인 가구를 대표하는 김용건은 말벗이 필요해 늘 사람들이 많은 곳을 전전한다. 그러나 여기에 1인 가구 비중이 두 번째로 많은 20대가 설 자리는 없다. 그 어떤 게스트도 피부에 와닿는 20대의 삶을 대변해주지 않고 있다. 어쩌면 이 프로그램은 <논스톱>처럼 웃음을 위해 과장하지 않고도 이 시대 혼자 살아가는 20대의 고충을 고스란히 전해줄 수도 있다. 물론 출연자들이 모두 공인이기에 평범한 20대의 모습을 온전히 재연하지 못하는 한계도 있을 것이다. 외국인 파비앙이 생각보다 높은 집값에 좌절했던 모습처럼, 육중완이 여전히 꿈을 향해 전진하는 모습처럼, 외모 관리와 지극히 소비지향적인 여가시간을 보내는 스타들의 모습보다 좀 더 처절한 하루를 살아가는 20대들의 모습이 담기길 빈다.

입선

<아빠! 어디가?>는 왜 산으로 갔나

김예빈

여섯 명의 남자가 스트립쇼에 선다. 열광하는 여성 관객들을 위해 속옷까지 모두 벗어던진다. 모두 평범한 외모와 몸매를 가진 보통 남자들이다. 1997년 작 영화 <풀 몬티>의 한 장면이다. '풀 몬티(Full Monty)'는 영국 속어로 홀딱 벗는다는 뜻이다. 영화의 배경은 철강 도시로 유명한 영국의 셰필드로, 당시에는 남자가 스트립쇼에 선다는 것은 상상도 못 할 부끄러운 일이었다. 그러나 셰필드도 결국 시대 흐름을 거부하지는 못했다. 경기가 악화돼 대부분 실직자가 된 것이다. 주인공 가즈는 아들의 양육비를 벌지 못하면 아들을 만날 수 없다. 제라드는 아내에게 해고된 사실을 6개월째 숨기고 있다. 데이브는 하는 일 없이 무기력하게 지내고, 룸퍼는 소심하고 외롭다. 이들은 가족을 위해 또는 자신을 위해 옷을 벗는다. 옷을 벗는 행위는 단순히 의복을 벗는 것이 아닌 사회의 시선을 벗어던지는 것을 의미한다. 마초적인 이들이 기존의 남자다움을 버리고 새로운 무언가를 시도한다는 점은 예로부터 가부장적인 사회인 한국에 시사하는 바가 크다.

아빠, 아이와 놀기 시작하다

한국에서 남성성과 남자다움은 남자 콤플렉스와 직결된다. 남자는 늘 점잖고 용감하고 통이 커야 하며 심지어 울어서도 안 되는 존재로 은연중에 강요당한다. 이는 허세와 권위를 부추겨 가정에서 대화가 사라지게 만들며 이로 인해 대부분의 남성은 자녀가 커갈수록 가족관계에서 소외된다. 아이는 엄마에게는 모든 일을 시시콜콜 이야기하지만 아빠에게는 마음을 잘 터놓지 않는다. 아빠는 아이의 고민이 무엇인지, 친구관계는 어떤지 잘 모른다.

이런 문제의식에서 등장한 것이 육아 예능 프로그램이다. '아빠와 아이가 단둘이 48시간을 보내면 어떨까?' 이 단순한 물음에서 시작한 프로그램에 시청자는 열광했다. 아빠와 육아라는 어울리지 않을 법한 두 단어는 의외의 조합을 만들어냈다. 육아 예능은 하나의 신드롬으로 자리 잡았고, '프렌디'('프렌드'와 '대디'를 합친 신조어)라는 말처럼 친구 같은 아버지상이 사랑을 받고 있다. 아내를 도와 육아 전반에 참여하는 아빠도 늘어나고 있다.

안방은 육아 예능 전성시대

육아 예능 프로그램의 선두주자는 MBC의 <아빠! 어디가?>(이하 <아어가>)이다. 이 프로그램은 아빠와 아이가 1박 2일간 여행을 간다는 단순하고 흥미로운 포맷으로 주목을 받았다. KBS도 아빠가 엄마 없이 48시간 동안 아이를 돌보는 <슈퍼맨이 돌아왔다>(이하 <슈퍼맨>)를 시작했다. 이어 엄마, 아빠, 아이가 모두 출연하는 SBS <오! 마이 베이비>와 KBS <엄마의 탄생>도 가세했다. 프로그램들이 인기를 끌면서 출연한 아이들의 일거수일투족은 관심의 대상이 됐고, 아빠들은 제2의 전성기를 맞고 있다. 방송 직후 아이들의 이름은 실시간 검색어의 상위권에 오르고, 아이들은 아빠와 함께 광고에 등장한다.

<아빠! 어디가?>의 길, <슈퍼맨이 돌아왔다>의 길

이 중 <아어가>와 <슈퍼맨>은 종종 비교 대상이 된다. 두 프로그램은 엄마의 도움 없이 아빠가 아이를 홀로 돌본다는 취지 면에서는 같지만 구성에서는 뚜렷한 차이를 보인다.

<슈퍼맨>은 아이들의 연령대가 <아어가>에 비해 낮으며, 아빠와 아이가 48시간 동안 둘만의 시간을 보낸다. 어린아이들이기 때문에 집에서 밥을 먹고 장난감을 가지고 노는 것도 재미있는 에피소드가 된다. <슈퍼맨>에 출연하는 2~5세는 관찰 예능을 표방하는 이 같은 육아 프로그램에 최적화된 연령대이다. 아빠와 아이가 보내는 48시간을 관찰하며 시청자는 마치 자신이 아이를 키우는 것 같은 느낌을 받는다. 이로 인해 인터넷을 통해 아이들을 키운다는 뜻의 '랜선맘'이라는 용어까지 유행하고 있다. <슈퍼맨>은 아이를 돌보는 아빠의 분투기와 희생을 통한 간접 육아 경험이라는 점에서 분명 강점을 가진다.

반면, <아어가>에 출연하는 6~9살 나이대의 아이들은 아빠 또는 타인과의 의사소통을 통해 관계를 만들어갈 수 있다. 관계를 발전시키고

문제가 발생하면 해결할 수 있는 나이이다. <슈퍼맨>의 아이들에 비해 귀여움은 덜하지만, 소통과 관계라는 메시지를 전달하는 것이 <아어가>의 최대의 장점이다. 또 순수함과 상상력, 엉뚱한 면이 공존하는 이들만의 세계는 보는 재미를 더해준다. 또한 또래 아이를 키우는 시청자는 프로그램을 통해 자신과 아이의 관계를 되돌아보고 아이가 살아가는 법을 이해하게 된다.

<아빠! 어디가?>, 길을 잃다

이처럼 두 프로그램은 분명히 다른 강점을 갖고 있지만 <아어가> 시즌2가 방영된 이후의 시청률을 비교해보면 결과는 <슈퍼맨>의 압승이다. 9월 7일 방송분에서 <슈퍼맨>은 12.4%, <아어가>는 7.3%의 시청률(이하 AGB닐슨 전국 시청률 기준)을 기록했으며, 9월 14일에는 <슈퍼맨> 16.9%, <아어가> 8.1%로 <슈퍼맨>이 2배가 넘는 시청률을 보였다. <슈퍼맨>은 초반 <아어가>의 아류작이라는 질타를 받았지만 연일 높은 시청률을 경신하며 사랑을 받고 있다. 반면, <아어가>는 시즌2를 시작한 이후 시청률과 재미 모두 정체 상태이다. 두 프로그램의 승패가 갈린 이유는 무엇일까?

<아어가> 시즌2의 실패 요인은 무엇보다 아빠와 아이의 소통 부재에 있다. 시즌1에서는 아빠와 아이의 관계가 프로그램이 진행될수록 발전했고, 이들은 정신적으로 교감하며 성장했다. 시끌벅적한 여행 후 하루의 마무리는 아빠와 아이가 잠자리에서 나누는 대화였다. 둘은 그날 있었던 일을 도란도란 이야기하며 진솔한 대화를 나누었다. 특히 성동일 - 성준 부자가 시청자의 호평을 받았다. 아이가 자신을 무서워해서 걱정이라던

성동일은 초반 아이를 매섭게 다그치는 모습을 보였다. 그러나 아이와 단둘이 떠나는 여행은 성동일을 변하게 했다. 성동일은 성준과 소통하고 교감하며 다정한 아빠로 변모해갔다. 성준이 오래 생각을 하고 말을 뱉는 아이라는 것을 알게 된 후 대답할 때까지 기다려주었다. 잠들기 전 사랑한다는 말을 자주 해주고 깊은 대화를 나누었다. 아빠를 무서워하던 준이도 마침내 성동일에게 먼저 다가가 장난을 치고 애교를 부리게 되었다. 또한 성준 - 이준수, 윤후 - 성준 등 출연 아이들 간의 교감도 호평을 받았다. 비슷한 연령대의 아이들이 친해지고 소통하는 과정에서 보인 때 묻지 않은 순수함은 많은 사람으로부터 사랑을 받았다. '아빠 바꾸기' 특집에선 아이들이 다른 아빠와 함께 시간을 보내며 새로운 모습을 보여주었다. 아이들은 함께 여행을 가는 타인과 관계를 형성해가며 소통하는 법을 배운다. <아어가>가 여타 육아 예능 프로그램과 다른 점이 여기에 있다.

그러나 시즌2에서는 이런 교감이 보이지 않는다. 출연자들은 그저 놀고, 식사 후 씻고 잠드는 것이 전부이다. 아빠들은 아빠들끼리 만담을 나누고, 아이들은 아이들끼리 노는 산만한 상황이 계속된다. 아빠와 아이가 밤마다 나누던 진솔한 이야기는 이제 보이지 않는다. 아이와의 관계개선을 고민하는 아빠는 더 이상 없다. 노을을 배경으로 아이들끼리 장을 보고 돌아오며 도란도란 얘기하던 그 아름다운 장면도 사라졌다. 아빠 따라 여행 온 아이들만 있을 뿐이다. 시즌1에서 아이들은 어떤 역경이 와도 서로 의지하며 잘 극복해냈다. 아이들이 더 깊은 관계를 맺을 수 있도록 조율해주던 어른들도 시즌2에서는 제 역할을 하지 못하고 있다. <아어가>는 시즌2에서 길을 잃었다.

<아빠! 어디가?>, 정말 산으로 가다

제작진은 돌파구를 찾기 위해 아빠 바꾸기나 막내 특집 등으로 새로운 시도를 했다. 여기서 등장한 정웅인의 막내딸 다윤은 독보적인 캐릭터로 관심을 받고 있다. 우연히 출연한 다윤은 첫 등장부터 강렬한 인상을 남기며 인기를 끌었다. 알다시피 <아어가>는 아빠와 아이가 같이 여행을 떠나는 것이 이야기의 줄기이다. 정웅인과 여행을 가는 것은 큰딸 세윤이 지만 다윤의 인기가 치솟고 화제가 되자 제작진은 다윤을 지나치게 자주 등장시키고 있다. 물론 다윤이 귀엽긴 하지만 다윤은 너무 어리고 <아어가>의 본래 멤버가 아니다. 전문 예능인이 없는 이 프로그램의 경우 출연 아이들의 매력에 의존하게 되는데, 시즌1보다 시즌2에 출연하는 아이들의 예능적인 매력이 부족한 것은 사실이다. 시즌1에서 윤후는 찹찹 소리를 내며 음식을 맛있게 먹는 '먹방'을 선보였고, 이준수는 사방팔방 뛰어다니는 개구쟁이였다. 이들에 비해 시즌2의 아이들은 무난한 성격을 가지고 있다. 말괄량이일 것 같던 성빈은 여성스럽고 예의 바른 소녀이고, 정세윤은 아빠 말을 잘 듣는 착한 큰딸이다. 시즌1에서 잠깐의 출연으로 독보적인 존재감을 보였던 김민율과 시즌1에 이어 출연하는 윤후도 큰 재미를 주지 못하고 있다. 이런 점에서 다윤은 분명 예능 자질을 갖춘 매력적인 캐릭터이다. 그러나 주객전도까지 해가며 재미를 위해 아이들을 소모하는 것은 잘못된 일이다.

반면, <슈퍼맨>은 뻔한 포맷이지만 아기를 돌보는 남자들의 분투기를 통해 재미와 공감을 나날이 더하고 있다. 쌍둥이를 보다 지쳐 울던 아빠에 서 점점 육아 달인이 되고 있는 이휘재, 아내에게는 무뚝뚝하지만 아이에 게는 한없이 자상한 딸 바보 추성훈, 세쌍둥이를 능숙하게 돌보는 송일국은 시청자들로부터 많은 사랑을 받고 있다. 배고플 때, 아플 때, 엄마를 찾던 아이들은 어느새 아빠를 찾는다. 시청자는 기어 다니던 아이들이 옹알이를 하고 걸음마를 떼는 경이로운 순간을 함께한다. 또 자신의 어린 시절을 되돌아보고 나아가 양육관을 형성할 기회를 가지기도 한다.

한편, <슈퍼맨>과는 다른 <아어가>의 진행 방식 또한 <아어가> 시청률 저하의 한 원인이다. 네 가족의 이야기를 옴니버스 형태로 진행하는 <슈퍼맨>의 경우 출연진의 하차와 투입이 용이하다. 새로운 가족의 등장은 시청자에게 신선함과 기대감을 선사한다. 일례로, 도경완 - 장윤정 부부가 하차하고 송일국과 세쌍둥이가 투입된 이후 시청률이 연일 경신되고 있다. 반면 매회 단체여행을 떠나는 <아어가>는 시즌제로 진행된다. 시즌제 예능은 출연진의 역량에 많은 영향을 받는데, 재미없다는 비판이 일어도 출연자 교체가 쉽지 않다는 것이 단점으로 작용한다.

<아빠! 어디가?>, 다시 돌아와야

이상에서 살펴보았듯이 <아어가>는 지금 심한 성장통을 앓고 있다. 과연 <아어가>는 다시 성장할 수 있을까? <아어가>가 가야 할 길은 프로그램 본래의 기획의도에 충실하는 것이다. 즉, 가족 간의 소통과 성장이라는 큰 틀을 놓쳐서는 안 된다. 단순히 아이의 귀여움과 가족의 일상 보여주기는 <슈퍼맨> 하나로 충분하다. <아어가>의 포맷이 가지는 두드러진 강점은 아빠와 아이의 '관계'이다. 단체여행을 통해 한층 성숙해가는 이야기가 시청자에게 느낌과 울림을 주는 것이다. 시즌1에서는 울보 민국이가 리더십 있는 맏형으로 성장하고, 가부장적인 성동일과 김성주가 변화하는 과정이 있었다. 그러나 시즌2에서는 이런 모습이 보이지 않는다. 또한 성동일처럼 아이를 대하는 것이 어려운 아빠도 없고, 성준처럼 아빠를 무서워하는 아이도 없다. 시청자가 감정이입을 하며 변화를 지켜볼 가족이 없어진 것이다. 관계 개선이 굳이 필요해 보이지 않는 아빠와 아이가 출연함으로써 프로그램의 구심점인 소통과 교감이 빛을 바랜 지 오래이다. 제작진은 초심으로 돌아가야 한다.

또 <아어가>시즌1이 성공적으로 끝나고 포맷을 그대로 이어받은 시즌2를 시작하면서 식상하다는 반응이 나왔고 이는 바로 시청률 하락으로 이어졌다. 이것은 속편 영화가 흔히 흥행에 실패하듯이 전작의 성공에 편승한 안일한 후속 작품은 결코 성공하지 못한다는 평범한 교훈을 다시 한 번 일깨워주고 있다. 그러므로 <아어가> 시즌2는 단체여행을 뼈대로 하는 프로그램의 정체성을 유지하면서 다양한 변주를 시도해야 한다.

시청률 면에서 고전하고 있긴 하지만 <아어가>는 한국 방송에서 육아 예능 시대를 연 프로그램으로 그 업적이 과소평가되어서는 안 된다. 소통 부재와 갈등으로 가정폭력이 심심찮게 화제가 되는 우리 시대에 아빠와 아이가 서로를 의지하며 마음을 나누는 장면은 시청자에게 훈훈한 감동을 주었다. 또 아이를 낳지 않는 부부 가구가 갈수록 늘어가는 우리 사회에서 가족의 소중함을 일깨우는 유익한 프로그램으로 기능하고 있다. 가족 간의 교감과 사랑은 어떤 가치와도 바꿀 수 없는 소중한 것이므로 <아어가>는 계속되어야 한다. 다른 육아 예능 프로그램보다 <아어가>에 더 정이 가는 이유이다.

대한민국 고등학교의 현실, 어디까지 보여주었나요?

JTBC 예능 <학교 다녀오겠습니다>

구보라

JTBC에서 가장 '핫'한 프로그램은 이제 <마녀사냥>도, <비정상회담>도 아닌 바로 <학교 다녀오겠습니다>(이하 <학교>)일 것이다. <학교>는 지난 7월 2%대의 시청률로 출발하여 9월 13일 4%대에 육박하는 기록으로 동시간대 비지상파 프로그램 중 시청률 순위 1위에 오르기까지 했다.

<학교>는 '꿈과 미래를 위해 살아가는 한국 고등학생들의 2014 친구되기 프로젝트'라는 기획의도에 걸맞게 스타들이 학교에 5일간 등교하며 겪는 일상의 모습을 재미나게 포착하여 보여주고 있다. 연예인들을 학교로 들여보냄으로써 평소 교실의 풍경을 볼 수 있는 것이다.

이는 EBS의 <선생님이 달라졌어요>(이하 <달라졌어요>)와 같은 프로그램에서 보던 '학교' 또는 '교실'의 풍경과는 사뭇 다르다. 전지전능한 카메라 또는 전문가의 시점으로 바라보는 교실(EBS <달라졌어요>)과

직접 연예인들이 학생의 입장에서, 그리고 <학교>에서처럼 학생들과 같은 위치에서 교사를 바라보는 모습은 확연히 시점부터가 다르기 때문이다. <달라졌어요>는 학교에 문제가 있다거나 교사에게 문제가 있다는 전제하에 시작하는 프로그램이다. 그 문제를 해결해나가는 과정이 전부라고 할 수 있다. 하지만 <학교>의 전제는 그렇지 않다.

"고등학교 졸업한 지 30년, 24년, 16년, 10년, 2년, 2년, 5년…… 우리의 고교 시절을 다시 되돌릴 순 없을까? 학교는 얼마나 달라졌을까?" 1화에는 이런 자막이 나온다. 이 자막이 바로 <학교>에서 현재 2014년의 학교를 바라보는 시선이다. <학교>에서의 '학교'는 추억이나 친구와 같은 향수를 일으키는 장소이자 고등학생과의 소통을 위해 연예인이 직접 찾아가는 장소이다. 그러므로 프로그램에서는 주로 예전과는 확연히 달라진 시설이나 교사의 수업 방식 등 좋은 점을 그대로 비춘다.

처음에 학생들은 연예인들에게 "잘생겼어요", "멋있어요", "예뻐요"라는 말로 다가갔지만 시간이 흐를수록 학교에서의 소소한 일상을 보여준다. 예를 들어 휴대전화가 보급되지 않았던 시절에 고등학교를 다닌 세대에게는 생소한 모습인 수업 시작 전에 학생들이 소지하고 있던 휴대전화를 내는 장면, 수준에 따라 과목별로 이동 수업하는 장면 등이 그러하다. 한편, 쉬는 시간에 친구들끼리 간식을 나눠먹고 껌 한 쪽 나눠주는 모습, 교실 한편에서 말뚝박기를 하는 모습, 허가윤이 쉬는 시간에 단체로 화장실 가는 모습, 강준이 하교하고 매니저를 기다리며 분식집에서 떡볶이 먹는 모습은 시간이 흘러도 '역시나' 그대로여서 세대를 통틀어 공감할 수밖에 없는 장면이기도 하다.

연예인들도 '진심으로' 이 프로그램에 참여하고 있는 것도 여실히 느껴진다. 이 때문에 시청자에게 감동을 선사하는 순간도 많은데, 예를 들면

야간자율학습인 청운재를 신청한 혜박과 윤도현, 수학 문제를 끝까지 최선을 다해 푸는 윤도현의 모습("포기를 모르는 남자!"), 어리바리한 이미지로만 알려졌던 김종민이 사회 시간에 선생님의 질문에 척척 대답하는 모습, 화학 문제가 어려움에도 끝까지 포기하지 않고 발표하는 브라이언의 모습 등을 들 수 있다. 그리고 잊고 있던 '스승'으로서의 선생님 모습도 볼 수 있는데, 허가윤에게 응원 문자를 보낸 담임선생님의 모습이 적절한 예라고 할 수 있다. <학교> 3화에서 마에스트로 윤도현이 합창 특훈을 실시하는 모습도 꽤나 감동적이다. 형편없이 합창하던 학생들에게 합창을 가르치고 한 명 한 명과 눈을 마주치면서 일일이 알려주고 자신감을 심어준다. "지금 너희가 직접 느꼈잖아! 그럼 가능성이 있는 거야!" 담임선생님에게서는 "어쩜 저렇게 못할까?"라는 소리를 듣던 학생들이 윤도현의 섬세한 관심과 말 한마디에 삽시간에 변화한 모습을 보여준다.

무엇보다 3화에서 가장 드라마틱한 순간은 바로 YB연습실 장면일 것이다. 협소한 밴드 연습실을 본 윤도현이 기꺼이 자신의 연습실에 학생들을 초대한다. 그리고 YB 멤버들이 지켜보는 와중에 고등학교 밴드부원들이 「흰수염고래」를 합주한다. 점점 나아지는 합주를 보고 있노라면 저절로 뭉클해진다. 윤도현과 같은 반인 건국이는 "형하고 같이 여기서 막 음악하고 막 노래하는 거 너무 좋았다"라며 울먹인다. "형하고 같이 여기서 막 음악"할 수 있는 기회를 준 <학교>라는 프로그램에 다시금 애정이 생길 수밖에 없는 장면이다.

또한 새롭게 카타르시스를 주는 장면은 신선했다고 볼 수 있다. 바로 '인천외고 편'부터는 성향이 전혀 다른 오상진, 허지웅, 강남 이 세 인물이 등장하면서 새로운 흐름을 보이고 있다. 엄친아인 오상진은 '제도권 교육'에 상당히 잘 적응하지만, '이상한 전학생' 강남은 한국의 제도권 교육을 거치지 않았기에 야생마 같은 느낌이 든다. 그가 선사하는 즐거움은 한국에서 학교를 다녔더라면 '당연히' 하지 않았을 행동을 '거침없이' 해버린다는 데 있다. 그럼으로써 우리나라의 고등학교가 지니고 있는 수직관계를 알게 모르게 조금씩 비튼다는 점이, 강남이나 제작진이 의도하지 않았을지라도 시청자에게는 큰 카타르시스를 준다.

흥미로운 지점도 포착된다. 바로 <달라졌어요>에서 보이는 '학교와 교사의 문제점'이 <학교>에서도 조금씩 비춰진다는 사실이다. 연예인들이 학교를 다니던 시절과 비교했을 때 상당한 "시간이 흘렀음에도 불구하고" 여전히 남아 있는 학교의 문제점들이 시청자들의 눈에 포착된다. 예를 들면, 권위적인 교사(규칙에 얽매이는), 실력 없는 교사의 재미없는 수업, 졸고 있는 학생들 등……. 분명 학교의 구성원인 교사와 학생들은 '카메라'가 있단 걸 자각하고 있음에도 그러한 모습이 어쩔 수 없이 드러나는 것이다. 이는 한 교시만 일회성으로 촬영하는 것이 아니라 5일 동안 등교부터 하교까지 모든 모습을 찍다 보니 생기는 당연한 결과이고, 프로그램에서 부각하려는 부분은 아니지만 굉장히 흥미로운 지점이라고 볼 수 있다.

앞에서 살펴본 모습은 모두 2014년 현재를 살아가는 대한민국 고등학생들의 현실이다. 무엇보다 TV에서는 잠깐 등장하지만 특히나 실제 현실이라고 뼈저리게 느껴진 장면이 있다. 10화 '인천외고 편'에서는 교사가 학생들에게 말한다. "일단 여기 있는 열일곱 문제 중에서 한 문제라도 틀리면 2등급으로 떨어지는 거야." 삼엄하지만 외고가 아닌 일반 고등학교를 다닌 필자 자신도 경험했던 '일반적인' 대한민국 고등학교 교실의 풍경이다. 또 다른 에피소드. 점심시간임에도 쉬지 않고 책상에 앉아 공부하는 학생의 모습이 보인다. "쟤는 왜 지금 공부하는 거야?"라는 연예인의 질문에 뒤따라오던 학생들은 "쟤가 우리 학교 전교 1등이에요, 전교 1등!"이라고 대답하면서 덧붙인다. "쟤는 밥만 빨리 먹고 공부해요." 프로그램에서는 '열심히 하는 학생'으로 지나갔지만 대부분의 고등학생이라면, 특히 고등학교 3학년생이라면 모두 공감할 장면이 아닐까 싶다. 그리고 언급하지 않을 수 없는 야간자율학습. 늦은 시간까지 야간자율학습을 하는 학생들의 모습 위로 이런 자막이 흐른다. "한창 놀고픈 마음 꾹 참고 한 발 한 발 꿈을 향해 발돋움하며 오늘도 한 뼘 더 성장하는 아이들." 물론, 학생들은 야간자율학습을 하면서 '한 발 한 발 꿈을 향해' 나아가고 있을 것이다. 하지만 이런 자막으로 굳이 미화할 필요는 없었다고 생각한다.

대학 진학률 71%로 32개국 중 1위(OECD, 『2010년 통계연보』), 공부 시간 세계 1위(2013 국제학업성취도평가), 한국 고등학생 주당 학습 시간(평일) 10시간 47분, 한국 고등학생 평균 수면 시간 5시간 27분(OECD, 『2010년 통계연보』). 이러한 지표가 사실상 한국의 현실이지 않은가. 고등학생이 야자를 할 때 얼마나 힘든지[1] 그 어두운 이면도 지금과 같은 밝은 시선을 유지하면서 조금 더 보여줬으면 한다.

'예능' 프로그램으로서 재미있는 지점을 추구[2]하는 것도 좋지만 11시

---

1) 영화 <레미제라블>을 패러디해 한국 고등학교 야자의 현실을 담은 영상 <레스쿨제라블(Les Schoolzeribles)>의 가사는 다음과 같다. "야자 야자 펜을 들고서 / 야자 야자 엉덩이로 버텨 // 끝이 없어 이 쌓인 숙제들 / 야자 야자 넌 2년 남았어 // 학교에서 바라는 1등급 / 야자 야자 내일도 해야지 // 부모님 왜 절 버리십니까 / 야자 야자 공부 더 쎄게 해 // 새벽 일찍 기상했지 등교하러 // 야자 야자 펜을 들고서 / 야자 야자 엉덩이로 버텨."
2) 특히 11회에서 허지웅이 친구들과 짜장면을 몰래(물론 담임교사의 허락을 받긴 했지만) 시켜먹는 장면, 예고편에 나오는 것과 같이 성동일이 학교에 치킨을 몰래 잠입시키는 장면 등 예능 프로그램으로서의 재미있는 요소를 추가하려는 시도가 눈에 띄게 늘었다.

까지 야자를 하는 학생들의 모습, 점심시간에도 공부하는 전교 1등 학생의 모습 등 힘들게 살아가는 고등학생들의 모습도 조금 더 비춰주었으면 한다.

6화 '신장고등학교 편'에서는 국어 수업 시간에 안도현의 시 「스며드는 것」을 읽고 가족, 이별, 사랑에 대한 시를 쓰기도 한다. 영화 <죽은 시인의 사회>가 떠오르는 장면이다. 하지만 이 수업에서 학생들은 자신의 현실을 '시'로 말하지 않는다. 우리나라의 교육 현실에서 국어 수업 시간에 그렇게 수업을 한다는 건 아직까지 익숙지 않은 일일 것이다. 하지만 그럼에도 학생들이 자신의 생각을 자신의 목소리로 얘기하는 장면을 이 프로그램에서 볼 수 있길 기대하는 건 너무 무리한 바람일까. 신장고등학교의 마지막 편인 9화에서는 자기 반을 떠나는 홍은희를 위해 같은 반 친구인 성욱이가 쓴 시를 학생들이 다 같이 낭독하는 장면이 나온다.

단비

황성욱

보내야 함에 아쉬워 말고
떠나야 함에 슬퍼 말자
언젠간 다시 따뜻한 바람 불어오겠지
그리움보다 즐거웠음을 기억하자
이별보다 만남을 기약함에 행복하자
당신은 없지만
추억은 남았음에 기뻐하자
햇빛이 밝아오지 못했지만

> 이젠 어둠이 내려 선명하네
> 잠깐의 서운했던 단비

학생들과 홍은희는 모두 눈물을 흘리며 그렇게 이별한다. 그 뒤 인터뷰에서 홍은희는 "5일이 참 잔인한 것 같아요"라고 말한다. 하지만 스케줄이 바쁜 연예인에게 '5일'은 최대한 주어진 시간일 테고, 그 시간을 함께 보낸 학생들 입장에서는 정말 '단비'였을 수도 있을 거라 생각한다. 잠깐의 재밌었던 추억으로 남기보다는 고된 현실을 살아가는 데 큰 힘이 되는 '단비'였길 바라는 마음이 크다.

<학교>의 포맷으로 담아낼 수 있는 고등학교의 모습은 무궁무진하다. '취사선택한 현실'이 아니라 다양한 '실제 현실'을 조금 더 보여주길, 학생의 목소리를 조금 더 들려주길 바란다(예를 들어 '대안학교 편'을 제작하는 것도 한 방법일 것이다). <학교>가 대한민국에서 고등학교를 다니는 학생들에게 예능적으로 다가가는 데 그치지 않고 더 큰 틀에서 사회구조 자체를 객관적으로 직시하고 여론을 형성하며 대안을 제시하는 방향으로 나아가기를 시청자의 한 사람으로서 바라는 바이다.

전쟁은 계속된다

백정섭

광복절을 즈음하여 방송사에서 안중근 의사를 주인공으로 한 다큐멘터리를 선보였는데, 그 제목이 <안중근 105년, 끝나지 않은 전쟁>이었다면 시청자들은 그 제목을 접하고 무슨 생각을 했을까?

아마 방송을 비롯한 이런저런 콘텐츠에 밝든 어둡든 또는 눈치가 있든 없든 대다수의 한국인이라면 가깝고도 먼 나라 일본과 우리의 껄끄러운 관계부터 머릿속에 떠올려냈을 법하다. 그리고 일본의 제국주의, 우경화와 아베 정권, 야스쿠니 신사, 교과서 왜곡, 집단적 자위권 등의 낱말이나 이미지를 연달아 머릿속에 떠올렸을지도 모른다. 아니면 벚꽃과 후지산, 그리고 칼과 만화 등을 떠올려낸 젊은이도 있을 것이다. 이것만으로 MBC는 절반까지는 못 돼도 최소한 십분의 일의 성공은 거둔 것이 아닐까 싶다. 제목만으로 시청자들의 머리를 회전시키고 궁금증을 자극했으니 말이다.

2014년 8월 15일 오전 8시 30분, MBC가 심혈을 기울여 제작한 광복절

특집 다큐멘터리의 도입부는 취재진 한 사람과 안중근 의사의 조카며느리 박태정 씨가 아파트 복도로 보이는 장소를 걸어가는 모습을 담은 모노톤의 영상으로 시작되었다. 화면에는 '2014년 6월 29일'이라는 날짜가 자막으로 처리된 가운데 중저음의 내레이션이 흘러나왔다. "안중근의 하얼빈 의거 105년. 의거 직후부터 그는 또 다른 전쟁을 치러야 했다. 그의 사진들이 이를 증명하고 있다."

이어 제작진이 준비를 해간 듯싶은 안 의사의 흑백 사진들이 화면 가득히 잡힌 가운데 취재원은 그중 넷째 손가락 첫 관절이 없는 왼손과 초췌하고 여윈 얼굴이 강조된 안 의사의 상반신 사진을 집어 들고 박 씨에게 이렇게 물었다. "이 사진은 어떠세요?" 취재원의 물음에 박 씨는 한마디로 잘라서 대답했다. "언짢아요. 저는 언짢아요." 박 씨는 또 이어서 이런 말을 덧붙였다. "이 양반이 기백이 있는 분인데, 정말 기백이 있는 그런 사진을 공적으로 썼으면 좋겠어요."

안 의사의 기백을 물려받아 젊었을 적에는 더욱 당차고 당당했을 것으로 여겨지는 이 조카며느리가 끝으로 취재원을 향해 던진 한마디는 우리가 충분히 귀담아들을 만했다. "왜 감옥에서 고초를 겪고 계신 그런 사진만 나옵니까? 얼마나 고달프신 사진이에요?"

아마 눈치가 빠른 시청자라면 벌써 이 대화만 듣고도 이 프로그램의 대강을 어렴풋이나마 머릿속으로 그려냈을지도 모르겠다. MBC가 준비한 이번 다큐멘터리는 세간에 잘 알려진 독립운동가의 행적을 더듬어가며 그 의미를 되새겨보고 새로 발굴해낸 사료를 내미는 다큐멘터리의 틀에서 벗어나, 새로운 이야기를 하고 있거나 아니면 새로운 화법을 택했다는 사실을 말이다.

제작진은 이 대화에 이어 안 의사가 의거 직후 치러야 했던 또 다른 전쟁을 상징하는 한 장의 사진을 다시 시청자들에게 보여주었다. 2009년 10월 26일, 예술의 전당 서예박물관에서 열린 '안중근 의사 100주년 기념 유묵전'에 처음 공개됐던 문제의 사진이었다.

당연하게도 우리가 늘 보아왔던 사진들 중 하나는 아니었다. 조국의 독립을 향한 의지와 뚜렷한 신념에 불타는 올곧은 투사이자 선비로서의 풍모가 아니라 취재원이 조카며느리 박 씨에게 좀 전에 내밀었던, 초췌하고 여윈 얼굴과 네 번째 손가락의 첫 관절이 없는 왼손이 강조된, 풍찬노숙을 하는 걸인을 연상시키는 그 사진이었다. 그리고 또 다른 전쟁의 상징이라는 듯 안 의사로 분한 대역배우가 조용히 나타나 화면 밖의 누군가를 향해 총을 쏘았다. 화면 가득 권총이 잡혔고 화면 밖에 앉은 채 이토 히로부미(伊藤博文)도 아니면서 그 순간 총을 맞은 시청자들은 크든 작든 일종의 충격을 받았을 것이다. 개중에는 아마 '총 맞은 것처럼' 충격을 받은 나머지 채널을 돌릴 생각 같은 건 엄두도 내지 못하고 프로그램이 끝나는 순간까지 열심히 지켜본 사람도 있을지 모르겠다고 한다면 너무 과장된 표현일까?

하지만 총을 맞은 시청자들이 이토에게 연민이나 동정심 따위를 갖고 있을 리는 거의 없을 터이니, 대체 제작진은 그 누구를 향해, 아니면 그 무엇을 향해 총을 쏘았던 것일까? 혹 시청자가 갖고 있는 상식과 선입견을 겨냥한 것은 아닐까?

충격적인 도입부에 이어 안 의사가 '대한의 독립과 아시아의 평화를 앞당기기 위해' 감행한 의거의 흔적을 좇기 위해 제작진이 일본은 물론 중국의 몇 곳과 러시아 블라디보스토크까지 찾아간 장면이 차례로 소개되었다. 하얼빈 의거 자체가 한국인 청년이 중국 땅에서 일본의 거물 정객을 사살해서 러시아 헌병에게 체포된, 세간의 이목을 모은 국제적인 사건이었기 때문이리라. 더구나 중국의 하얼빈 역은 안 의사가 일본 제국주의의 상징인 이토를 저격했던 역사적인 현장이니 빼놓을 수 없는 곳이기도 했다.

2014년 1월 19일 하얼빈 역에 세워진 '안중근의사기념관'에는 안 의사가 하얼빈에 11일간 머물며 의거를 기획한 흔적이 유필과 손도장, 동상 등으로 남아 있었다. 한국인 방문객은 물론 중국인 방문객까지 성시를 이루고 있는 이곳에는 안 의사가 이토를 저격하는 모습을 재현한 모형도 마련돼 있었다. 하지만 사건 직후 안 의사를 체포한 러시아는 부담을 느꼈는지 간단한 심문에 이어 사진 두 장을 찍은 다음 안 의사를 서둘러 하얼빈일본총영사관에 넘겼다는 이야기가 이어졌다.

요약하자면, 안 의사의 신병을 인도받은 일본은 '한국이 일본의 보호국이 되기를 자청해서 스스로 합병을 원한 것'이라고 말해왔던 거짓이 탄로날까 두려워 의병부대를 지휘한 의병장 출신인 독립투사 안중근을 일개 흉한(兇漢)이자 암살범 또는 테러리스트로 폄하하려는 정치적인 의도로 그를 서둘러 처형한 다음 최첨단 기기인 카메라를 이용해 안 의사의 이미지를 끊임없이 왜곡해왔다는 게 이 프로그램의 본론이다.

일본의 치밀한 정치적인 노림수를 밝혀내기 위해 동원된 사진 전문가들은 '무명지의 첫 번째 관절이 없는' 왼손을 강조한 사진 속의 자세와, 그 밑에 인쇄해놓은 '이토공을 암살한 안중근'이라는 일본어 문구와, '한국인은 옛날부터 암살을 맹약할 때 무명지를 절단하는 오래된 관습이 있다'라는 일본어 설명문 등을 그 증거로 들었다. 또 다른 전문가는 카메라의 위치를 정면이 아니라 3/4 방향에 놓고 촬영하는 '3/4 면상', 이른바 범죄자들의 사진에 주로 쓰이는 '비문명인의 포즈'를 채택했음을 지적했다. 취재원이 만난 일본의 한 대학원생은 이 사진을 대하고 '야쿠자'라는 단어까지 써가며 "범죄자와 직결되는 이미지를 보여주고 싶었을 것"이라고 우회적으로 표현하기도 했다.

하지만 중장년층이라면 대체로 알고 있을 법한 '단지(斷指)'라는 말에 대해 독립기념관 한국독립운동사연구소에서는 다음과 같이 명쾌하게 설명했다. "손가락을 하나씩 하나씩 잘라서 그걸 국가와 민족에게 바친다는 것을 온몸으로 보여주는 증거"라고 말이다. 그렇다면 안 의사를 비롯한 11명의 열사가 국가와 만족에게 바치는 의미로 스스로 '자른' 손가락을 '잘린' 손가락이라고 표현해서는 안 되는 게 아닐까? 요컨대 제작진이 범한 첫째 우(愚)는 '잘린' 손가락이라는 표현을 전편에 걸쳐 서너 번이나 썼다는 점이다.

둘째로, 잘못이라기보다 아쉬운 점은 '이 사진을 본 일반인은 어떤 느낌을 받을까?'라는 주제로 행한 거리 인터뷰 장면이었다. 길을 걸어가다 인터뷰에 응한 젊은 여성 하나는 안 의사에 대해 전혀 모르고 있는 듯 잠시 망설이던 끝에 "끼니를 잘 못 먹은 것 같은 느낌을 받았다"라고 대답했는데, 물론 솔직한 답변이기는 하지만 듣는 사람이 민망해할 게 분명한 이런 답변까지 굳이 내보내야 했을까?

당연한 말이지만, 일본인 모두가 정치적인 의도로 진실을 덮어버린 건 아니었다. 제작진은 이 사진에 이어 <한 장의 사진엽서>라는 제목으로 지금도 일본의 한 소극장에서 공연되고 있는 노래극의 일부를 잠깐 내보냈다. 지팡이를 짚은 나이든 배우가 극장 무대 위에서 일본어로 부른 노랫말을 우리말로 옮긴 자막의 내용은 뜻밖에도 안 의사에 대한 것이었다. "안중근 사진의 그 여백에 슈스이가 읽은 한시가 덧붙여져 영문 해설로 순교자⋯⋯."

가수 출신은 아니라도 한때 가수 지망생이 아니었을까 생각될 정도로 노배우들의 노래 실력이 좋은 편이기도 했지만, 이 노랫말을 자막으로 접한 시청자들은, 좀 전에 총을 맞았을 때보다는 가벼울지언정 다시금 충격을 받았을 것이다. 지금 같은 시대에 한국도 아닌 곳에서 대체 저이들은 무슨 생각으로 저런 노래를 부르고 있고 듣고 있는 걸까? 좌석은 드문드문 비어 있었지만 자리를 채운 중년의 관객들은 진지한 얼굴로 노래를 듣고 있었다. 혹 저들은 재일동포가 아닐까 하는 식의 궁금증은 접어두어야만 했다. 시청자의 한 사람으로서 거리 인터뷰를 짧게 다루고 이 대목에 좀 더 시간을 할애했더라면 하는 아쉬움이 들기도 했다.

잠시 후 취재원은 "일본의 아이들에게 알려주고 싶어서" 노랫말을 지었다는 작사가를 만나 하얼빈 의거를 "굉장히 뜻 깊은 거사"라고 평했다는 일본인 고토쿠 슈스이(幸德秋水)에 관한 이야기를 들었다. 사회주의자이자 동아시아운동의 선구자로 알려진 고토쿠는 바로 안중근 의사의 사진에 "목숨을 버려 의를 취하고 죽어서 인을 이루었네, 안 군의 의거 한 번에 천지가 진동하네"라는 내용의 한시를 삽입해 새로운 그림엽서를 만들어낸 주인공이었다.

제작진은 이 인터뷰에 이어 또 다른 엽서 한 장을 시청자들 앞에 내밀었다. 역시 일본인과 관련된 엽서인데, 안 의사가 유묵으로 쓴 "三軍之勇可奪 匹夫之心不可奪"(삼군지용가탈 필부지심불가탈: 대군을 거느린 용장은 사로잡을 수 있어도 한 평범한 사나이의 뜻은 빼앗을 수 없다)이라는 문구가 삽입된 안 의사의 사진엽서를 다른 곳도 아닌 일본인쇄주식회사 다롄출장소에서 간행했다는 것이었다. 이 엽서가 불티나게 팔려나간 후 재외 한국인들과 동생 안정근의 손으로 제작된 안 의사의 다른 사진엽서들이 샌프란시스코와 하와이 등지에 전해져 몇 백 장씩이나 팔렸다는 에피소드가 이어서 소개되었으니, 그토록 암울했던 시대에도 반딧불이처럼 반짝이는 기지와 감각, 그리고 일종의 상업성이 살아 있었던 것일까? 그 당시 안 의사의 사진을 손에 넣은 한 여성은 그 사진을 가슴 속에 품고 다녔다니, 안 의사의 영향력이나 대중적 인기가 요즘 대중 스타를 능가하면 능가했지 결코 덜하지는 않았던 것으로 보인다.

이런 분위기에 당황한 일제가 안 의사의 사진을 압수하는 등 수습에 나섰지만 이 전쟁은 결국 "일제의 완패로 끝났다"라고 제작진은 말했다. 하지만 집요하기 비길 데 없는 일제는 또 다른 전쟁을 준비해놓고 있었으니, 그것은 다름 아닌 안 의사의 둘째 아들 안준생을 동원한 '화해극'이었다. 안 의사는 검거된 직후 가족에 대한 심문을 받을 때 "작은 아이는 내가 집에 있었을 땐 아직 태어나지 않아서 모른다"라고 말했는데, 이 화해극은 의거 직후부터 총독부 외사경찰이 신분을 숨긴 채 그 둘째 아들과 부인을 30년간이나 집요하게 쫓아다닌 결과였다.

안 의사가 의거를 치른 지 꼭 30년이 되던 1939년, 조선총독부의 기관지였던 ≪경성일보≫ 지면에는 상하이에 살고 있던 안준생이 이토를 본존불로 삼는 절 박문사(博文寺)를 방문해 고개를 푹 숙인 사진이 실렸다. 훗날 몇몇 사람에게 '호랑이 아비에게 개 같은 자식'이라는 뜻의 '호부견자(虎父犬子)'라고 손가락질을 받기도 했던 안준생이 일본에 교묘하게 이용당한 과정은 이 프로그램뿐 아니라 여러 지면에서도 소개된 바 있기에 생략하지만, 박문사와 같은 조동종 소속인 운쇼사(雲祥寺)의 지주 이치노헤 쇼코(一戶彰晃)는 이 프로그램에서 이 연출극을 두고 '공양 퍼포먼스'라고 칭했다. 외사경찰인 아이바 기요시(相場淸)와 그를 움직인 배후가 안준생의 방문에 대비해 이토의 위패를 봉안한 절에 안 의사의 위패를 함께 봉안하고 그 앞에서 독경과 법요까지 행한 건 부자연스러운 일이라고 지적했다.

안중근 연구의 권위자인 국제한국연구원의 최서면 원장은 안준생과 이토의 아들 이토 분키치(伊藤文吉)의 만남을 기록한 회담록을 찾아 읽은 이야기를 들려주었다. 기록에 따르면 안준생은 분키치와 인사를 나눈 직후 "우리는 영어로 하자"라고 제안했고 그 말을 들은 분키치는 당황했는지 "아, 영어로?"라고 대꾸했다는 것이다. 이어서 최 씨는 그 자리에서 안준생은 "이 세상일은 이 세상일이고, 저 세상에서 모두 평화하게 지내시기를" 하는 정도의 이야기 외에 다른 말은 하지 않았던 것 같다는 이야기도 덧붙였다. 그간 안준생을 변절자라느니, 친일파라느니 하는 단어를 동원해 부정적으로만 묘사해온 내용과는 거리가 있는 이야기가 아닌가?

안 의사의 조카며느리 박 씨가 안준생의 처신을 비난하면서도 "한편으로 생각해보면 그 속이 오죽했겠는가?"라며 연민을 보인 것처럼, 일제의 눈을 피해 죽은 듯 살아온 안준생의 심경은 또 얼마나 쓰라렸을까? 박 씨는 안준생이 박문사를 찾은 그날 마중 나온 부인 정옥녀 씨에게 "내가 이거 돌아올 데 돌아온 게 아니다"라는 말로 운을 뗀 다음 "현해탄에 몸을 던지려 했다"라고 털어놓았다는 이야기도 전해주었다.

부분적이나마 안준생에게 초점을 맞춘 이 대목은 이 특집 다큐멘터리의 하이라이트이자 안중근 의사 또는 하얼빈 의거를 다룬 다른 프로그램과의 차별화를 성공시킨 발판이라 할 수 있다. 욕심 같아서는 안준생을 알고 있을 만한 사람들을 찾아내거나, 그것이 어렵다면 그간 안준생을 다룬 저서의 저자나 연극 <나는 너다>의 각본을 쓴 작가 중 한 사람을 만났더라면 좋았겠다 싶지만 시간 제한도 있거니와 이 다큐멘터리의 주인공은 어디까지나 안 의사이므로 다음 기회를 기대할 수밖에 없을 듯싶다.

다소 상식적인 전개라 여겨지긴 하지만, 제작진은 안준생을 재조명하는 데 이어 조국 대한이 독립과 자유를 누리고 한·중·일 3국은 물론 동양의 모든 나라가 주권을 갖고 번영을 누리는 평화 세상을 그렸던 안 의사의 꿈을 다시 한 번 들려준 다음, 그의 전쟁이 아직 끝나지 않았음을 다음 두 사람의 모습을 통해 보여주었다. 바로 "안중근이 범죄자라고 지금까지 한국에 전해 왔습니다"라는 발언을 서슴지 않는 일본의 관방장관 스가 요시히데(菅義偉)와, 이토 히로부미를 존경한다고 공공연히 밝히는 아베 신조(安倍晉三) 총리였다. 일본 제국주의의 상징인 이토 히로부미의 꿈을 이어오고 있는 우경화의 상징을 화면에서 대하는 순간, 나는 도입부를 보며 '총이 아닌 카메라로 대신하는 게 낫지 않았을까?'라고 잠시나마 고개를 갸우뚱했던 생각을 미련 없이 접을 수 있었다.

결코 살아 돌아올 생각 같은 건 추호도 없이 죽음을 각오하고 거사를 감행했던 안 의사가 마지막으로 거닐었다는 중국 하얼빈 자오린(兆麟) 공원의 평화로운 풍경에 이어, 러시아 크라스키노에 세워져 있는 단지동맹기념비에 새겨진 안 의사의 손이 에필로그처럼 화면에 떠오를 때에는 눈물 한 줄기와 함께 이런 의문이 떠올랐다. '세상에 전쟁이 없었던 때가 있었던가?' 생각해보면 세상이 있는 한 쇼가 계속되듯, 전쟁도 계속되기 마련 아닐까? 총칼 대신 카메라와 스마트폰으로 치르든, 또는 미사일로 치르든, 그도 아니면 황금과 다이아몬드로 치르든 인간은 전쟁 없이는 한시도 살기 어려운 동물인지도 모른다. 그래서인지 모두가 평화로운 세상을 그렸다던 안 의사의 꿈은 어떤 종교성마저 갖는 것처럼 보인다고 하면 지나친 표현일까?

하지만 이 위에다, 이 프로그램이 105년 전 안 의사가 '동양평화론'을 설파하던 그 시절과 이토 히로부미를 존경한다고 공언을 하는 아베 총리가 좌지우지하고 있는 일본을 포함한 동아시아의 지금 상황이 크게 다르지 않다는 것을 대비시킨 의도가 극명히 드러나게끔 잘 만든 프로그램이라는 찬사를 더한다면, 사족이 되는 것일까?

이름이 생긴 감정 '썸'

KBS 예능 <개그콘서트> '두근두근'

이수아

"내 거인 듯 내 거 아닌 내 거 같은 나~" 우리 마음에 봄바람처럼 다가온 노래 「썸」. "이 감정, 우리 썸 타는 건가요, 아닌 건가요?"라는 질문에 판정해주는 JTBC <마녀사냥> '그린라이트'. 썸 타는 여자와 쌈 타는 여자를 보여주는 <코미디 빅리그> '썸 & 쌈'. 이들은 모두 각자가 보여줄 수 있는 스타일대로 사귈 듯 말 듯 한 남녀 사이의 묘한 감정을 묘사했다. 이처럼 올해 봄 미디어는 너나 할 것 없이 '썸'을 쏟아냈다. 2014년 상반기의 핵심 키워드 중 하나는 '썸'이었다.

썸은 오래된 연인들의 사랑 감정이 아니다. 그렇다고 이제 갓 시작한 커플의 설렘도 아니다. 단순히 짝사랑하는 이의 마음도 아닌, 남녀 사이의 썸싱(Something), '무언가'라고 표현하기 딱 좋은 감정인 것이다. 누구나 가지는 감정이지만 표면적으로 드러내지 않았던, 아니 드러내기엔 애매모호하여 정확한 표현이 어려웠던 이 감정이 올 봄 미디어의 주목받았다.

무수히 쏟아지는 썸 미디어 중에서 KBS <개그콘서트> 인기 코너인 '두근두근'은 간질거리는 웃음의 썸을 우리에게 보여주었다.

마음을 간질이다

누군가 당신을 간질인다면 곧바로 웃음이 나올 것이다. 특히 간질이는 곳이 마음이라면 불쾌함이 전혀 없는 순수한 웃음을 터트릴 것이다. 이 점이 기존의 남녀 사이를 소재로 했던 여타의 개그 코너에선 볼 수 없었던 '두근두근'만이 가진 매력이다.

친구 사이에서 애인으로 발전하는 소재의 스토리는 어느 분야에나 무수히 많았다. 개그 외에 드라마와 영화에서도 남녀 사이의 썸이라는 감정의 끈을 너무 길게 잡아 우리에게 피곤한 몰입을 요구하기 일쑤이다. 또는 남녀 사이의 감정을 전부 다 보여주며 그 들 사이의 간질간질함을 지나치게 묘사하기도 한다. 하지만 '두근두근'은 남녀 사이에 개그적인 요소를 가미하여 우리에게 피곤한 몰입을 강요하지도, 우리를 지나치게 간질이지도 않는다.

'두근두근'의 남녀 주인공은 친구와 애인의 경계선을 빠르게 왔다 갔다 한다. 처음은 친구의 영역에서 시작하지만 이내 선을 밟고 애인의 영역으로 넘어간다. 애인의 영역으로 넘어갈 때마다 "뚜루뚜뚜~"라는 크랜베리스(Cranberries)의 「오드 투 마이 패밀리(Ode To my Family)」가 배경 음악으로 울려 퍼진다. 배경 음악이 끝남과 동시에 민망한 듯 맘에도 없는 말을 내뱉으며 이내 친구의 영역으로 껑충 뛰어 되돌아가버린다. 즉, 기분 좋은 간질임이 어디까지인지 아는 것이다.

공모자에서 공감자로

'두근두근'은 기존의 개그 프로그램에서 보여줬던 과장을 통한 웃음 유발 규칙을 깨고 다른 모델을 제시해준다. 더 쉽게 말하자면 남녀를 개그 소재로 한 기존 코미디의 웃음 유발 방식과는 다르다는 점이다. 개그는 언제나 과장을 통해 웃음을 폭발시키거나 웃음이 터지게 만들었다. 특히 애정을 소재로 한 개그에서는 과장이 그 몫을 톡톡히 했다. 주로 커플 비교와 외모 비하 등으로 실패가 없는 안전한 개그를 해왔던 것이다. 언제나 그렇듯 예쁜 여자와 못생긴 여자의 연애 상황을 비교하며 그들이 처한 각각의 상황을 극대화했다. 예쁜 여자는 여성스럽고 더욱 예쁘게, 못생긴 여자는 행동과 말투 모든 것이 전부 못나게 연출하는 것도 과장의 관행이다. 때문에 외모지상주의를 부추기며 외모를 개그 소재로 삼는 것은 옳지 않다는 식의 비난이 늘 혹처럼 따라다녔다. 이러한 비난을 비껴간 코너도 물론 존재했다. 이전에 방영한 '카운슬러', '연인', 그리고 최근의 '댄수다', '불편한 진실' 내 김기리·김지민의 역할극 등이다. 이들 코너는 비교와 비하라는 관행을 쓰지 않았다. 하지만 동작과 말투의 과장에 기반을 두고 웃음을 유발했다. 이러한 과장은 코미디 표현 양식에서 기본 중의 기본이며 동작과 말투 등을 꼬고 과장하는 것을 진정한 코미디라 여겼다.

하지만 '두근두근'은 어떠한가? 우리가 흔히 콩트 개그 코너를 보며 주로 비난해온 언어적 폭력성, 가학성, 외모 비하 등의 혹을 아예 떼어버리고 깔끔한 웃음을 보여주었다. 과장의 표현이 아니라 은근한 표현을 통한 코미디 방식을 찾은 것이다. '두근두근'에서는 기존의 웃음을 유발하는 보증된 요소를 쉽게 보기 힘들다. 과장이라는 익숙한 도구를 버린 것이다.

이 점이 기존에 코미디라는 요소만이 줄 수 있었던 폭발적인 웃음, 풍자의 강렬한 웃음, 유쾌한 웃음 등에 공감이라는 진한 미소를 포함시키며 웃음의 영역을 확대한 것이다. 웃음이란 누군가를 조롱하고 비꼬는 것에서만 터지는 것이 아니다. '두근두근'이 보여주는 섬세한 감정에 같이 공감하며 진하게 미소를 짓는 것도 코미디가 줄 수 있는 기분 좋은 웃음의 한 종류이다. 즉, '두근두근'은 우리를 조롱에 동참하는 공모자로 만들어버리는 것이 아니라 그들의 두근거림을 같이 느끼는 공감자로 만들었다.

두 마리 토끼를 잡으려다 세 마리 토끼를 잡다

'두근두근'은 어쩌면 개그 프로그램으로서 잡을 수 있는 모든 토끼는 다 잡은 것 같다. 개그 프로그램은 당대의 유행을 즉각적으로 반영한다. <개그콘서트>에서 방영되었던 코너만 쫙 훑어봐도 그 시대에 어떤 드라마가 사랑받고 어떠한 가수가 사랑받았으며 무엇이 유행이었는지 파악할 수 있을 정도이니 말이다. 그리고 올해에는 '두근두근'이 썸을 대표하는 코너 중 하나로 인기를 얻었다. <개그콘서트> 내에도 황금시간대가 존재하는데, SBS나 MBC의 드라마가 끝나는 시간에 방영되는 코너가 진정한 인기 코너라는 점을 감안하면 '두근두근'은 올 봄에 가장 사랑받은 코너임에 틀림없다.

시대를 반영하는 코너의 흥행은 복불복에 가깝다. 이미 시청자에게 익숙한 콘텐츠인 경우에는 완성된 작품에 개그적 요소를 입혀 신선하게 만들어야 하기 때문이다. 하지만 신선함이 없다면 시청자에게 좋은 기억으로 남은 콘텐츠로 오히려 시청자를 불쾌하거나 거북하게 만들고 지루함을 주기도 한다. 그 시대의 유행 역시 그러하다. 이미 일상생활에서 좋게 영위하고 느끼는 유행을 소재로 개그를 짤 경우 자칫 잘 못하면 시청자가 보기 불편해질 수도 있기 때문이다. 하지만 '두근두근'은 어땠나? 시청자가 일상생활에서 느끼는 썸이라는 기분 좋은 감정을 TV를 보는 순간까지 자연스레 이어지게 만들었다. 또 '두근두근'은 자신들의 성격도 버리지 않았다. 즉, 개그적인 요소도 포기하지 않았다는 것이다. 때론 진한 웃음과 미소 짓게 되는 기분 좋은 웃음을 동시에 선사했다. 따라서 '두근두근'은 웃음, 유행 코드, 인기까지 전부 손에 넣은 것이다. 2014년 7월 20일을 마지막으로 '두근두근'은 이제 알콩달콩한 해피엔딩을 맞이했다. 이들의 결말 역시 모두가 만족하고 웃음 지을 수 있게 마무리되었다. 2013년 중순부터 시작한 '두근두근'은 2014년에 많은 인기를 얻었다. 이들이 사랑받은 건 단순히 썸이라는 유행 소재와 맞물려서만은 아니다. 대중과 시청자가 원하는 썸을 너무 무겁지도 가볍지도 않게 보여주었기 때문이다. 이렇게 개그 프로그램의 여타 코너가 보여주는 방식과 차별화를 두었기에 이들이 1년 가까이 코너를 할 수 있었던 것이 아닌가 싶다.

솔직하고 시원시원한 시대는 갔다

우리는 대놓고 드러내는 것보다 보일 듯 말 듯한 것에 더 강하게 끌린다. 누군가에게 표현할 때도 직설법보단 반어법이 의미를 더욱 극대화시킨다. 사랑에서도 그렇다. 특히 썸은 드러나지 않기에 더욱 설렘을 느낀다. 마치 여자가 예뻐서 어쩔 줄 몰라 하는 얼굴을 하고서는 정작 여자에겐 못생겼다고 말하는 남자처럼 말이다. 그리고 이럴 때는 "너 예뻐"라고 말하는 것보다 여자를 좋아하는 남자의 마음이 더 강하게 느껴진다. 하지만 제3자가 이 감정을 드러내고 반어법을 직설법으로 바꿔주는 순간,

썸, 즉 두근거림은 끝나고 만다. 이 위기를 조성하는 3자가 바로 주인공의 여동생이다. 여동생은 시도 때도 없이 나타나서 "혹시~ 두 사람~"이라며 두 사람에게 긴장을 조성한다. 썸이라는 감정은 직접적이지 않기 때문에 그 가치가 빛나는 감정이다. 설렘이라는 것에 단계가 있다면 아마 최고의 단계일 것이다. 단순히 "나 너 좋아. 사랑해"라는 말보다는 남녀 사이의 행동과 분위기가 썸을 만드는 것이다. 그렇기 때문에 소위 '썸을 타는' 과정에서는 사귀냐 아니냐는 중요하지 않다. "너 나 좋아?"라는 확인도 중요치 않다. 서로의 마음을 느꼈다면 둘 사이에 썸이 존재한다는 것이 중요한 것이다. 하지만 사람들은 언제나 남녀 사이를 이분법화한다.

남녀 사이에 친구가 될 수 있는가라는 것은 언제나 풀리지 않는 명제이다. 그리고 이 명제에 여동생은 답한다. "우리나라 사람들은 ○○ 아니면 ○○야"라고 말이다. 여동생은 계속해서 "남녀 사이는 사귀거나 안 사귀거나 둘 중 하나"라는 이분법적 통념을 기반으로 이야기한다. 하지만 남녀 사이에서는 사귀지 않으면 남남인가? 그 중간 지점은 존재한다. 다만 그 중간 지점을 무엇이라 지칭할지 몰라 이리저리 빙빙 돌려 말해왔을 뿐이다. 또는 확실하지 않은 감정에 김칫국을 마시는 건 아닐까 하는 귀여우면서도 진지하고 소심한 걱정으로 치부되어왔다. 하지만 이제 그 중간 지점이 썸이라는 확연한 이름을 가졌다. 그리고 우리는 복잡 미묘한 줄타기를 더욱 쉽게 썸이라 표현할 수 있게 되었다. 그러면서 각자의 마음속에서 점점 잊혀가던 썸의 설렘을 다시금 느끼게 되었다. 그 두근거림이 우리를 간질이고 그 간지럼이 우리를 웃게 만든 것이다.

최근 몇 년 동안 미디어는 사랑에 관한 남녀 사이의 모든 감정을 더욱 자극적으로 묘사했고 더 나아가서는 이른바 막장에 가깝게 그려냈다. 또는 이야기를 질질 끌며 긴장감만 부각시키기도 했다. 이런 요소가 시청자의 소비를 충족시켰기 때문이다. 그리고 요즘 세대는 솔직한 세대라며 남녀가 자신의 감정을 바로바로 표출하는 식의 스토리도 물밀듯이 나왔다. 당연히 개그 프로그램도 다르지 않았다. 해를 거듭할수록 과장과 풍자, 조롱이라는 안전한 개그 공식만 남발하며 남녀 사이를 표현해내기에 급급했다. 하지만 이제는 아니다. 새로운 공식이 필요하다. 거의 정석에 가까운 개그적인 요소보다는 좀 더 신선하고 독창적인 요소를 덧붙여서 시청자에게 웃음을 제공해야 한다. 더 나아가 그들이 가진 소재도 시청자의 공감을 얻어야 한다. '두근두근'은 진한 미소도 개그가 줄 수 있는 웃음의 영역으로 포함시켰다. 그리고 그들이 표현해내는 썸을 보며 많은 남녀는 단순한 재미를 넘어 간질간질한 그 감정에 크게 공감했을 것이다. 이것이 바로 2014년 썸을 소재로 한 무수한 프로그램 중 '두근두근'이 눈에 띄었던 이유가 아닐까?

입선

빨리 다가갔지만 가까이 가지 못한 우리

SBS 교양 <그것이 알고 싶다>
'희망은 왜 가라앉았나? — 세월호 침몰의 불편한 진실'

김신년·김동환·김경민·정현지

세상을 향해 "그런데 말입니다"를 던지다

이번 주도 어김없이 배우 김상중은 <그것이 알고 싶다>를 통해 우리에게 의문을 던진다. "그런데 말입니다." 샷이 바뀌고 시선을 카메라로 옮기며 시청자를 지긋이 바라보는 김상중의 진지한 말투는 우리들의 뇌리 속에 깊이 박혀 있다. 의도적인 연출인 것 같은 이 부자연스러움은 이 대사를 더욱 돋보이게 한다. 요즘은 유명 개그맨들도 김상중의 이 대사를 흉내 내며 우리에게 웃음을 준다. 이쯤 되면 국민 유행어라 해도 될 것 같다.

하지만 이 반문의 대사를 그저 가볍게만 바라보는 사람은 아마 없을 것이다. "그런데 말입니다"라는 대사를 던진 후 나올 이야기를 시청자들은 숨죽이며 기다리고 있기 때문이다. 사실 이 "그런데 말입니다"라는 대사 속에는 <그것이 알고 싶다>가 지닌 탐사보도의 정신이 숨어 있다. 어떤 표면적인 사실을 이야기한 후 반문하듯 시청자에게 "그런데 말입니다"를 던지고 나면 그 이후의 사태 또는 사건의 이면에 우리가 알지 못했던 또 다른 사실이 펼쳐진다. 결국 사실은 진실과 동일한 것이 아니라는 명제로 시작되는 탐사보도 정신을 <그것이 알고 싶다>는 "그런데 말입니다"라는 문장으로 표출하는 것이다.

<그것이 알고 싶다>를 포함한 탐사보도는 드러난 사실의 이면을 밝히는 데 주력한다. 이를 통해 우리는 사태의 진실에 더 가까이 도달할 수 있다. 탐사보도는 적게는 수개월, 길게는 몇 년의 취재 과정을 통해 정보의 완전성을 지닌 콘텐츠로 완성된다. 마치 추리 영화를 보는 듯한 차별화된 연출력을 기반으로 이해의 용이성까지 갖춘 <그것이 알고 싶다>는 많은 사람들에게 사랑을 받는 우리나라의 대표적인 탐사보도 프로그램이다. 특히 '사모님의 수상한 외출'(2013. 5. 25) 편은 대기업 사모님이 저지른 살인 속에 숨겨진 우리 시대의 유전무죄의 모습을 드러내 탐사보도 프로그램으로서의 역할을 제대로 해주었다.

그리고 2014년 4월 16일 오전, 인천에서 제주로 향하던 대형 여객선 세월호가 침몰했다. 어김없이 <그것이 알고 싶다>는 그곳을 향해 "그런데 말입니다"를 외쳤다.

빨리 달려갔지만 가까이 가지 못한 우리

세월호 참사는 생각보다 심각했다. 특히 이 참사는 우리 언론의 참사를 보여주기도 했다. 세월호 탑승객이 전원 구조되었다는 속보가 나오고 얼마 지나지 않아 오보임이 판명되었다. 탑승객 인원 파악에서부터 구조자, 실종자 수까지 모든 게 뒤죽박죽이었다. 오전에는 오보 판명을 하고 오후에는 정정보도 내보내기를 반복했다. 그에 따라 언론 보도에 대한 국민들의 비판이 날로 거세지고 있었다. 그리고 열흘 뒤인 4월 26일 밤, SBS <그것이 알고 싶다>는 "희망은 왜 가라앉았나? — '세월호 침몰'의 불편한 진실"이라는 타이틀을 내걸었고 대한민국 국민을 TV 앞으로 모이게 했다.

출발 시각보다 2시간 늦은 9시의 어두운 밤, 수학여행을 무척이나 기다려온 학생들을 태운 여객선의 출발로 방송은 시작을 알린다. 대형 여객선은 연인, 가족, 오랜 동창의 설렘을 함께 태우고 너무도 긴 여행을 떠난 세월호이다. 이어 경기도 단원고등학교 학생들의 친구와 가족, 구조된 생존자의 인터뷰가 등장한다. 이미 TV와 마주한 우리들의 표정은 불편해지고 공간은 한숨으로 가득 차게 된다.

그런 우리의 꽉 막힌 가슴에 맺혀 있는 것은 슬픔과 의문이었다. 그 의문을 조금이나마 풀어주고자 제작진은 사고가 발생하기까지의 과정, 원인을 자세히 보여준다. 그중 전직 세월호 항해사와 청해진 해운 직원의 충격적인 폭로와 증언은 세월호 침몰 사고가 예고되어 있었음을 알게 해준다. <그것이 알고 싶다>가 방송된 것은 사고가 발생한 지 열흘이 지난 때였지만 그때까지도 기성 언론의 뉴스 보도는 우왕좌왕하고 있었다. <그것이 알고 싶다>는 이런 가운데에서도 어떤 것이 사실이고 어떤 것이 거짓인지를 판별했고, 이 참사가 일어날 수밖에 없는 사고였음을 알려주는 정황과 근거를 재구성하여 시청자들에게 이해시켰다. 이를 통해 우리의 머릿속에는 사건이 조금씩 정리되었다. 참사에 대해 알면 알수록 정부와 관련 인사 및 해당 기업에 대한 분노가 더해져갔다. 언론 보도를 통제하는 사복 경찰, 잘못된 출항임을 알았던 해운사, 정부의 미흡한 구조 과정까지 어두운 이면이 <그것이 알고 싶다>의 "그런데 말입니다"

라는 외침의 끝에 수면 위로 올라왔다.

　그러나 그뿐이었다. 우리는 이쯤에서 "그런데 말입니다"를 <그것이 알고 싶다>를 향해 던지고 싶다. 항해사와 직원의 인터뷰를 제외한 방송 속 영상과 내용은 대부분 지난 열흘 동안 뉴스에서 다룬 것이었다. 뉴스를 통해 알아왔던 상황을 나열하고 정리하고 분석하는 수준이었다. 모든 언론에서 떠들어대던 내용과 반복된 이야기를 왜 우리는 <그것이 알고 싶다>를 통해 봐야 했던 걸까? 분명 틀린 내용도, 왜곡된 보도도 아니었다. 하지만 우리가 알고 싶었던 모든 것을 긁어줄 만큼의 깊이는 아니었다. 이면에 숨겨진 사실은 오히려 대안 언론에서 더 심도 있게 다루어졌다.

　왜 그 시기였을까? 열흘, 그들이 탐사하고 보도까지 걸린 시간이다. 열흘이라는 기간을 놓고 본다면 프로그램의 정보는 꽤 풍부했다. 하지만 참사가 일어난 지 열흘이 지난 시점까지도 불행히도 참사는 아직 진행 중이었다. 그뿐만 아니라 탐사를 하기에는 턱없이 부족한 시간이었다. 그 짧은 시간에 이러한 대형 사고의 이면을 파헤친다는 것은 사실상 불가능하다. 아직 끝나지 않은 참사였고, 그러기에 시작될 수 없었던 '탐사'였던 것이다.

　<그것이 알고 싶다>는 탐사보도 프로그램으로서 사건을 '재'조명하고 이면을 들여다보는 데 실패했다. 대한민국이 들썩이는 이슈의 한가운데서 사건을 바라보기만 한 것이다. 지금 당장의 속보를 전달할 것이 아니라 사고가 최소한이나마 수습된 시점부터 탐사를 시작해야 했다. '탐사'가 이루어지기까지 충분한 시간을 두고 사건을 바라보며 그 이면을 파헤쳐야 했다.

닮아서는 안 될 닮은꼴

이번 세월호 참사와 더불어 다시 주목받고 있는 사건이 있다. 2003년 2월 18일에 일어났던 대구지하철 방화 대참사이다. <그것이 알고 싶다>는 이때에도 2003년 2월 22일 '대구지하철 방화 대참사의 진상'이라는 제목으로 방송을 마련했다. 하지만 이 역시 이미 언론에서 수차례 반복된 내용을 재구성하는 방식으로 제작 방영되었다. 당시 방영된 240회에서는 경찰 조사에 의해 수사된 방화범의 자백 내용을 토대로 원인 규명에 접근했다. 뉴스의 형태와 달리 원인 규명을 풀어나가면서 언론에서 밝혀진 속보성 정보인 범행의 원인과 배경을 집중 분석하는 구성이었다. 이러한 시도는 시청자에게 충분히 깊이 있는 내용을 전달하는 기능을 함으로써 탐사보도 프로그램의 순기능에 적합한 것처럼 보였다. 하지만 실제 방송에서는 범죄 심리에 관한 내용이나, 방화 방법 재연, 방화 외의 대규모 피해를 입힐 수 있는 사례 소개 등이 주를 이뤘다. 이는 속보성 뉴스와 나름대로 차별화하기 위한 심층적 보도 형식이었지만 심층적인 탐사는 부족했다.

또한 이후 밝혀진 열차 내 사진과 CCTV를 방영하면서 120명이 넘는 대규모 피해자가 발생한 근본적인 원인 규명에 초점을 맞춘 것이 아니라 피해자들의 안타까운 모습에 초점을 맞추었기 때문에 탐사보도의 정보 전달 측면보다는 감성에 호소하는 감성 소구의 측면이 짙었다. 10분간 갇혀 있던 승객들의 대화 내용에 초점을 맞추어 사고 당시 안타까운 상황을 강조할 뿐, 기관실에서 마스터키가 뽑혀 있던 경위와 기관사가 조치를 취하지 않은 원인을 규명하는 탐사는 없었다.

당시의 방영분 역시 사건 발생 후 4일밖에 지나지 않은 시점에 방송이 되었다. 앞서 말했듯 사건이 발생한 지 4일 만에 심층 보도 프로그램에서 깊이 있는 분석을 하기란 사실상 불가하다. 소규모 사고에 비해 여러 입장이 엮여 있는 대규모 참사인 경우는 더욱이 그러하다. 사건 수습이 한창 진행 중이고 이에 대한 지원이 본격적으로 시작되는 시점에 범죄의 신호탄이나 방화의 의미 같은 내용을 추론해나가는 것은 적절하지 못했다. 이는 사건이 수습된 후에 다뤄야 할 소재였다. 당시 방영분은 시의성에 초점을 맞추다 보니 심층보도가 부족할 수밖에 없었다. 참사가 발생하고 1년이 지난 후 거행된 추모식에서는 원인 규명에 대한 최종 발표가 있었다. <그것이 알고 싶다>에서 다뤄야 할 내용은 표면적인 사실의 뒤에 가려진 심층적인 사실에 대한 분석과 보도이다. 그렇다면 사건이 발생한 후에 속보성에 치우쳐 방송한 1차 보도를 보충할 수 있도록 깊이 있는 취재를 통해 만들어진 후속 보도가 필요했다. 하지만 사건이 수습된 후에도 2차, 3차의 심층보도는 없었다.

대구지하철 방화 대참사를 세월호 참사가 답습했듯, <그것이 알고 싶다>의 탐사보도 또한 그 실수를 답습하고 말았다.

가까이 가기 위한 느린 발걸음

<그것이 알고 싶다>는 왜 이런 실수를 답습했을까? 이는 이슈화를 통해 설명할 수 있다. <그것이 알고 싶다>는 시사 프로그램임에도 오락성을 지니고 있기 때문이다. <그것이 알고 싶다>의 성공 요인으로는 다른 시사 프로그램과의 차별점을 꼽을 수 있다. 단순히 성우가 내레이션을 하는 것이 아니라 세트 위에서 배우가 진행을 한다는 사실은 프로그램의 오락성을 나타낸다. 특히 초기에는 사회 문제에 대한 시사고발이 아닌

미스터리 소재를 다루는 일이 많았다. 이에 따라 자극적인 소재와 흥미진진한 스토리텔링이라는 <그것이 알고 싶다>의 색깔이 만들어졌다. 이로 인해 <그것이 알고 싶다>는 늦은 시간에 방송함에도 평균 30%의 시청률을 기록했다. 하지만 얼마 지나지 않아 미스터리 소재는 한계에 부딪혔고, 선정적이고 흥미 위주의 소재 선정에 대한 비판을 피할 수 없게 되었다. 이후 SBS에서는 <그것이 알고 싶다>를 대체하는 프로그램을 제작하려는 시도를 여러 번 했으나 시청자의 관심을 끌기에는 부족했다. SBS는 이전의 소재 선정에 대한 비판과 대체 프로그램의 연이은 실패로 <그것이 알고 싶다>를 다시 제자리에 편성했다.

다시 돌아온 <그것이 알고 싶다>는 미스터리 소재를 다루던 당시의 연출 방식과 흥미로운 소재를 바탕으로 탐사보도 프로그램 중 꽤 높은 시청률을 달성했다. 앞서 말한 '사모님의 수상한 외출' 편과 같이 탐사보도 프로그램으로서의 역할도 충분히 해왔다. 하지만 방송이 대중화됨에 따라 상업성에서 자유로울 수 없게 되자 그렇게 승승장구하던 <그것이 알고 싶다>도 방송 수익 구조의 한계로 시청률을 위한 이슈화에 집중하기 시작했다. 특히 SBS가 민영방송이라는 태생적 한계점은 <그것이 알고 싶다>가 아무리 시사 프로그램이더라도 자본으로부터 자유로울 수 없게 만들었다. 그 결과 자극적인 소재가 주류를 이룬다는 비판을 피할 수 없게 되었다. 이러한 이슈화에 대한 집착으로 인해 2003년 2월 18일 수요일에 발생한 대구지하철 참사가 그 주 토요일에 방송되고, 2014년 4월 16일에 발생한 세월호 사건이 열흘 뒤인 26일에 방송되는 현실이 빚어졌다. 이슈를 위해 시의성만 좇은 결과 정부도 파악·수습하지 못한 사건의 이면을 열흘 만에 탐사보도하는 아이러니가 발생한 것이다.

보도는 속보성과 시의성 그리고 정보의 완전성을 지녀야 한다. 하지만 속보성과 정보의 완전성은 공존하기 힘든 가치이다. 시간을 두고 더 깊이 그 사안을 파헤쳤을 때 정보의 완전성을 가지게 되는 것이다. 사실의 이면을 바라봄으로써 진짜 사실을 발견해내는 탐사보도 프로그램은 속보성 및 시의성과 일정한 거리를 둘 필요가 있다. 특히 그것이 이슈화를 위한 것이라면 더욱 경계해야 한다.

이러한 참사를 탐사보도해 이슈화함으로써 사회 구성원의 관심을 모으는 것은 바람직한 일이다. 하지만 세월호 참사의 경우 이미 많은 언론에서 관심을 가지는 시점에 탐사보도를 하는 것보다 사람들의 관심에서 멀어졌을 때 더 깊고 풍부하게 탐구된 사실을 바탕으로 "그런데 말입니다"를 던짐으로써 세월호의 희생자들이 사람들의 뇌리에서 덜 잊히게 하고 사람들이 부조리에 대한 규탄의 목소리를 더 오래 내도록 해야 할 것이다. 이 글을 써내려가는 이 순간에도 <그것이 알고 싶다>가 몇 개월 또는 몇 년 뒤 세월호를 향해 "그런데 말입니다"를 던질 준비를 하고 있기를 기대해본다.

입선

독신의 민낯

1인 가구 400만 시대, <나 혼자 산다>와 <식샤를 합시다>는 독신의
삶을 이해하고 있을까?

서지민

    가족제도는 급격하게 변화했다. 3대가 함께 살던 대가족이 부부와 그
자녀 중심의 핵가족으로 변했고, 핵가족은 다시 1인 가구로 변신 중이다.
통계개발원 연구팀이 지금 추세대로 간다면 우리나라의 가족 형태가 어떻
게 변할지 예측해보니 지금부터 6년 뒤인 2020년에는 1인 가구(29.6%)가
부부와 자녀로 구성된 가구(28.4%)를 처음으로 추월할 것으로 나타났다는
최근의 기사도 있다.[1] 2020년경이 되면 인구의 30%가 1인 가구일 것이며
그중 상당수가 평생을 독신으로 살 생애 독신 가구가 될 것이라는 통계청
의 전망이 아니더라도 식당에서 혼자 끼니를 해결하는 사람을 보는 것이
더 이상 낯선 풍경은 아니다. 순식간에 우리 사회의 주류로 등장한 1인

---

1) "[한국인의 마지막 10년 - 2부·5] 1인 가구, 2020년엔 핵가족 가구(부부·자녀로 구성된
가구) 첫 추월", ≪조선일보≫, 2014.9.5, http://news.chosun.com/site/data/html_dir/20
14/09/05/2014090500299.html

가구의 양적 증가에도 불구하고 이들은 여전히 따가운 세상의 시선을 견뎌내고 있다. 1인 가구의 증가는 사회변화에 따른 현상으로 인식되기보다는 해결해야 할 사회 문제로 해석되는 경향이 있다.

사회변화에 민감하게 반응하는 방송에서도 독신에 대한 오해와 편견은 쉽게 목격된다. 방송은 독신을 쉽게 공통점을 찾을 수 없는 두 가지의 상반된 이미지로 소비해왔다. 독신은 유능한 미혼의 삶을 통해 화려하고 자유로운 이미지로 그려지거나, 아니면 고독사, 독거노인이라는 단어를 통해 고독, 외로움, 궁핍 등의 이미지로 묘사되었다. 논리적으로 쉽게 이해할 수 없는 상반된 이미지가 별다른 저항 없이 제작되고 수용될 수 있었던 이유는, 대다수의 사람이 가족과 함께 생활하다 결혼을 통해 새로운 가구를 형성하는 생애주기에 익숙하던 시절에는 독신 생활의 실체를 아는 사람이 드물었기 때문이다.

방송 제작자의 취향대로 방송에 이용되던 독신의 상반된 이미지는 1인 가구 400만 시대에 사는 시청자의 눈길을 끄는 데 실패했다. '김삼순 열풍'이라 부를 수 있는 미혼 여성의 삶을 다룬 칙릿 류의 드라마가 잇따라 저조한 시청률로 막을 내렸고, 서른 즈음인 독신 여성들의 일과 사랑, 고민을 보여주겠다던 SBS <달콤한 나의 도시> 역시 주목을 받지 못하고 있다. 기존의 관습적인 서사를 반복한 프로그램들이 연이어 실패하자 독신의 삶에 대한 오해와 편견을 깨겠다며 등장한 프로그램이 있다. MBC 관찰 예능 프로그램인 <나 혼자 산다>와 tvN 드라마 <식샤를 합시다>이다. 두 프로그램은 새로운 소재를 발굴하고 각자가 가진 장르적 특성을 통해 독신의 삶을 입체적으로 그려내기 위해 노력한 흔적이 보인다. 그러나 높은 시청률과 함께 대중의 긍정적인 반응을 얻고 있는 이 두 프로그램은 독신의 삶을 제대로 이해하고 있을까?

<나 혼자 산다>의 가장 큰 특징은 방송에 등장하는 1인 가구의 범주를 확장시켰다는 점이다. 이 프로그램은 이른바 노총각으로 분류되는 미혼 남성 노홍철, 전현무, 김광규가 등장인물의 주축을 이루지만, 기러기 아빠인 배우 이성재, 가수 김태원, 이혼남인 김용건, 외국인 파비앙의 한국 생활에 이르기까지 다양한 모습의 독신이 등장한다. 기존 방송에서는 독신의 범주가 미혼 남녀 또는 혼자 사는 노인으로 한정되는 경향이 강했다. 좀 더 엄밀히 말하자면 혼자 사는 노인은 '독거노인'이라는 이름으로 사회 문제로 분류되었다. <나 혼자 산다>는 노년에 접어든 김용건의 생활까지 프로그램에서 포용함으로써 1인 가구에 대한 인식의 틀을 확장시키는 데 효과적으로 기여하고 있다.

감상적인 수식어가 익숙한 혼자 사는 사람들의 삶도 실상은 생활이라는 견고한 현실의 틀 속에서 이루어진다. <나 혼자 산다>는 출연자들의 생활을 담은 관찰 영상을 통해 독신 생활의 일상적인 보편성을 보여주는 한편, 편집된 영상을 보는 다른 출연자들의 반응을 통해 이를 밝고 명랑한 필체로 그려낸다. 출연자들 중에는 집을 깔끔하게 꾸미는 사람도 있고, 청소를 하지 않은 지저분한 모습으로 살아가는 사람도 있다. 요리를 잘 해먹는 사람도 있고, 배달 음식이나 인스턴트 식품으로 끼니를 해결하는 사람도 있다. 혼자 사는 사람들이 일상을 제대로 영위하지 못할 거라는 편견은 깨어지고, 비위생적이고 불완전해 보이는 삶 또한 유쾌한 웃음과 결합해 문제가 아닌 개성으로 표현된다. <나 혼자 산다>는 출연자들의 일상을 묵묵히 관조함으로써 독신 생활의 민낯을 드러낸다. 시청자는 포장되지 않은 출연자들의 지극히 일상적인 모습에서 역설적이게도 신선함을 느낀다.

<나 혼자 산다>는 독신에 대한 오해를 깨줄 뿐 아니라 독신이 직면한

문제에 대한 대안도 제시한다. 방송에 출연한 사람들은 비정기적으로 서로의 집을 방문하는 등 무지개 모임을 갖는다. 이 모임을 통해 출연자들은 혼자 사는 사람이 필요한 정보를 나누고 끊임없이 교류하면서 유대감을 형성해나간다. 이는 외로움과 고독의 문제를 해결하기 위해 독신자들 사이에서 유행하는 함께 밥을 먹는 모임, 독신 공동체 또는 공유 주거 형태 등의 대안 찾기와 맥을 함께한다. 독신의 삶에 수반되는 문제를 결혼 또는 가족 공동체의 복원을 통해 해결하려 하지 않는다. 1인 가구의 증가는 사회변화와 궤를 함께하는 기존 가족제도의 해체를 의미한다. 이런 사회변화를 무시한 채 기존 가족제도로 편입하라는 해결책만 제시하는 것은 무책임이다. 새로운 가족 형태로 1인 가구를 인정하고 그 틀 속에서 문제를 해결하기 위한 대안 제시가 필요한데, 무지개 모임은 이러한 역할을 순조롭게 하고 있다.

새로운 소재를 발굴하고 대안 제시까지 자연스럽게 할 정도로 탄탄한 구성을 가지고 있는 <나 혼자 산다>는 출연진 대부분이 남성이자 연예인이라는 점과 관찰 예능이라는 장르적 특성으로 인해 한계에 노출된다. 고정 출연하는 여성 출연자가 없어 독신의 삶보다 남성의 하위문화가 이야기의 주된 축이 되는 경우가 눈에 띈다. 일회성으로 출연하는 여성은 남성과 다른 생활을 하는 관찰의 대상이 될 뿐 이야기의 중심축이 되지 못한다. 예능 프로그램에서 여성이 주체로 소모되지 못하는 것은 이 프로그램만의 문제는 아니다. 다만, 다른 예능 프로그램의 경우 노출을 두려워하는 여성 연예인이 주요한 원인이지만, 이 프로그램의 경우 노출을 감행한 용감한 여성 연예인을 제대로 활용하지 못하는 제작진의 안일한 태도가 주요한 이유라는 점에서 변화가 요구된다.

여성 출연자의 부재보다 더욱 심각한 문제는 시청자가 신선하게 느끼는 일상 제시를 넘어서 현실적인 공감대를 형성하려는 노력이 크게 보이지 않는다는 것이다. 연예인의 반대 개념은 일반인이라는 농담이 있을 만큼 연예인의 삶은 일반인과 다르다. 출연진은 대부분 1인 가구의 대표적인 주거 형태인 고시원, 원룸, 오피스텔 등에서 사는 대신 아파트에 거주한다. 외국인 파비앙이 이사를 하면서 지나치게 비싼 서울의 집값 때문에 고민하는 현실은 쉽게 드러나지 않는다. 연예인 출연진은 경제적으로도 큰 고민이 없거나 없어 보인다. 이미지를 생명으로 여기는 연예인 출연진의 문제일 수도 있지만, 예능이라는 틀 속에서 현실적인 묵직한 이야기를 보여주는 데 두려움을 느끼는 제작진의 한계도 엿보인다. 예능 프로그램이라는 틀 속에서 보여주는 이야기의 한계에 대한 제작진의 두려움에는 일정 부분 공감하지만, 노홍철이 아름다운 풍광의 스위스를 여행했던 이야기보다 김광규가 고향의 부모님에게 살 집을 구해드리는 에피소드가 시청자에게 더 많은 사랑을 받은 이유를 제작진은 고민해봐야 할 것이다.

tvN의 드라마 <식샤를 합시다>는 드라마라는 장르적 특성을 활용해 독신의 삶이 직면한 문제와 결핍된 욕망을 서사의 전면에 내세우는 등 <나 혼자 산다>와 다른 방식으로 독신의 삶을 소비한다. <나 혼자 산다>가 각자의 삶을 통해 공통된 논의를 찾으려는 귀납적 구성이라면, <식샤를 합시다>는 하나의 주제를 구현하기 위해 에피소드를 발굴해내는 연역적 구성을 취하고 있다. 드라마의 등장인물, 공간, 에피소드는 모두 제작진이 원하는 주제를 향해 유기적으로 구성되지만 제작진의 욕심이 성급하게 일반화되어 독신에 대한 새로운 오해와 편견이 곳곳에서 발견된다.

<식샤를 합시다>의 주인공 구성과 오피스텔이라는 공간 설정은 다양한 독신의 모습을 사실적으로 제시하고 이를 입체적으로 형상화하는 데

효율적으로 작용한다. 자취를 막 시작한 진이를 통해서는 부모의 곁을 떠나 처음으로 혼자 사는 사람이 경험하는 현실적인 상황과 정서를 그려낸다. 진이는 난방비에 좌절하기도 하고, 혼자 있는 공간이 주는 묘한 공포감을 느끼기도 한다. 이혼과 동시에 혼자 살게 된 지 3년이 넘는 수경은 독신의 삶이 불편하지는 않다. 그녀는 난방비가 많이 나오는 오피스텔에서 겨울을 보내는 법도 알고, 더 이상 귀신이나 천둥을 두려워하지도 않는다. 다만, 혼자 먹는 식사가 익숙하지 않아 삼각김밥이나 컵라면 등으로 저녁 식사를 해결하고, 끊임없이 사람들을 경계하고 의심한다. 귀신이나 천둥보다 사람을 더 두려워하는 것이다. 자취 생활 10년이 넘은 대영은 그녀들과 달리 어느 정도 완성된 자신만의 삶의 방식을 가지고 있다. 대영은 집에 가구를 두지 않고 옷은 단골 세탁소에 맡겨두고 갈아입는 등 자신만의 생활 노하우를 갖고 있다. 맛집 블로그를 운영할 정도로 혼자서도 맛있는 음식을 즐길 뿐 아니라 이웃과도 스스럼없이 어울린다. 보험 판매원이라는 그의 직업과도 관련이 있겠지만 스스로를 지키는 방법을 배운 그는 사람을 마냥 경계하고 두려워하지는 않는다.

　<식샤를 합시다>는 이들 세 사람의 관계와 생활 모습을 통해 1인 가구가 겪을 수 있는 다양한 층위의 문제를 제시한다. 제작진은 에이브러햄 매슬로(Abraham Maslow)의 욕구단계설을 바탕으로 1인 가구가 가진 삶의 결핍을 에피소드로 구성한 듯하다. 생리적 욕구의 결핍은 유리창을 뜯을 수 없는 오피스텔이라는 주거 형태로 인해 원하는 가구로 집을 꾸밀 수 없는 진이나 식욕을 참고 삼각김밥 등으로 식사를 해결하는 수경의 모습 등으로 그려진다. 수경은 때와 장소를 가리지 않고 왕성한 식욕을 보이는데, 가장 최하위의 욕구마저 충족되지 않는 삶은 불완전함으로 해석된다. 치킨이나 피자 등을 혼자 다 먹을 수 없어서 인터넷 카페

등에서 배달 음식을 함께 주문할 사람을 구한다는 대학생들의 이야기가 심심치 않게 들리는 요즘, 제작진이 형상화한 장면은 일견 현실적인 것처럼 보인다. 그러나 혼자 밥 먹는 것이 독신자만의 문제일 수는 없다. 가족이 식탁에 둘러앉아 함께 밥을 먹는 일은 더 이상 익숙한 풍경이 아니다. 자기 집 장만이 꿈인 사회에서 원하는 가구를 맘껏 들일 수 있는 집에 사는 사람은 얼마나 될까? <식샤를 합시다>가 제기한 생리적 욕구의 결핍은 독신의 삶을 사는 사람만이 겪는 문제가 아니라 대다수의 도시인이 경험하는 보편적인 문제이다. 도시의 삶이 직면한 문제에 독신 생활자 중 상당수가 노출되어 있는 것은 사실이지만, 이 모든 문제가 독신 생활자이기 때문에 경험하는 문제는 아니다. 제작진의 섣부른 현실 인식은 드라마가 전개되는 동안 줄곧 도시 생활의 문제를 독신 생활의 문제로 귀결시키는 반복적인 오류로 드러난다.

오피스텔 803호 여자는 낙지를 먹다가 질식사하고, 수경은 맹장염에 걸려 혼자 앓는다. 방음이 되지 않는 오피스텔 덕에 대영은 수경의 신음 소리를 듣게 되고 이로 인해 수경은 건강을 회복하고, 대영은 수경에게 자신이 신음 소리를 듣지 못했다면 맹장염으로 죽었을지도 모른다고 경고한다. 찢어진 택배 상자를 보며 택배 기사도 믿지 못하고, 누군가 비밀번호를 잘못 눌러 열리지 않는 도어락을 보면서 불안해하고, 이웃을 묻지마 살인범으로 신고하는 이들의 모습은 매슬로의 안전 욕구가 충족되지 않는 1인 가구의 전형적인 문제로 묘사된다. 하지만 이런 문제들 또한 1인 가구의 문제만으로 치부하기에는 아쉬움이 남는다. 이웃에 누가 사는지 알기 힘든 도시인 중에 타인에 대한 수경의 끝없는 의심과 경계가 낯선 사람이 얼마나 될까?

드라마는 매슬로의 저차원적 욕구 중 마지막 욕구인 사회적 욕구에 대해서도 문제를 제기한다. 수경은 이웃인 대영을 묻지마 살인범으로 신고하지만 곧 단순한 오해였음이 밝혀진다. 미안한 마음과 달리 쉽게 사과할 수 없는 수경은 그들과 함께 식사를 하는 대신 혼자 삼각김밥을 먹으며 "삶은 왜 혼자 먹는 저녁밥 같은가?"라고 독백한다. 대영은 거액의 보험금을 포기하고야 자신의 알리바이를 증명할 수 있고, 진이는 결백을 믿어 의심치 않던 아버지가 실은 누군가를 자살하게 만든 사람이라는 감당하기 어려운 진실 앞에서 홀로 침잠한다. 가족이라는 울타리 없이 피상적인 관계만을 반복하는 것은 독신 생활의 가장 심각한 문제일지 모른다. 그러나 피상적인 인간관계와 소통의 부재는 비단 가족과 함께 살지 않는 사람들만의 문제가 아니다. 혼자 살아도 친구 또는 동료와 속 깊은 대화를 나누거나 사회적 욕구를 충족하면서 살아가는 사람도 많고, 가족과 함께 살지만 외로운 사람도 존재한다.

<식샤를 합시다>가 제기한 문제들은 다양한 층위를 형성하며 독신의 삶과 그들을 둘러싼 문제를 입체적으로 보여주는 듯하지만, 이미 언급했듯이 제작진이 제기한 매슬로의 저차원적 욕구의 결핍은 독신자가 처한 문제가 아니라 수많은 도시인 또는 현대인이 겪고 있는 문제이다. <식샤를 합시다>는 독신의 삶을 현실적으로 바라본다는 미명하에 현대 사회가 직면한 문제를 독신의 삶에서 결핍된 문제로 한정하는 심각한 우를 범하고 있다. 잘못 설정된 인과관계는 수많은 오해와 편견을 낳는다. 현대 사회의 많은 문제로 인해 독신 가구의 증가라는 결과가 발생했을 수 있다. 독신 가구 상당수가 욕구 결핍에 노출된 것은 사실이지만 독신 가구이기 때문에 그런 문제에서 벗어나지 못하는 것은 아니다. 드라마는 독신의 민낯을 보여주려고 노력하지만 1인 가구라는 새로운 가족 형태를 인정하지 못함으로써 이들을 문제적 현상으로 인식하는 기존의 편견을 답습하고 있을

뿐이다.

감성은 이성보다 달콤하다. 독신에 대한 감상적인 접근은 방송 제작자가 빠지기 쉬운 유혹이다. <달콤한 나의 도시>는 제작의도와 달리 뻔한 이미지의 나열과 그 과정에서 도출할 수 있는 예측 가능한 결론을 제시할 뿐이다. 다행히 이런 식의 접근은 더 이상 시청자의 호응을 받지 못할 것이 확실해 보인다. <나 혼자 산다>와 <식샤를 합시다>는 감상과 피상에서 탈피해 새로운 소재를 발굴하고 현실적인 문제를 인식하고자 한다. 그럼에도 이들 프로그램이 독신을 소비하는 형태에는 여전히 아쉬움이 남는다.

<나 혼자 산다> 제작진이 담론을 형성하지 못하고 소극적인 태도를 견지한다는 점도 아쉽지만, <식샤를 합시다>의 제작진이 보여주는 오해는 과거의 인식 과정을 답습한다는 점에서 아쉬움을 더한다. 감상적이고 피상적인 접근 방식은 시청자의 외면을 받을 것이기에 제작된다고 해도 그 위험성은 미미할 것이다. 그러나 <나 혼자 산다>나 <식샤를 합시다>와 같이 새로운 시도가 돋보이며 앞으로 상당한 기간 동안 1인 가구를 다루는 방송 제작에 영향을 미치게 될 프로그램이 보이는 독신에 대한 오해와 편견은 시청자에게 미치는 반향이 크다는 점에서 더욱 심각하게 고민해야 할 문제이다.

1인 가구 400만 시대, 독신은 더 이상 사회의 비주류가 아니고 해결해야 할 문제적 상황도 아니다. 방송을 제작하는 사람들은 자신들이 원하는 성급한 결론을 내리는 대신 우리가 사는 사회구조 속에서 독신의 민낯을 조금 더 차가운 이성으로 바라볼 필요가 있다.

<무한도전> '선택 2014'
예능이 애도를 우회하는 법

권민주

　세월호의 여파는 예능 프로그램에도 예외 없이 찾아왔다. 국민 정서와 여론을 고려해 각 방송사는 희생자들을 추모하고 슬픔에 빠진 국민을 위해 방송을 쉬기로 결정했다. 약 한 달가량의 애도기간을 가진 후 예전부터 사회풍자와 정치권 비판으로 응원과 야유를 동시에 받아온 <무한도전>이 위로의 인사와 함께 <무한도전> '선택 2014'(이하 '선택 2014')로 방송을 재개했다. '선택 2014'는 향후 10년을 이끌어갈 <무한도전>의 차세대 리더를 뽑기 위한 기획으로, 유재석이 최종 당선되었다. 살벌한 실제 정치판이 아닌 웃고 즐기는 예능의 틀 안에서 치러진 선거지만 '선택 2014'는 우리 사회의 단면을 여실히 보여주었다.

　당시는 세월호 사건과 지방선거가 맞물려 어른들의 무능함과 안전의식의 부재, 정치권 비판 등으로 정치에 대한 국민의 관심이 최고조에 달한 시기였다. 이러한 정국에 방송 재개 기획으로 '선거'라는 소재가 선택된

2014 좋은 방송을 위한 시민의 비평상 수상집

249

것은 우연이 아니었다. <무한도전> 멤버 여섯 명이 모두 입후보해 각자의 기호를 부여받고, 공약을 세우고, 거리 유세에 나섰다. 각자의 이미지와 전략으로 꾸려진 홍보영상은 SNS에서 큰 이슈가 되었고, 시청자 게시판은 연일 북적였다. 실제 선거와 다른 점은 투표 참여에 나이 제한이 없고 온라인 투표와 오프라인 투표가 동등한 비중으로 반영된다는 것이었다.

"앞으로는 원칙을 지키지 않아 생기는 안타까운 사고가 절대 일어나서는 안 됩니다. 저희 <무한도전> 또한 여러분께 힘이 되고자 저희가 있는 자리에서 저희가 할 수 있는 최선의 노력을 다하겠습니다." '선택 2014'의 오프닝에서 여섯 멤버는 이렇게 말했다. 실제로 <무한도전>은 세월호로 커진 정치에 대한 관심이 가깝게는 지방선거에 영향을 미치도록, 멀게는 사회 전체에 안착되도록 자신들이 가장 잘하는 형태로 노력했다. <무한도전>은 외부적으로는 세월호가 가져온 방송의 침체기를, 내부적으로는 길의 하차와 동시간대 시청률 꼴찌라는 위기를 '선택 2014'를 통해 영리하게 극복했다. 또한 예능이 어떻게 애도를 다루어야 하고 다시 제 역할을 찾아가야 하는지 적절한 방향을 제시했다.

우리가 보는 TV, 우리가 바라는 사회

낮은 지지율을 얻은 후보끼리 단일화를 하고, 판세에 주요한 영향을 미칠 것으로 보이는 이른바 킹메이커 후보를 서로 영입하기 위해 애쓰는 모습은 현실 정치 세태와 다를 바 없었다. 한복 두루마기를 입고 등장한 정준하, 현장 근로자들이 많이 입는 작업복 차림으로 출마 선언 자리에 나타나 "당신만 떨어뜨리면 됩니다"를 외치는 박명수 등 멤버 각자의 캐릭터에서 제작진의 의도가 다분히 묻어났다.

정치판을 떠올리게 하는 이러한 장치에는 후보자 검증 차원에서 이루어진 몰래카메라도 한몫했다. 어린이보호구역에서 규정 속도인 시속 30km를 지키는지 지켜보지만 여섯 명 중 누구도 이를 지키지 않았다. 안전과 아이들이라는 조합은 자연스레 세월호를 떠올리게 했다. "소중한 우리 아이들을 위해", "원칙을 지키지 못한 미안함"이라는 말로 반성하는 멤버들을 보며 시청자들은 쓴웃음을 지어야 했다. 어린이보호구역도 지키지 않은 후보들은 저마다의 공약으로 표를 얻기 위해 노력했다.

박명수는 MBC 공채 출신임을 강조하면서 자신을 '성골'로 표현하며, <무한도전>을 지키기 위해 MBC 출신이 나서야 한다고 외쳤다. KBS 출신인 유재석을 견제하기 위해서이지만 출신과 소속에 좌우되는 현실 정치를 묘사해낸 것이다. 그 외에는 뚜렷한 공약 대신 따뜻한 이미지만 내뿜었다. 개그맨 후배들과 단란한 시간을 보내고, 작업복을 입고선 "저 국밥 잘 먹습니다"를 외치며 친밀감 있는 후보로 다가가기 위해 애썼다. 또한 밥 먹을 시간도 없이 뛰어다니는 조명 스태프 '승철이'에게 같이 밥 한번 먹자고 시시때때로 어필했다. 스태프의 이름을 부르짖지만 정작 그의 성도 모르는 박명수의 모습에서 버스비도 최저 시급도 몰랐던, 무늬만 서민이던 정치인들이 자연스레 떠오른다.

'시청자가 부모다'는 이 기획에서 가장 화제가 된 구호였다. 시청자는 자신을 키워준 또 다른 부모임을 강조하는 노홍철의 공약이었다. 즉석에서 원하는 시민들을 자신의 집으로 데리고 간 노홍철은 자식이 부모에게 숨길 것이 무어 있느냐며 당선되기만 하면 멤버들의 가족과 사생활을 모두 공개하겠다고 말했다. 다른 후보들은 질색하며 막으려 했지만 시청자들은 달랐다. 언제나 궁금했지만 알 수 없었던 연예인들의 사생활에 대한 관심은 노홍철의 지지율로 나타났다. 최고 40%에 육박했던 지지율은 대부분 방송에 관심이 많은 2030 세대에서 나왔다. 단순히 연예인의 사생활이 궁금했을까? 그동안 우리 사회 정치판에서 꾸준히 바라던 인물은 깨끗하고 정직한 인물이었다. 청문회에서 폭로되는 뒷이야기와 비리는 이제 당연해졌고, 국민들이 바라는 이상적인 인물은 찾기 어려웠다. 이러한 세태에 솔직함과 공개를 추구한 노홍철이 높은 지지율은 얻은 것은 단순한 사생활 폭로 그 이상의 의미를 지닌다.

정형돈은 하하, 정준하와의 단일화를 통해 하하의 지지율 2%와 정준하의 지지율 4%를 받아 13%의 지지율로 선거활동을 시작했으나 최종적으로 23%의 득표를 얻으며 '선택 2014'를 마무리했다. 그러나 정형돈의 득표는 그의 공약과 지난 활약에서 비롯되지 않았다. 투표 당일 출구조사에서 한 시민은 그를 뽑은 이유로 "평범한 사람도 리더가 될 수 있다는 희망"을 들었다. 엘리트 정치, 일상과 동떨어진 정치에 거부감을 느낀 사람들은 우리의 마음을 알아줄 것 같은 평범한 인물을 원했던 것은 아닐까? "한 사람의 카리스마가 아닌 절대 다수의 평범함이 세상을 바꾼다"라는 정형돈의 마지막 발언이 평범한 사람이 잘사는 세상을 꿈꾸는 시청자들을 자극한 것이다.

예능의 한계 또는 사회의 한계

각자의 공약발표 자리에서 하하는 유행하던 '의리'라는 단어 외에 아무런 공약도 준비하지 않았고, 박명수는 아예 공약이 없다고 당당히 외쳤다. 뜬구름 잡기식의 공약으로 그저 바른 이야기만 하는 선거철의 흔한 모습이 떠오른다. 9년간 <무한도전>을 이끌어온, 강력한 지지층을 가진 유재석도 마찬가지였다. 유재석은 이른바 '고고고고고' 정책을 내세웠다. '프로

그램 시간은 정하고, 초심은 되찾고, 준비하는 습관을 키우고, 예능의
기본을 지키고, 잘못했을 땐 맞고'를 뜻한다. 그러나 프로그램 시간을
더 이상 늘이지 말자는 첫째 공약과 게시판에 해당 멤버에 대한 비판이
일정 비중을 넘어서면 번화가에서 곤장을 치겠다는 다섯째 공약 외에는
너무 추상적이고 누구나 말할 수 있는 착한 공약에 불과했다.

이에 비해 정형돈의 주요 공약은 시청률재난본부 설치와 캐릭터 연임제
폐지였다. 정준하의 역시 '123 공약'으로 실천하고자 하는 시청률의 구체
적인 수치와 방송목표를 발표했다. 각 후보가 공약을 어떻게 실행할지
철저히 검증하지는 못했지만 과반수의 지지를 얻은 유재석의 공약보다는
비교적 구체적이었다.

'유재석과 들러리'의 놀이판에 불과했다는 의견도 꽤 많았다. 유재석은
방송에서 압도적인 진행능력을 과시해왔고, 방송 내외에서 보여준 이미지
로 많은 이들의 사랑을 받고 있는 말 그대로 '국민MC'이다. 이에 비해
다른 후보들은 상대적으로 경력도 권력도 턱없이 부족하다. 애초에 경쟁
이 되지 않는 상대였을 수도 있다. 다른 후보들에게, 이를 비판하는 시청자
들에게 유재석은 거대 집권 여당과 같은 이미지일지도 모른다. 벗겨보면
현실의 모습과 너무나도 흡사한 구도를 보면서 팬들은 정치인들이 <무한
도전>을 보고 본받아야 한다고 외친다. 역설적이다.

기획 자체에 대한 비판도 있었다. 이변이 없다면 유재석이 당선될 것이
고 체제는 변함없을 텐데 왜 선거를 하는지, 선거 분위기에 맞는 아이템으
로 이슈몰이를 한 것뿐 아닌지에 대한 비판이었다. 선거는 치렀지만 결과
는 예상과 다르지 않았고, (방송이 보장된다면) 유재석은 앞으로 10년 동안
리더로서 <무한도전>을 이끌어나갈 것이다. 권력을 가진 이가 구체적이
고 명확하지 않은 공약으로 또 다시 10년을 지도할 것이라는 이야기이다.

첫 방송 전 홈페이지에서는 이름을 밝히지 않은 채 공약만 보고 투표하는 여론조사가 이루어졌다. 공약 선호도 4위는 12%를 얻은 정준하, 3위는 22%의 노홍철, 2위는 25%의 정형돈, 1위는 29%의 유재석이었다. 첫 방송이 나간 후 인물을 공개한 종합 선호도 조사에서는 정준하와 정형돈이 각각 4%, 7%로 떨어졌고, 노홍철과 유재석은 44%와 40%를 차지했다. 비교적 구체적인 공약을 제시했던 정형돈과 정준하는 인물 공개 후 급격한 지지도 하락을 맞은 것이다. 실제 <무한도전> 시청자 게시판에는 공약 선호도 조사에서 유재석이라고 생각하고 기호 나(정형돈)를 선택한 어느 시민이 표를 돌려달라고 하소연하는 글도 있었다. 물론 홈페이지에서 이루어진 작은 규모의 여론조사이기에 전체를 대변하기엔 무리가 있다. 그러나 그 변화의 양상과 폭을 보노라면 공약보다 인물이 가진 이미지에, 인물보다 소속 정당에 좌우되는 여론과 별반 다르지 않다.

후보가 셋으로 좁혀진 뒤 이루어진 최종 토론회에서는 실제 시사평론가인 정관용이 사회를 맡아 진지함을 더하려는 시도를 보였다. 그러나 상대 후보가 발표한 공약의 시비를 따지고 자신의 공약을 검증하기보다는 몰래 카메라로 촬영 중 모습과 다른 대기실에서의 이중적인 모습을 고발하는 형태로 흘러갔다. 또한 자신의 논리 없이 우격다짐으로 토론의 흐름을 차단하는 박명수와 각 후보를 응원하기 위해 함께 자리한 연예인 지지자들이 쉽게 흥분하고 소리치는 바람에 토론이 제대로 진행되지 못했고 이는 큰 아쉬움을 남겼다. 실제로 우리는 건전한 토론이 아닌 시끄럽고 무질서한 토론을 많이 보지 않았던가.

세월호 참사 이후 결방했던 예능 프로그램은 한 달 간의 휴식기를 보내고 대부분 정상화되었다. 으레 거쳐야 하는 통과의례로 인사 정도 할 뿐 특별히 참사를 언급하는 프로그램은 많지 않았다. 예능을 중단했다가 다시 시작했을 때 무엇을 어떻게 풀어나가야 할지 제작진은 막막했을 것이다. <무한도전>은 시대가 주는 과제를 안고 기다리지만 말고 저마다의 그릇에 담아낼 수 있도록 고민 해결책을 제시했다.

그동안 <무한도전>이 장기 프로젝트를 몇 달간 진행하면서 사이사이에 다른 기획을 섞어가며 방송하던 것과 달리 '선택 2014'는 쉬지 않고 5주에 걸쳐 방송을 마쳤다. 선거관리위원회는 전국 투표소에 사용되는 실제 장비를 대여해주는 등 '선택 2014'의 선거 전체를 지원함으로써 국민들이 뒤이은 6·4지방선거의 예행연습을 치를 수 있도록 했다. <무한도전> 역시 선관위의 도움으로 체계적인 시스템을 갖출 수 있었고 시민들의 참여까지 더해져 '선택 2014'는 시청률과 화제성을 동시에 잡은 효자 아이템으로 마무리되었다.

공공성이 짙은 방송 프로그램은 보이든 보이지 않든 간에 사회에 크고 작은 파급효과를 미친다. '선택 2014'는 일부 국민들이 거부감을 가지기도 하는 '선거'라는 소재를 이용해 정치에서 멀어졌던 대중, 특히 젊은 세대의 관심을 되찾아와 프로그램에 적당히 녹여냈다. 정치에 관심 없는 젊은 층에게 선거의 중요성을 일깨워주었고 이는 이후 그들의 투표율에도 영향을 미쳤다. 6·4지방선거의 투표율은 역대 지방선거 중 두 번째로 높은 수치인 56.8%를 기록했고, 사전투표는 <무한도전>의 주 시청 층이라 할 수 있는 20대의 투표율이 20.2%로 가장 높았다.

<무한도전>은 현실을 비춰볼 수 있는 거울로서 많은 시청자들의 사랑을 받았다. 특히 '선택 2014'에는 맘 놓고 웃을 수만은 없는 사회비판의 성격이 다른 특집보다 컸다. 또한 다음 기획에서 불편한 소재의 방송으로 비난이 일자 선출된 리더 유재석과 김태호 PD가 곤장을 맞았다. 방송에서 자는 모습이 계속 비춰져 시청자들의 불만을 산 박명수도 번화가에서

곤장을 맞았다. 이는 선거에 참여했던 시청자들에게 공약 이행이라는 기쁨을 선사했음은 물론, 예능에서 무슨 정치판 따라잡기냐며 별 관심 없던 시민들에게도 큰 화제가 되었다.

하지만 그들이 만들어낸 웃음이 사라지고 나자 씁쓸함이 남았다. 예능 프로그램을 이끄는 개그맨도 약속을 지키기 위해 애쓰는데 실제로는 어떤지 되돌아보게 된다. 어린이보호구역도 지키지 않는 어른들이 누구를 지켜줄 수 있는지, 해당 방송사 출신이 그 프로그램을 대표하는 게 맞는지, 성을 알 수 없는 승철이가 소외된 국민을 상징하지는 않는지 말이다. 변하지 않은 현실과 예능보다 못한 현실의 아프고 어두운 면을 잊어버리지 않도록 상기시켜주는 것 또한 방송의 역할이기에 간만에 찾아온 사회를 겨냥한 특집 '선택 2014'가 반갑다.

앞으로도 이와 비슷한 메시지를 전달하는 프로그램이 만들어질 것이다. 그러나 그전에 왜 우리는 대중매체에서 이슈가 되어야만 눈길을 주는지, 과연 TV를 통해서만 변화의 바람이 불 수 있는 것인지 먼저 생각해봐야 한다. 달라진 것 없는 사회도 떠올려보자.

<무한도전> '선택 2014'는 앞으로 예능이 나아갈 지향점과 사회를 바라보는 예능의 시각을 제시한 훌륭한 복귀작이다.

입선

<괜찮아, 사랑이야>의 세 가지 사랑

SBS 드라마 <괜찮아, 사랑이야>

한지현

우리 안에 새겨진 '쿨함'

"아님 말고. 나 쿨해." 우리는 일상생활에서 너무나도 자주 '쿨함'을
마주한다. 나의 제안이 거절당했을 때, 머쓱할 때 우린 '아무렇지 않음'으
로 무장한다. 상대에 대한 확신이나 신뢰가 부족해서 더 이상 앞으로
나아가지 못한다. 서로에 대한 사랑을 확인하기까지는 많은 시간이 걸리
는데, 그 시간을 기다리지 못해 관계는 적당한 선에서 멈추곤 한다.

어쩌면 우린 괜찮음을 강요받고 있기 때문일지도 모른다. 연인과 헤어
질 때 '질척'거리면 진상이 되고, 친구가 던진 농담에 기분이 상하면
속 좁은 인간이 된다. 군에서 왕따를 당해도, 어느 날 갑자기 해고 문자가
날아와도 괜찮아야 한다. 어떤 어려움도 아무렇지 않게 넘길 줄 알아야
한다. 내 생각과 감정을 표현하는 것은 사치가 된다. 심지어 '쿨'하지

못하면 미안하기까지 하다. 이 사회에서는 '쿨함'이 미덕이다.

쿨한 남자의 트라우마

<괜찮아, 사랑이야>에서도 바로 이런 '쿨함'을 갖춘 남자가 등장한다. 엄청난 팬을 거느린 추리소설 작가 장재열이다. 장재열은 큰 키에, 잘생긴 외모, 깔끔한 말투까지 겸비한 완벽한 사람이다. 하지만 태어날 때부터 모든 걸 갖고 태어난 재벌 2세도 아니고, 어렸을 때부터 남다른 글 재능을 지녔던 영재도 아니다. 잊지 못할 상처를 가슴속에 품은 채 멋있는 포장지로 그럴싸하게 자신을 감춘 '척'쟁이다. 화장실이 아니면 잠을 못 자고, 강우라는 환시를 보는 약한 사람이다. 그렇게 잘나 보이는 장재열도 마음에 병이 있는 것이다.

그러나 <괜찮아, 사랑이야> 역시 비현실적인 캐릭터 설정 때문에 설득력과 몰입력을 크게 이끌어내지 못하고 있다. 일단 대부분의 사람들은 장재열처럼 특출한 외모와 능력을 갖고 있지 않다. 게다가 베스트셀러 추리작가는 대한민국에 한 명 있을까 말까 하다. 시청률을 놓치기 싫지 않은 제작진의 고민이 엿보이는 대목이다. 조인성, 공효진이라는 배우가 담보되어야 시청자들을 잡을 수 있기 때문이다. 그런데 여기서 생각해볼 지점이 있다. 만약 장재열이 소설을 쓰게 된 이유를 탄탄하게 받쳐줬다면 어땠을까? 장재열이 아무 일 없었던 듯 살 수 있었던 이유가 '배설'에 있다고 말이다.

장재열과 화장실은 떼어놓을 수 없는 연결고리이다. 어릴 적 의붓아버지를 피해 통통에 숨었던 기억은 장재열을 끊임없이 괴롭힌다. 욕조에서만 잠이 들고, 편안함을 느낀다. 장재열에게 소설은 이와 같다. 자신의

아픈 기억을 소설이라는 매개를 통해 끊임없이 배설한다. 잔인한 범죄가
묘사되는 스릴러는 장재열의 상처가 반복·변주되는 공간이다. 의붓아버
지가 죽고 난 지금도 의붓아버지로부터 탈주하는 도피처인 셈이다. 그러
나 이 드라마가 건드리는 부분은 딱 거기까지이다. 상처가 드러나는 표피
에서 멈추지, 상처를 안긴 심층의 원인까지 나가지는 않는다. 미니시리즈
가 갖는 시간적 제약, 많은 복선 장치를 고려한다 해도 아쉽다.

장재열은 아버지의 사랑을 받지 못한 채 유년기를 보냈다. 그 결핍은
장재열이 살아가는 순간순간마다 고비로 다가왔다. 어떠한 결핍보다도
'사랑'의 부재는 장재열에게 큰 아픔이었고, 이를 극복하기 위해 자신의
또 다른 자아를 재생산하는 데까지 나아갔다. 장재열은 가족의 사랑을
받지 못해 비극을 안은 것이다. 하지면 과연 그게 전부일까?

가족에 대한 오해와 편견

장재열은 의붓아버지로부터, 지해수는 지체장애를 가진 아빠와 불륜관
계를 가진 엄마로부터, 박수광은 투렛 증후군을 이해하지 못하는 아빠로
부터 상처를 받는다. 그리고 그 상처는 장성한 30대가 되어서까지 이들을
괴롭힌다. 과연 가족은 걸림돌이기만 할까? 나는 지금 아메리칸 드림을
상징하는 화목한 가족이 이상적이라고 말하는 것이 아니다. <괜찮아,
사랑이야>에서 가족과 떨어진 네 사람 — 장재열, 지해수, 박수광, 조동민
— 은 홈메이트로 새로운 식구를 이뤘다. 이 같은 홈셰어링은 나홀로족에
게 대안으로 떠오르기도 하고, 새로운 공동체의 출현을 알리기도 한다.
드라마에서는 홈메이트가 가족이라는 혈연이 아닌, 함께 먹고 사는 식구
임을 드러내기도 한다. 그러나 여기서 중요한 것은 가족으로 비추어 드러

나는 현상이 아니다. 현상이 가리고 있는, 그 뒤에 숨은 본질이 핵심이다.

장재열의 의붓아버지는 태어날 때부터 누군가를 때리길 즐겼던 걸까? 아니면 폭력 자체에 희열을 느끼는 새디스트였던 걸까? 다른 가능성도 생각할 수 있다. 직장을 잘 다니던 평범한 샐러리맨이었다가 IMF로 모든 것을 한순간에 다 잃었을 수도 있고, 다시 한 번 이 가정에 최선을 다 해보자 마음먹었지만 재혼에 대한 사회적 편견과 곱지 않은 시선이 이 사람을 또 한 번 좌절시켰을지도 모른다. 그렇다. 이 같은 가정은 추측일 뿐이다. 그렇지만 장재열이 품은 아픔의 원인은 그렇게 절절히 표현되었지만, 아픔의 직접적인 제공자인 의붓아버지에 대한 얘기는 단 하나도 들을 수 없었다. 프로그램의 홈페이지에서는 기획의도를 "눈에 보이는 외상 말고 눈에 보이지 않는 내상에도 관심을 기울이자"라고 밝혔지만 이것은 의붓아버지에게는 해당되지 않는 것 같다. 사실 의붓아버지의 폭력, 즉 이러한 물리적 현상은 사회 시스템과 분리하고는 설명할 수 없다. 의붓아버지 고유의 천성이나 캐릭터라고만 뚝 떨어뜨려놓고 이야기 하기엔 맥락이 형성되지 않는다. 장재열에게 의붓아버지는 썩어 곪아버린 사회를 이해하는 콘텍스트가 되어야 한다.

그러나 재열은 단 한 번도 의붓아버지가 어떤 사람이었는지 질문하지 않는다. 어떠한 삶을 살았고 가족들에게 폭력을 휘두르게 된 원인이 무엇인지를 알려고도 하지 않는다. 그저 집안의 폭군, 괴물 정도로 인식할 뿐이다. 사랑을 받으려고만 했지, 주려는 생각은 하지 못했다. 내 아픔만 들여다볼 뿐, 상대방의 아픔까지 들여다보지는 못한 것이다.

지해수도 장재열과 마찬가지로 쿨하고 털털한 사람이다. 여느 드라마 여자 주인공처럼 능력 없고 '여리여리한' 여성스러운 여자는 아니다. 거기에 더해 남자 레지던트 셋을 이끌고 다니며 정확한 진단을 내리는 유능한 의사이다. 그러나 그녀도 마음이 아프다. 지체장애를 앓는 아빠 때문에 가난했고, 그런 아빠를 두고 엄마는 10년 넘게 외도를 했으니까. 여기서도 해수의 상처는 '아빠'가 원인이다. 막대한 병원비를 만들어내는 의료 시스템, 장애인의 기본생활권조차 보호하지 못하는 턱없는 보조금은 보이지 않는다. 아빠는 아프다는 이유로 죄인이 되었다. 스스로 몸을 움직일 수 없어 최소한의 이동권조차 갖지 못하고, 가족들의 수발에 의지할 수밖에 없는 사람. 이러한 아픈 아빠는 그저 가족의 짐이며 골칫거리이다. 가족 제도가 부각될수록 사회구조는 가려진다. 정말 이 모든 문제를 가족의 문제로 환원시킬 수 있는가?

가려진 커튼 틈 사이로

<괜찮아, 사랑이야>는 시작부터 논란을 몰고 온 드라마였다. 동성애 코드, 성적 표현이 스스럼없이 드러났기 때문이다. 드라마 초기에는 한 여성이 SBS 본사 앞에서 방송 폐지를 주장하며 1인 시위를 벌이기도 했다.[1] 선정적인 방송이 아이들을 위협한다는 이유였다.

공중파 드라마에서 "나는 섹스가 안 돼", "연인끼리 섹스를 하는 건 당연한 거야" 등 '섹스'라는 대사가 필터 없이 사용되었고, 첫 회에는 트랜스젠더가 등장했다. 나는 오히려 이것이 이 드라마가 얻은 소기의 성과라고 본다. 극중 정신과 의사 역을 맡은 공효진도 "아이들이 벽에 낙서할 때 가장 먼저 쓰는 것이 'SEX'라는 단어이다. 못하게 하고 금기시하니 더 몰래하는 것"이라고 인터뷰했다.[2] 사랑하는 사람끼리 관계를 맺는

---

1) ""15세 관람가 드라마가 동성애 미화" SBS '괜찮아, 사랑이야' 강력 비판", ≪기독일보≫, 2014년 7월 29일자.

것은 자연스러운 일이다. 이러한 이야기를 꺼내는 것이 이상한 일도 아니다. 그런데 한국 사회에서는 성적 담론이 암묵적으로 꺼내면 안 되고 스스로 도(?!)를 닦아야 하는 분야였다. 그러다 보니 야동이나 야한 잡지가 흥행했고, 정체 모를 이상한 성교육이 생겼다. 다리 밑에서 주워왔다는 둥 황새가 물어왔다는 둥 전혀 감을 잡을 수 없는 이야기가 생겨난 것이다.

성적 욕망은 우리의 기본 욕구 가운데 하나이다. 심지어 중·고등학교 도덕시간에도 식욕, 수면욕과 함께 성욕을 인간의 3대 욕구 중 하나라고 배운다. 부모가 되는 과정에서 이 부분을 건너뛸 수도 없다. 그런데도 여전히 쉬쉬할 일일까? 섹스라는 행위에 희한한 가치판단을 부여하는 자체가 이상한 것은 아닐까?

그러다 보니 나 역시도 섹스라는 표현이 그리 익숙지 않다. 남성에 의해 성 이슈가 주도되는 가부장적인 굴레 탓이다. 따라서 드라마에서 자주 언급된 다수의 성 표현은 제작진 나름의 도전이었다고 생각한다. 이런 논란과 반응이 있을 걸 알면서도 사용한 것이다. 아무렇지 않게 툭툭 던지면서 시청자가 거부감 없이 받아들이도록 말이다. 하지만 그러한 성 표현이 많이 소비된 데 비해 내용 면에서는 한계를 드러낸 듯 보인다. 성에 대한 새로운 담론의 장을 만들거나 인식을 전환하는 과정은 부재했다.

사랑에서 성은 필요조건이다. 사랑을 표현하는 한 방식일 뿐이다. 그런데 <괜찮아, 사랑이야>에서 그려진 성관계는 마치 사랑의 필요충분조건인 것 같다. 지해수의 성관계 불능은 전 남자친구 최호의 외도로 이어지고, 심지어 정신과 의사의 자격도 의심받게 된다. 성적 코드라는 장치에 치중

---

2) "'괜찮아, 사랑이야' 노골적 대사들, 정말 괜찮아?", ≪스포츠동아≫, 2014년 8월 7일자.

하다 보니 스토리라인을 보강하지 못하고 기존 '로코물'에 갇히게 되었다.

사랑의 여러 방식

<괜찮아, 사랑이야>에는 여러 커플이 등장하지만 그중에서도 수광-소녀 커플이 큰 인기를 얻었다. 박수광이 좋아하는 오소녀는 '문제 학생'이다. 학교도 안 가고 친구 돈이나 뺏고 다니다 결국 퇴학을 당한다. 그리고 사회부적응자로 낙인찍힌다. 학교 안에서나 밖에서나 사람들에게 소녀의 집안 사정이나 주위 환경은 관심의 대상이 아니다. 그저 문제를 일으키는 행위 자체가 중요할 뿐이다. 학생으로서 '학생다운' 본분을 지키지 않을 때 배제·추방하면 될 뿐이다. 학습 분위기를 흐리는 일은 학교 안에서 용서받을 수 없는 행위인 것이다. 그러나 수광에게 소녀는 문제 학생이 아닌 사랑하는 여자이다. 그녀를 이해하고 받아들이는 일은 그의 몫이다. 소녀도 마찬가지로 수광을 보듬는다. 수광에게 투렛 증후군은 부모, 연인과의 관계를 틀어지게 만드는 주요 원인이었다. 그러나 소녀는 그런 수광의 병을 다그치지 않고 자연스레 이겨낼 수 있도록 돕는다.

두 사람은 이 사회의 비정상인이다. 사회가 원하는 기준에 한참 미달한다. 게다가 한쪽은 성인, 한쪽은 미성년자이다. 남들이 알면 범죄라고 신고할지도 모른다. 그렇지만 그건 사회의 시선이다. 서툴지만 천천히, 오롯이 서로를 향한 사랑으로 상처를 아물게 한 건 그 둘이다. 주위 환경은 그들에게 원래 위치로 복귀하길 끊임없이 호명한다. 수광과 소녀도 그에 응답한다. 수광은 투렛 증후군을 없애려 발버둥치고, 퇴학당해 방황하던 소녀는 카페 일을 충실히 해내기 위해 노력한다.

이전에 우리 부모 세대는 꽃 꽂은 언니, 모자란 오빠, 혼잣말 하는 할아버지 등 다양한 사람들과 한데 얽혀 살았다. 마을 사람들은 이들을 환자라 치부하지 않고 조금 다른 사람이라 여길 뿐이었다. 아무렇지 않게 어울려 살면서 하나의 공동체를 이루었다. 지금은 그때와 전혀 다르다. 정상 범주 안에 들지 못하면 치료해야 하는 병이 되고, 분리와 갱생은 필수가 되었다. 이쯤에서 궁금증이 든다. '정상'이란 무엇인가? 무엇이 그 기준인가? 우리는 모두 다 같은 평균형 인간이 되어야만 하는가?

<괜찮아, 사랑이야>가 말하는 사랑

<괜찮아, 사랑이야>는 아슬아슬한 경계 위에 서 있었다. 새로우면서도 새로울 게 없고, 진부하면서도 진부하지 않은 드라마. 그 이유는 앞서 여러 번 이야기했지만, 이 드라마의 제목에서 찾을 수 있다. 바로 사랑이다. 이 세상의 모든 문제는 사랑으로 풀 수 있다. 이에 동감한다. 하지만 이 '사랑'이 애인과의 관계만으로 좁혀진다면 납득하기 힘들다. 처음에 등장한 동성애 코드는 결국 환자 개인의 이야기로 나왔다 사라졌을 뿐이다. 장재열은 지해수와, 박수광은 오소녀와, 조동민은 그의 아내와 행복한 결말을 맞는다. 그리고 자신의 인생을 누리고 싶다던 지해수는 어이없게 아이를 임신해버린다. 가족이라는 굴레에서 벗어나려 발버둥 쳤지만 결국 다시 제자리로 회귀해버린다. '괜찮아, 가족이야'란 말인가?

한 마을에 냇가가 있었다. 어른, 아이, 너나 할 것 없이 빨래도 하고 수영도 하고 씻기도 하는 그런 곳이었다. 그런데 어느 날부터인가 물 색깔이 변하더니 사람들이 아프기 시작했다. 사람들은 아플 때마다 병원을 찾았지만 냇가가 왜 변했는지는 알려 하지 않았다. 그저 약을 먹고 치료를 받으면 그뿐이었다. <괜찮아, 사랑이야>도 이와 맥을 같이한다.

냇가의 물을 분석하기보다는 병을 치료하는 게 우선이다. 사전 예방보다는 사후 처리에 더 주안점을 두고 있다. <괜찮아, 사랑이야> 이후 탄생할 노희경 작가의 작품은 이 한계를 넘어주었으면 좋겠다. 사랑의 저변이 더 확장되고 사회의 구조적인 문제를 날카롭게 건드리는 그런 작품 말이다. 더 치밀하고 철저한 고민을 통해 로맨틱코미디가 가볍지만은 않음을 보여줬으면 한다. "괜찮아"라는 영혼 없는 위로보다 "안 괜찮아"라는 솔직한 말로 씁쓸했던 내 등을 쓸어내려주는 위로를 더 기대한다.

신뢰가 없는 방송에 미래는 없다
MBC 예능 <신비한TV 서프라이즈>

임재혁

한 친구가 있다. 언제인지 기억도 나지 않을 만큼 어린 시절부터 곁에 있던 친구가. 그는 나에게 내가 모르는 세상을 보여주었다. 또 그가 들려주던 이야기에 나는 웃음 짓기도 하고 때로는 눈물을 흘리기도 했다. 그렇게 그 친구는 정말 많은 시간을 나와 함께 해주었다. 어쩌면 가족보다도 함께 한 시간이 더 많을지도 모른다. 그런데 그 친구가 이건 진실이라며 나에게 들려주던 이야기가 사실은 거짓이었다면 어떤 기분이 들까?

그 친구는 바로 방송이다. 경제와 미디어의 발달로 온 가정에 TV가 한 대씩은 있는 대한민국에서 TV 방송이 갖는 의미는 남다르다. 어린이에게는 놀이 친구가 되어주고, 학생에게는 선생님이 되어준다. 어른에게는 뉴스를 통해 세상을 보여주고, 홀로 사는 노인에게는 유일한 벗이 되어주기도 한다. 이처럼 방송은 사람들의 가까이에 있으면서 큰 영향을 주는 매체이다. 그렇기에 방송 프로그램은 신중하게 만들어져야 한다. 특히 실제 있었던 일을 소재로 사실을 전달하려는 목적의 프로그램이라면 더욱 그래야 한다. 즉, 시청자에게 '신뢰'를 줄 수 있어야 한다. 최근 케이블방송과 종편 채널의 등장으로 셀 수 없을 만큼 많은 TV 프로그램이 만들어지고 있다. 그로 인해 높은 시청률을 얻으려 경쟁적으로 약간의 각색을 넘어 사실을 왜곡하는 일이 빈번해졌기 때문에 지금은 이러한 '신뢰'가 더욱 강조되어야 할 때이다.

이와 관련해 얼마 전 인터넷을 뜨겁게 달군 한 프로그램이 있었다. 바로 MBC의 장수 프로그램 <신비한TV 서프라이즈>(이하 <서프라이즈>)이다. 이유인즉 실제 사실과는 전혀 다른 내용을 방송해 시청자들의 공분을 산 것이다. 나는 애청자라 해도 될 만큼 <서프라이즈>를 즐겨 봐왔기에 이 사건은 굉장히 특별하게 느껴졌다.

<서프라이즈>는 10년이 넘는 세월 동안 제작비 절감을 위해 스튜디오 녹화분을 없애고 방송의 재미를 위해 간판 코너였던 '진실 혹은 거짓'을 없애는 등 개편을 거듭해 지금의 모습에 이르렀다. 그런 과정을 지켜보며 느낀 것이 점점 내용의 신뢰도가 떨어진다는 것이었다. 단순히 방송에 나온 소재뿐 아니라 소재의 전달 방식에서나 여러 가지 방송 구성에서도 그런 문제가 느껴졌다. 애청자의 입장에서 <서프라이즈>가 더 신뢰받고 재미있는 방송으로 오랜 세월 동안 시청자의 사랑을 받는 프로그램이 되길 바라며 이 글을 통해 <서프라이즈>를 비평하고, 나아가 모든 방송 프로그램이 가져야 할 신뢰성에 대해 이야기하고자 한다.

<서프라이즈>에 관하여

"진실 혹은 거짓, 과연 진짜 이야기는?" 8년이 넘는 세월 동안 일요일 아침 대한민국의 거실에 울려 퍼지던 목소리이다. 바로 올해로 12주년을 맞은 MBC의 장수 예능 프로그램 <서프라이즈>의 상징과도 같은 코너 '진실 혹은 거짓'의 한 대목이다. 지금은 해당 코너가 사라졌지만 <서프라이즈>는 아직도 주말이 되면 방송 내용이 인터넷 포털 사이트의 인기 검색어를 장악할 만큼 꾸준한 사랑을 받고 있다. 12년의 시간 동안 꾸준히 인기를 얻은 비결은 무엇일까? 바로 방송의 주제에서 찾을 수 있다. <서프라이즈>는 네스 호의 괴물, 외계인 같은 다소 오컬트적인 내용에서부터 역사 속 숨겨진 이야기 등 미스터리한 내용까지 다양한 소재를 다루는 프로그램이다. 드라마처럼 가상이 아닌 어느 정도 사실에 기반을 둔 내용이라는 것이다.

영국의 광고 전문가인 이언 레슬리(Ian Leslie)는 호기심이 식욕, 성욕, 주거욕에 이은 인간의 네 번째 본능적 욕구라고 이야기했다. 사실이 완전히 밝혀지지 않고 아직 미스터리로 남아 있는 이야기는 시청자의 흥미를 자극하기에 충분했기에 <서프라이즈>는 큰 인기를 얻으며 국민 프로그램으로 남게 되었다. 그러나 이런 소재는 양날의 검과도 같다는 치명적인 단점을 안고 있다. 바로 사실성의 여부이다. '진실 혹은 거짓'의 거짓처럼 처음부터 가상의 내용이라고 이야기한다면 괜찮지만, "실제로 그렇다"라고 방송한 내용이 사실과 일치하지 않다면 어떨까? 시청자들의 신뢰를 잃을 수밖에 없다.

논란을 부른 <아이언맨> 사건

앞서 이야기한 <서프라이즈>의 왜곡 사건은 미국 마블 사의 인기 영화 시리즈 <아이언맨>의 주인공 역할을 맡은 배우 로버트 다우니

주니어(Robert Downey Jr.)에 관한 내용을 다룬 '익스트림 서프라이즈 — 아이언맨이 된 남자'(2014. 8. 24) 편의 내용과 관련해서 벌어졌다. 방송된 내용을 간략하게 얘기하면 다음과 같다. 로버트는 고등학교 시절 친구의 만화책을 찢는 등 폭력적인 모습을 보이다 학교생활에 적응을 못해 자퇴를 했고, 성인이 돼서는 마약 중독에 빠졌는데, 이를 본 아버지가 안타까워하다가 어느 날 우연히 영화 <아이언맨>의 배역 오디션을 알게 되어 존 파브르 감독을 찾아가 캐스팅을 부탁했다는 것이다.

하지만 실제로는 로버트는 학창 시절 배우로 성공할 것 같은 사람 1위를 차지할 만큼 인기가 많았고, 연기자의 꿈을 위해 브로드웨이로 가서 연기공부를 했다고 한다. 마약 이야기 또한 그의 아버지가 아들에게 권했지, 자신이 직접 한 적은 없다고 한다. 결정적으로 그가 스타덤에 오를 수 있었던 <아이언맨>의 배역 또한 <키스 키스 뱅뱅>에서 로버트가 보여준 연기를 본 파브르 감독이 직접 캐스팅을 제의했다고 한다. <서프라이즈>는 실제와 전혀 다른 내용으로 로버트를 표현한 것이다. 이에 시청자들은 "한 사람의 인생을 완전히 왜곡시켰다"라며 항의했고 결국에는 제작진이 "극적 구성을 위해 각색하는 과정에서 실수가 있었다"라고 사과함으로써 사건은 일단락되었지만, 사실 확인을 하지 않고 루머를 짜깁기해서 만드는 방송이라는 불명예스러운 평가를 받게 되었다. 과연 무엇이 이런 사태를 만든 걸까?

언제부턴가 사라진 사실 확인의 장치

그 해답은 방송 구성에 있다. 앞서 말했듯 <서프라이즈>는 한 프로그램 내에 여러 개의 코너를 둔 형식이다. 실제 있었던 이야기 두 개와 완전히 허구로 만들어진 이야기 한 개 중 거짓을 찾는 코너 '진실 혹은 거짓', 역사적으로 알려진 미스터리나 흥미로운 내용을 다룬 '익스트림 서프라이즈', 시청자의 제보를 기반으로 한 '언빌리버블 스토리', 기타 '황당한 진실 이야기 황진이', '서프라이즈 X-File' 등 다양한 코너가 방송되었는데, 개편을 통해 여러 코너가 사라지고 생겨나는 과정에서 어느 순간부터 방송에서 사라진 게 있었다. 바로 사실 확인의 장치이다. <서프라이즈>는 2009년 2월을 기점으로 제작비 절감을 위해 MC와 게스트들이 진행하는 스튜디오 녹화분을 없애고 각 코너만 방송하기 시작했는데, 이로부터 1년 뒤 간판 코너 '진실 혹은 거짓'이 사라지고 '익스트림 서프라이즈'와 기타 여러 코너만 방송되었다. '진실 혹은 거짓'을 방영할 당시에는 이야기가 진실인 경우 코너 마지막에 여러 가지 방식으로 이를 증명했다. 똑같은 소재로 쓰인 책을 소개하거나 실제 이야기를 겪은 당사자 또는 관련 인물의 뉴스 내용을 화면으로 보여주거나 전화 인터뷰를 하는 등의 방식으로 말이다.

하지만 '진실 혹은 거짓'이 사라지고 간판 코너가 된 '익스트림 서프라이즈'에는 이러한 장치가 거의 없어졌다. 그저 어떤 소재에 대한 이야기를 한 다음 적당히 마무리를 지어 끝내버리고 만다. 제작 과정 중 방송 소재에 대한 사실성 여부를 판단했으면 그런 장치가 굳이 필요하지 않다고 여길 수도 있지만 사실 여부 확인이 내부적으로만 끝나서는 안 된다. TV 방송은 제작자가 시청자에게 '영상(화면과 자막)'과 '소리' 두 가지 언어로 메시지를 전달하는 매체이다. 그렇기에 아주 사소할지라도 시청자에게 '보이는' 부분은 굉장히 중요하다. 시청자에게 보여줌으로써 적극적으로 신뢰를 얻을 필요가 있는 것이다.

신중한 제작의 필요성

사실 더 큰 문제는 제작 과정 중 사실성 판단이 제대로 이루어지지 않았다는 점이다. 이번 방송 뿐 아니라 최근의 <서프라이즈> 방송을 보면 그나마 사실 확인 장치로 등장한 것도 왜곡된 내용인 경우가 많았다. 이게 문제가 되는 이유는 대부분의 시청자가 TV 방송에 대한 신뢰도가 높은 '순응적 수용자'이기 때문이다. 그렇기에 "설마 방송이 거짓말을 하겠어?"라며 방송 내용을 전적으로 신뢰하고 만다. 그렇기에 이러한 문제는 제작진의 의식에서 비롯된 게 아닌가 생각한다.

「방송법」 제69조에는 "방송 사업자는 방송 프로그램을 편성함에 있어 공정성·공공성·다양성·균형성·사실성 등에 적합하도록 하여야 한다"라고 규정하고 있다. 이 규정은 프로그램의 편성에 관한 내용이지만 제작된 방송이 갖춰야 할 구성요소이기도 하다. 즉, 방송 프로그램을 제작하는 제작진은 방송 내용이 사실에 기반을 둔 것이라면 반드시 그 진위 여부를 확실히 밝힐 의무가 있다는 것이다. 특히 MBC는 대한민국을 대표하는 방송 3사 중 한 곳으로 이에 대한 책임이 더 막중하다. 그러나 <서프라이즈> 제작진은 로버트에 대한 내용을 제작할 당시 당사자나 소속사에 메일을 보내 문의하는 등 사실 여부에 대한 최소한의 확인조차 하지 않았다. 왜일까? 앞에서 이야기한 것처럼 시청자들이 '순응적 수용자'이기 때문일 것이다. 특히 <서프라이즈>는 프로그램의 특성상 일반 시청자가 잘 알지 못하는 내용을 소재로 다루기에 그 분야를 자세히 아는 사람이 아니면 비판적으로 바라보기가 쉽지 않다. 내용을 그대로 진실이라고 받아들이기 쉬운 것이다.

이런 문제는 비단 <서프라이즈>뿐 아니라 많은 방송에서 보이고 있다.

얼마 전 KBS의 교양 다큐 <걸어서 세계 속으로>에서 이탈리아 현지인들의 이름을 유명 축구 선수 이름으로 표기해 제작진이 보직 해임 등 중징계를 받은 사건이 있었다. 제작진은 당시 현지인의 이름을 메모한 종이를 잃어버려 어쩔 수 없이 그렇게 했다고 해명했다. <서프라이즈>와 <걸어서 세계 속으로>의 사례 둘 다 이유가 어쨌든 사실을 제대로 확인하지 않은 행위 자체로 인한 '시청자에 대한 기만'이라 할 수 있다.

끝내며

한 가지 생각해볼 점이 있다. 지금까지 언급한 방송 프로그램에서 왜곡된 내용을 찾은 주체는 방송심의위원회도 방송사도 아닌 시청자라는 점이다. 미디어의 발달로 시청자들은 점점 똑똑해지고 있다. '순응적 수용자'에서 모든 것을 받아들이는 게 아니라 스스로 비판적인 시각으로 바라보고 적절성을 판단하는 '비판적 수용자'가 되어가고 있다. 그렇기에 제작자들은 더더욱 방송 제작에 신중해야 한다. 신뢰가 없는 방송은 시청자에게 외면받기 시작하고 결국에는 사라지게 될 것이다. 따라서 방송 제작자들은 당장의 시청률을 위해 사실을 좀 더 자극적으로 왜곡해 방송을 만드는 것은 결국 독이 되어 다시 돌아오리라는 것을 기억해야 한다.

<히든싱어>: 욕망의 삼각형을 맴도는 목소리의 나이테, 인생의 나이테

김현지

프러포즈가 스포츠 역전극으로 변할 때

<히든싱어>를 보면 자연스레 떠오르는 작품이 있다. 맷 데이먼(Matt Damon), 주드 로(Jude Law), 기네스 펠트로(Gwyneth Paltrow) 주연의 영화 <리플리>. 뉴욕에서 호텔보이와 피아노 조율사로 먹고 살던 리플리(맷 데이먼)는 선박 부호의 아들인 디키(주드 로)를 이탈리아에서 데리고 오는 일을 맡게 된다. 이탈리아에 간 리플리는 디키의 호화 생활을 함께 누리면서 자신도 부호의 아들이 된 것 같은 착각에 빠진다. 계약이 만료되자 급기야 리플리는 디키를 죽인 후 마치 자신이 디키인 것처럼 위장생활을 해나간다. 빼어난 모방 실력에 지위 상승에 대한 욕망이 결합해 비극적인 사기꾼이 탄생한 것이다. 이 캐릭터가 얼마나 인상적이었는지 나중엔

'리플리 증후군'이라는 용어까지 탄생했다. 영화는 리플리가 디키라는 역할 모델을 만나 욕망에 눈 뜨는 마음의 서사에 초점을 맞추고 이야기를 진행한다.

영화 <리플리> 속 배우들처럼 서로 닮은 존재는 사람들의 시선을 끈다. 추석이나 설날 때면 스타 닮은꼴 대회가 열린다. 출연자 중에는 얼굴이 닮은 사람도 있고, 목소리가 똑같은 사람도 있다. 목소리가 같거나 모창에 재주가 있는 사람은 막 뒤에 앉아 얼굴을 공개하지 않기 때문에 듣는 이들의 호기심을 더 자극한다. 가수가 자신의 창법을 완벽하게 재현하는 사람을 보았을 때의 기분은 복제인간을 볼 때의 기분과 같지 않을까? 두 사람 중 어떤 이가 진짜일까? 주인공과 모방자가 대결을 벌인다면 반드시 주인공이 이길 거라고 단언할 수 있을까? 가짜가 진짜를 이긴다면 어떻게 될까? 가짜는 진짜보다 더 진짜 같은 가짜, 진짜는 가짜보다 더 가짜 같은 진짜가 되어버린다. 가짜가 진짜를 향해 벌이는 프러포즈가 스포츠 경기의 역전극으로 변할 때의 상황을 <히든싱어> 시즌2는 어떻게 풀어낼까?

욕망의 삼각형이 만날 때

JTBC의 <히든싱어>는 가수와 모창자 다섯 명이 블라인드 뒤에서 지정곡을 한 소절씩 나눠 부르는 방식으로 진행되는 프로그램이다. 청중 평가단 100명은 매 라운드마다 해당 가수가 아닌 것 같은 사람을 골라내 떨어뜨린다. 마지막 라운드에서 최종 선택을 받은 이가 '진짜 가수'인지는 얼굴을 공개해봐야 안다. 2012년 12월 파일럿 방송으로 시작한 <히든싱어>는 인기에 힘입어 시즌2까지 제작되었으며, 시즌2는 2014년 1월에

막을 내렸다. 방송을 보다 보면 모창자의 실력에 소름이 끼치고, 긴장하는 가수의 모습에 덩달아 긴장하며, 진짜를 찾아내고야 말겠다는 청중평가단에 빙의한 듯 귀를 쫑긋 세우고 노래를 듣는 자신을 발견한다.

시즌1이 가수들의 백전백승으로 채워진 반면, 시즌2에서는 우려하던 사태가(?) 또는 한번쯤 기대하던 시나리오가 드디어 탄생했다. 모창자가 원가수를 꺾은 것이다. 원가수를 이기고 최종 우승자에 오른 첫 번째 모창가수는 '신승훈 편'에서 나왔다. 파이널 라운드에 오른 세 명의 후보 중 진짜 신승훈을 찾아야 했는데, 이때 미션곡은 「보이지 않는 사랑」이었다. '신승훈 편' 파이널 라운드에서 모창자 장진호(팝페라 가수)는 신승훈을 두 표 차이로 따돌리고 최종 우승자 자리에 올랐다. 원가수와 모창자와 청중평가단 모두가 민망한 상황에서 MC 전현무는 "모방이야말로 존경의 표현 방식이다"라는 기본 명제를 각인시키며 새로운 시나리오의 물꼬를 틔웠다.

모방은 창조의 어머니라는 말이 있듯, 우리는 목표 지점으로 향할 때 '맨땅에 헤딩' 하지 않는다. 꿈을 거슬러 올라가면 시작점에는 욕망을 일으키는 불쏘시개가 된 자극제가 분명 있다. 『낭만적 거짓과 소설적 진실(Mensonge romantique et verite romanesque)』의 저자 르네 지라르(Rene Girard)는 이를 욕망의 삼각형 구조라 불렀다. 욕망이란 자연발생하지 않는다. 중개자를 타고 온다. 가수 지망생들은 어떤 가수의 노래를 듣다가 '이 사람처럼 되고 싶다'는 바람에 젖는다. 해서 그 사람의 가치관, 연습법, 창법을 그대로 따라한다. 그의 숨소리까지도. 모창 능력자들이 원가수의 노래를 얼마나 많이 들었을지 짐작이 가는 부분이다. 누군가 나를 역할 모델로 삼고 내 작품을 표준으로 삼아 급기야 '나'를 체화해버려 어떤 노래든 '나'의 스타일대로 부를 수 있는 존재가 된다면 그 이면의 노력에 감사해야 할 일이다.

목소리의 지문과 목소리의 나이테

하지만 목소리와 창법 또한 시간의 흐름에 따라 변한다. 특히나 그 변화에 가수의 의지가 반영되어 있다면 우리가 기억하는(좋아하는) 가수의 목소리와 시간을 받아들인 가수의 목소리에는 격차가 있기 마련이다. 그런 상황은 '조성모 편'에서 발생했다. 원조 가수 조성모가 2라운드에서 탈락한 것이다. 2라운드 미션 곡은 1집 타이틀곡인 「투 헤븐」이었다. 결국 최종 우승자는 뮤지컬 배우 임성현이 차지했다. 임성현은 조성모가 신인 시절 들려줬던 미성을 그대로 재현하고 있다는 평을 얻었다.

조성모는 "소리를 목에서 내다보니 음정이 불안해져서 창법을 변화시켜왔다"라고 말했다. 거기에 3년간의 공백기를 가졌으니 대중들은 조성모 하면 초창기 시절의 미성을 떠올릴 뿐, 달라진 조성모의 목소리까지는 파악하지 못한 상태였다. 조성모의 절친한 친구이자 패널로 나온 탤런트 류태준만이 블라인드 상태에서도 조성모를 정확히 알아냈는데, 그날 방송에 나온 사람 중 그만이 유일하게 조성모의 최근 목소리를 들었기 때문이다. "그때의 내 목소리를 기억해주는 것만으로도 기쁘다"라고 말하는 조성모의 모습을 보면서 목소리에도 나이테가 있음을 깨달았다. '조성모 편'은 원가수가 모창자가 보여준 전성기 때의 목소리를 '모방'으로 여기지 않고 '존중'하는 모습을 보여준 한 편의 인생극이었다.

'고(故) 김광석 편'은 박제된 목소리를 직면하는 드라마였다. 원가수가 고인이기에 매 라운드의 원가수 부분은 음반과 공연 영상의 음성을 디지털로 바꾸어 목소리만 추출한 부분이 나갔다. 블라인드가 걷힌 뒤 표를 의식하는 가수의 존재가 부재하다 보니 긴장감은 떨어졌지만 마이크 옆 텅 빈 공간만으로도 김광석의 존재감은 대단했다. 흥미로운 건 김광석의 친구인 가수 김창기와 한동준이 매 라운드에서 진짜 김광석을 찾아내는 데 실패한 사실이다. 오히려 아이돌 가수들이 선배 가수들보다 진짜 김광석의 목소리를 더 잘 찾아냈다. 한 아이돌은 이에 대해 "아무래도 저희는 김광석 선배님의 노래를 음반으로밖에 듣지 못했기 때문에 실생활이나 공연에서 김광석 선배님의 노래를 들으신 분들에 비해 음반 속 목소리를 더 잘 구별할 수 있는 것 같다"라며 나름의 이유를 내놓았다.

김광석의 14년 지기 친구인 김창기는 "광석이가 죽고 난 후 광석이의 음악을 안 들었다. 마음이 복잡해서…… <히든싱어>에 나오기 전에 다시 들었다"라고 고백했다. 김창기와 한동준이 진짜 김광석을 찾는 데 어려움을 겪은 건 이들에게 김광석의 목소리는 '육성'이었기 때문이다. 옆에서 들을 수 있던 목소리를 이제는 정말로 음반 속 목소리로만 만나야 한다는 현실을 이 프로그램을 통해 직면하고 인정할 수밖에 없었던 것이다. 그러나 어느 한 시점의 목소리로 영원히 기억된 김광석은 음반을 통한 소리의 박제를 통해, 소리의 복제를 통해 역할 모델이 시공간을 거슬러 존재할 수 있음을 증명해냈다.

노래로 만든 너와 나의 인생극장

시즌별로 새로운 스토리텔링에 도전하는 <히든싱어>의 가장 큰 장점이자 한계는 한 가수의 히트곡을 1시간 내내 들어야 한다는 점이다. 그렇기 때문에 목소리의 지문 또는 나이테를 갖추지 못한 사람은 이 프로그램에 나올 수가 없다. 2014년 8월 시즌3을 시작한 <히든싱어>는 솔로 가수가 아닌 그룹 활동을 하는 리드 보컬 가수를 대거 선정해 새로운 긴장감과 스토리를 꾀했다. 그러나 그룹 활동을 하는 가수들의 나이가 젊고 곡의 파트가 분절되어 자기 개성을 온전히 드러낼 기회가 적다는 현실은 <히든싱어>가 넘어야 할 벽이다.

실제 <히든싱어>가 큰 화제를 모은 경우를 살펴보면 현재 전성기이지는 않으나 뚜렷한 목소리의 지문을 갖추고 인생 곡절을 경험한 가수가 출연했을 때이다. 2012년에 슬럼프를 극복하고 4년 만에 앨범을 발표한 이수영, 배우 생활에 전념하기 위해 가요계를 은퇴했다 다시 돌아온 임창정, 팀의 해체와 재결합을 경험하고 초기 멤버인 유채영을 하늘로 떠나보낸 쿨의 이재훈, 불화설에 휩싸였던 플라이 투 더 스카이의 환희 등이 그들이다. 이들을 보면 목소리의 지문도 짙어야 하지만 한 가수가 가수라는 영역 안에서 보여줄 수 있는 인생의 진폭 또한 넓어야 함을 알 수 있다.

기억 속에 새겨진 목소리의 지문과 한 가수의 나이테를 듣게 만든 <히든싱어>가 그간 사용한 역할 모델을 넘어 어떠한 인생극장으로 시즌 3을 꾸려나갈지는 예측 불가이다. 그 점에서 결과를 알 수 없는 오디션 퀴즈쇼인 <히든싱어>가 매회 나아갈 방향은 출연 가수에 따라 매회 다를 수밖에 없다. 인생은 수없이 많은 얼굴을 가지고 있다. <히든싱어> 또한 많은 얼굴을 가진 가수가 필요하다. 그리고 그 얼굴을 한데 모아주는 건 바로 그 가수의 목소리이다. 여기에 숨어 있는 건 모창자와 가수의 얼굴뿐 아니라 노래와 노래 사이의 시간이다. 따라서 노래와 노래 사이를 자신의 사연으로 채워넣을 수 있는 가수의 출연만이 팬과 시청자로 하여금 자신의 사연과 자신의 추억을 선정곡 사이에 채워 넣을 수 있게끔 인도할 수 있다.

입선

고잉 솔로, 싱글 턴이 온다*
MBC 예능 <나 혼자 산다>

이상진

혼자 산다는 것(Going Solo)

MBC 주말 버라이어티 <나 혼자 산다>는 최근 사회적 이슈인 1인 가구의 급증에 대한 사회 현상에서 출발한다. 교육과 취업 문제, 불안정한 고용, 여성의 사회적 지위 향상 등에 따라 결혼에 대한 개념과 선호가 변해버린 지금, <나 혼자 산다>는 대한민국 1인 가구로 살아가는 남성들의 목소리를 들려준다. 결혼 적령기를 놓쳐버린 노총각, 아내와 떨어져 사는 기러기 가장, 나이는 어리지만 개인적인 사정을 이유로 혼자 사는 남성, 그리고 돌아온 싱글(이혼남) 등의 속사정을 거침없이 보여줌으로써 '혼자 산다는 것'이 더 이상 부끄러운 일이 아님을 강조하고 '혼자 사는

---

* 이 글은 에릭 클라이넨버그, 『고잉 솔로 싱글턴이 온다: 1인가구 시대를 읽어라』, 안진이 옮김(더퀘스트, 2013)를 바탕으로 구성했음을 밝혀둡니다.

사람'은 사회의 패배자라는 오명에서 벗어나고자 한다.

어떤 이에게는 혼자 산다는 것이 필연이지만, 어떤 이에게는 우연히 시작된 일이다. 각각 연기자와 가수를 목표로 부산에서 서울로 상경한 김광규와 육중완, 해외에 있는 가족들로 인해 기러기 아빠가 되어버린 이성재와 김태원에게는 독거가 어쩔 수 없는 필연이지만, 돌아온 싱글 대부님 김용건과 아직은 결혼에 대한 확신이 없는 노홍철과 전현무, 오랜 아이돌 그룹의 합숙 생활에서 벗어나고픈 요섭에게는 우연히 찾아온 생활이다.

아직까지는 1인 가구를 바라보는 시선이 달갑지만은 않다. 공동체의 와해, 고독의 증대, 극단적 개인주의와 같은 사회적 병리 현상을 염려하는 목소리가 높지만 그렇다고 해서 현재의 1인 가구 증가 추세가 멈추지는 않을 것이라는 점에서 <나 혼자 산다>는 싱글 턴의 변화를 인정하고 대응을 모색하는 과정과도 같다. 20여 년 전만 해도 응당 그러하다고 여겨지던 4인 가족 체제가 곧 1인 가구에 추월당할 것이라는 통계는 본 프로그램 외에도 <식샤를 합시다>와 같은 콘텐츠를 낳기도 했다. 혼자 산다는 것에 대한 풀이, 우리는 무지개 회원을 통해 답을 얻고자 한다.

혼자 사는 능력(The Capacity to Live Alone)

혼자 사는 것도 능력이다. 누구나 혼자 살 수는 있지만 누구나 그런 싱글 라이프를 즐기며 잘 살아가는 것은 아니라는 의미이다. 지금껏 노총각, 돌아온 싱글, 기러기 아빠, 자취생을 연상하면 으레 칙칙하고 궁상맞은 이미지였고, 그들을 향해 타인들은 혀를 차며 비아냥거리거나 안타까움을 쏟아내기도 했다. 하지만 <나 혼자 산다>는 무지개 회원들의 에피소드를 통해 현실을 인정하면서도 세상에 몸으로 부딪히며 싱글 라이프의 '경험치'를 쌓고, 이 경험치를 사회와 조직에 적용하며 적응해나가는 변화를 보이고 있다.

망원시장의 옥탑방에 사는 부산 총각 육중완은 내리쬐는 여름의 더위와 살을 에는 겨울의 추위에 맞서면서도 음악에 대한 열정을 잃지 않는다. 그의 첫 등장에서는 헝클어진 머리와 얼룩진 이불, 아무렇게나 널린 빨래가 여과 없이 방영되면서 시청자들로 하여금 노총각에 대한 우려를 자아냈다. 하지만 회가 진행될수록 수준급의 요리 솜씨와 커피 한 잔의 여유를 아는 불규칙 속의 일상의 규칙이 발견된다. 손수 만든 평상을 음악 작업실과 호텔 라운지처럼 활용하거나 오토바이를 타고 망원시장을 누비며 장을 보는 흥정의 달인 육중완의 낙천적인 일상은 기분 좋은 상상을 하게 만든다.

한편 모델과 배우라는 화려한 모습과는 달리 집에만 들어서면 텐트를 치고 요거트를 직접 만들어 먹기도 하며 수상스키나 헬스를 통해 자기관리에 신경 쓰는 김민준을 보면서는 싱글에 대한 우려와 편견이 동경으로 바뀌기도 한다. 어깨를 축 늘어뜨리고 한숨만 내뱉을 것 같은 기러기 아빠와 돌아온 싱글의 사례는 피규어에 푹 빠진 꽃중년 이성재와 편집숍에서 옷을 맞추고 젊음의 거리에서 브런치를 즐길 줄 아는 김용건을 통해 '혼자 사는 능력'의 절정으로 묘사된다.

갈라서기(Separating)

싱글 턴을 바라보는 사회적 편견과 고정관념을 탈피하기 위해서는 세상과 '갈라서기'를 할 필요가 있다. 혼자서는 행복한 삶을 살 수 없다는 세상의 우려 또는 불확실한 내일을 걱정하는 가족이나 지인과 스스로 갈라서서 홀로서기를 해야만, 그래야만 세상은 싱글 턴의 삶을 인정하고 이들을 사회 구성원으로서 동등하게 바라볼 것이기 때문이다.

최연소 무지개 회원이자 상경해서 연기의 꿈을 키워나가는 김동연은 부모님과 팬들의 우려 속에서도 가족의 경제적 지원보다는 현실적인 소비와 친구와의 동거를 통해 홀로설 수 있음을 증명했다. 마흔을 훌쩍 넘긴 김광규 역시 엄마의 손길이 필요한 막내가 아닌 자신의 삶을 즐길 줄 아는 싱글로서의 내일을 위해 전셋집을 구하고 할리데이비슨 동호회에 가입함으로써 자신이 우리 사회의 당당한 구성원임을 증명한다.

때로는 사회의 따가운 시선에 맞서고 때로는 자신의 고민으로 방황하기도 하는 무지개 회원들의 모습은 시청자들도 갖고 있는 고민, 바람과 닮아 있다. 시간을 할애해 중국어 공부에 매진하는 전현무, 음악에 대한 열정을 간직하며 내 집도 마련하기 위해 달리는 데프콘, 아내와 아이들에 대한 그리움과 음악 하는 과정에서 받은 상처를 더 깊이 있는 음반 작업과 후진 양성으로 극복하려는 김태원을 통해 눈물과 웃음이 있는 싱글 턴의 어제와 오늘을 볼 수 있다.

나를 보호하라(Protecting the Self)

혼자 살아가는 자들에게 가장 두려운 것은 자신이 혼자임을 인지하는 순간이다. 부모와 형제자매에게서 독립한 그들에게 불확실한 환경 속에서 혼자 살아간다는 사실은 불안하고 불편한 일이다. 세상의 편견과 고정관념에서 벗어나기 위해 몸부림치는 그들에게 세상은 결코 녹록치 않다.

<나 혼자 산다>에서도 출연자들이 자신을 보호하기 위해 고민하는 모습이 자주 다뤄지는데, 그에 대한 결론은 '무지개 창단'이었다.

아무런 제약도 없고 오직 혼자 사는 자라면 누구나 가입할 수 있는 카페 '무지개'는 자신들을 억압하고 감시하는 외부로부터 자신들을 보호하는 싱글 턴의 방패와 같다. 또한 정기적인 월례 모임과 연말 시상식을 통해 회원들은 속사정을 꺼내놓기도 하고 요리, 패션, 연애에 대한 서로의 노하우를 주고받기도 하는 등 개방·연결·공유된 '허브(HUB)'와도 같은 관계를 유지한다. 통신기술의 발달로 전화와 인터넷, SNS에 이르기까지 이른바 통신혁명이 이루어지면서 통신 수단은 혼자 살면서도 타인과 가까이 할 수 있는 징검다리가 되었다. 또한 거대 도시의 발달로 싱글의 사교활동이 활발해짐에 따라 싱글의 가치관과 성향, 생활방식을 서로 이해하거나 공유하게 되었고 이는 '싱글 턴 사회'를 촉진시켰다.

혼자 사는 사람들은 여러 문제를 스스로 해결할 수 있어야 한다. 다시 말해 혼자 쇼핑하고 혼자 요리 레시피를 익혀야 하며 사교활동까지 능수능란해야 한다. 또한 가족과 친구뿐 아니라 직장 동료나 사회 활동 관계자와의 네트워크를 강화해 가족을 대신할 도시 부족(Urban Tribes)을 형성함으로써 싱글 턴에게 불리한 환경과 사회적 차별에 대응해야 한다. 나를 보호하라. 싱글 턴을 보호하라.

따로 또 같이(Together Alone)

솔로 턴이라고 해서 무조건 혼자 사는 것은 아니다. 자신의 라이프스타일과 라이프사이클에 따라 누군가와 함께 살기도 하고 또 다시 혼자 살기도 한다. 고정적이거나 폐쇄적이지 않고 자유롭고 합리적인 삶을 추구하는 것이 그들의 원칙이기도 하다. 때로는 자신만을 위한 레포츠와 자기 계발에 몰두하기도 하고, 때로는 자신만의 정기적인 사교모임을 통해 '따로 또 같이'라는 삶을 공유하면서 솔로의 목소리가 사회에서 외면 받거나 경시되는 것에 대응하고 면역력을 기른다.

무지개 회원들은 평소에는 자신의 활동 반경에서 주로 시간을 보내지만 평일 자투리 시간이나 주말에는 혼자서 여유를 만끽하기도 하고 함께 어울리며 위로와 안정을 되찾기도 한다. 혼자서 외국어 공부에 매진하는 전현무, 캠핑 요리와 애완동물 키우기에 관심을 갖는 요섭, 새로운 스포츠에 도전하려는 김민준처럼 각자 혼자만의 삶을 향유하기도 하지만, 가끔은 노홍철의 주선으로 전현무와 김민준이 만나 볼링을 치거나 식사를 하면서 공감과 의견을 나누기도 한다.

앞선 출연진이 주로 '미래'에 대한 고민을 토로하는 데 치중한다면, 김광규와 육중완 그리고 김용건의 에피소드는 싱글들의 '현재'를 비추고 있다. 작업실과 옥탑방 월세를 내기 위해 걱정하는 육중완, 전세 계약과 실내 인테리어에 관한 노하우가 필요한 김광규, 영화배우 아들의 감독 데뷔와 자신의 중년 연애에 대해 고뇌하는 김용건의 모습은 화면 밖 또 다른 1인 가구의 오늘과 내일의 이야기를 함축하고 있다는 점에서 메시지를 던지기도 하고 시청자들에게 한 번쯤 고민해볼 여지를 남기기도 한다.

미국 LA에 거주하는 고소득 독신들을 위한 소셜 네트워크 사이트인 '싱귤러(singular)'는 혼자 사는 사람들에게 유용한 정보 또는 서비스(건강, 복지, 도전 등과 같은 주제에 관한 오프라인 사교모임)를 제공하고 있다. 또한 차별받는 싱글 직원들의 목소리를 대변하기 위해 '싱글에디션닷컴'이라는 웹사이트가 개설되기도 하는 등 현대 사회에서 1인 가구의 지위는 향상되고 있으며 또한 1인 가구는 하나의 수요 집단으로 기업과 비즈니스 측면에서 부각되고 있다. 대한민국도 2020년이면 1인 가구가 40%에 이를 것으로 전망되므로 그들의 프라이버시를 존중하면서도 그들을 사회의 구성원으로 인정하는 제도와 정책을 마련해야 한다. 또한 그런 시스템 도입이 머지않았음을 <나 혼자 산다>를 통해 깨닫게 된다.

혼자 나이 들기(Aging Alone)

<나 혼자 산다>의 방영 초기에는 주로 사회적 관점에서 솔로들을 바라보는 시선을 담았다. 네다섯 명의 출연진의 삶을 빠른 속도로 조명하면서 싱글 턴의 공통분모에 초점을 맞추는 '숲'과 같았다. 그러나 지금은 무지개 회원 각각의 에피소드에 시간을 할애하여 한 사람씩 한 회의 주인공으로 선정하고 있다. 개인의 취향과 그들이 일상 속에서 삶을 재해석하는 모습을 디테일하게 해석함으로써 '나무'라는 개인적인 시점에서 이야기를 풀어내고 있는 것이다. 또한 무지개 정기 모임을 열고 게스트들을 출연시켜 각자의 나무가 어떻게 숲을 이루며 어떻게 열매를 맺고 보금자리를 만들어가는지 그 그림을 채워나간다. 그리고 홈페이지와 다양한 채널을 통해 실제 우리 사회 싱글 턴의 목소리를 듣고 공감함으로써 시청자들이 <나 혼자 산다>의 빈 여백을 채울 수 있도록 매듭짓는다. 혼자 나이 든다는 것도 유쾌할 수 있음을 우리는 <나 혼자 산다>를 통해 배운다.

혼자 나이 든다는 것은 싱글 턴에게 두 가지 모습으로 다가온다. 하나는 사회적 관점에서 개인을 바라볼 때 주로 우려하는 것으로, 노령이 되어도 돌봐주는 이 없이 국가의 복지정책에만 기대어 기혼 집단의 삶과 자신을

비교하며 후회하는 모습이다. 나이가 든다는 것은 한편으로는 지혜를 쌓아가는 과정이기도 하지만 역시나 서러운 일이다. 더구나 그 시련을 혼자 맞이하고 견뎌내는 것은 더욱 괴로운 일이다. 그렇다면 이 프로그램에서 말하는 '혼자 나이 들기'는 이와 같은 의미인가?

그렇지 않다. 무지개 회원들이 제시하는 '혼자 나이 들기'의 또 다른 모습은 혼자 살면서도 남들이 부러워하게끔 나이를 먹는 것이다. 이제 혼자 산다고 해서 그들의 노후생활이 비관적이고 부정적으로 비쳐지는 사회는 더 이상 아니다. 상대방, 특히 기혼자보다 자유롭고 현명하고 유익하게 살고, 내 자신이 내 삶의 주체가 되어 후회 없는 삶이 되도록 가치 있게 하루를 보내는 것, 그것이야말로 <나 혼자 산다>의 출연진이 보여주는, 싱글 턴이 사회와 어울리며 살아가는 방식인 것이다.

혼자 살기의 재구성(Redesigning Solo Life)

나이가 들어도 서럽지 않다. 또한 혼자여도 두렵지 않다. 혼자 산다는 것은, 스스로 결정해서 ① 직접 집을 계약하고, 직접 요리를 하고, 자신이 원하는 패션 스타일을 즐기면서 '혼자 살 수 있는 능력'을 키우고, ② 당당하게 '세상과 갈라섬'으로써 주체적인 싱글이 되고, ③ 또 다른 싱글들과 함께 개방·연결·공유함으로써 '나를 보호하는' 사회의 적응력을 터득하는 것이다. 또한 ④ 개인과 사회라는 두 집단 사이에서 '따로 또 같이'라는 융통성 있는 네트워크를 내 삶에 적용함으로써 ⑤ 남들의 부러움을 받으며 '혼자 나이 들어가는' 자신을 기분 좋게 상상해볼 수 있을 것이다.

지금까지 <나 혼자 산다>를 통해 싱글 턴의 '사적 영역'을 살펴보았다. 그리고 개인의 삶만으로는 사회·문화적 한계가 있을 수 있으므로 부족한 부분을 '공적 영역'이 메워야 함을 일깨웠다. 이 프로그램에서 다루고 있지는 않지만 실제로는 탈북해서 대한민국에서 새롭게 정착한 새터민이나, 지적 장애나 지체장애로 인해 결혼을 미룬 장애인 중에서도 싱글은 존재한다. 또한 친정에 아이를 맡긴 미혼모나 이혼한 다문화가정 외국 여성 및 한국에 거주하는 외국인 노동자도 여기에 포함될 수 있다. 특히 이들은 사회적 편견이나 고정관념, 경제적인 측면에서 무지개 회원보다 더 심각한 싱글 턴의 적나라한 현실을 보여준다. 이처럼 '혼자 산다는 것'에는 우리 개인과 사회에 던지는 보이지 않는 메시지가 함축되어 있다.

혼자 살기의 재구성. "고잉 솔로, 싱글 턴은 온다". MBC 주말 예능 <나 혼자 산다>는 우리 사회의 1인 가구들에게 말하고 있다. 무지개는 비가 온 뒤에야 뜨는 법이라고 또한 빗줄기가 강할수록 햇빛은 그 수증기를 한껏 머금어 눈이 부시도록 아름다운 일곱 빛깔의 무지개를 세상에 만들어내는 법이라고.

<진짜 사나이>가 만들어낸 '가짜 사나이'

신대식

MBC의 인기프로그램, <일밤 - 진짜사나이>가 유행하고 있다. <진짜 사나이>는 연예인이 실제로 입대하여 군생활을 하는 모습을 담아낸 프로 그램이다.

군에 입대해보지 않은 사람이라면 이 프로그램을 보고 상당한 충격을 받을 것이다. 나조차도 입대하기 전에는 군대가 어떤 곳인지 상상이 되질 않았다. 그런데 이제는 군 생활의 모든 모습을 담아내는 프로그램으로 인해 말 그대로 남녀노소가 군 생활을 다 알게 되었으니 <진짜 사나이>는 좋은 의미에서든 나쁜 의미에서든 충격적인 프로그램인 것이다.

<진짜 사나이>는 입대를 앞둔 사람에게는 지침서가 될 수도 있다. 군 생활을 하면서 올바르지 않은 길로 들어서거나 복철(覆轍)[1]을 밟지 않도록 하는 계기가 될 수도 있다.

---

1) 넘어진 수레바퀴라는 뜻으로, 앞서 간 사람의 실패한 흔적이나 자취를 이르는 말이다.

그러나 <진짜 사나이>는 어떻게 보면 복철을 만들고 있다고 볼 수도 있다. 앞에서 말한 것처럼 군에 입대하지 않은 사람도 군대가 어떠한 곳인지 알 수 있기 때문이다. 군과 전혀 관련이 없는 사람도 어떤 부대에서 어떤 일을 하고 어떤 훈련을 하는지 알 수 있다는 얘기이다. 군 생활을 마친 군필자라 할지라도 자신이 속했던 부대 외에는 자세한 사정을 알 수 없고,[2] 군 생활을 하지 않은 미필자는 당연히 군대 생활을 알 수 없다. 자원입대를 하지 않은 여성을 포함해 학생이나 국가 보훈 자격자, 기타 사유로 입대를 하지 않았거나 못한 사람들 또한 군에 대해 알지 못한다. 또한 당연히 그래야 했다.[3] 하지만 이 프로그램으로 인해 모든 사람이 군에 대해 알게 되었다. 이게 과연 옳은 일일까?

<진짜 사나이>는 우리나라의 4대 의무[4] 중 국방의 의무를 다루고 있다. 국가가 주권과 영토를 보장해주는 대신 이것만큼은 꼭 이행하라고 정해준 의무이다. 4대 의무 중 가장 중요한 의무라고도 할 수 있는 국방과 관련된 내용이 프로그램화되어 가족들이 모이는 시간대인 일요일 오후 6시경에 방송되고 있다. 촌철살인으로 말하자면 '국방의 안보'가 일요일 저녁 프로그램에 걸려 있는 것이다.

우리나라는 전 세계적으로 드문 분단국가이다. 군은 북한을 적으로 대하고 있으며, 그렇게 인식할 만한 여러 사건이 있었다.[5] 그런 북한과

---

2) 부대 내에서 있었던 일이나 군 내부의 일을 군 외부로 유출하는 것은 보안위반에 해당된다.

3) 전역자는 군 생활을 하면서 있었던 일에 대해 외부로 유출하지 않는다는 서약서를 작성한다.

4) 국민의 4대 의무는 선거, 교육, 국방, 납세이다.

5) 2010년 11월 23일에는 북한이 연평도(대연평도) 내륙에 직접 포격한 사건이 발생했는데, 이는 휴전협정 이후 최초로 영토를 타격한 사건이었다. 이 외에 연평해전(1차

전쟁을 끝내지도 않은 정전 상황에서 <진짜 사나이>는 군대의 모든 것을 보여주고 있다. <진짜 사나이>에서는 연예인뿐 아니라 현역병으로 임무를 수행하고 있는 군인도 함께 출연한다. 프로그램에서는 그 부대의 명칭(예를 들어 ○○사단)을 밝히는 것은 물론, 부대의 마크와 예하부대의 명칭6)까지 밝히고 있으며, 그 부대 내 시설물과 부대 내 현역병의 이름, 직책, 임무, 주특기도 방송한다. 또한 주로 사수와 부사수7)로 짝을 지어 훈련을 하기 때문에 그들이 어떤 임무를 맡는지, 어떤 식으로 임무를 수행하는지도 알 수 있다. 또한 주특기에 맞춰 전투 물자 장비를 다루기도 한다. 심지어 '맹호부대 편'에서는 전쟁의 핵심인 전차를 자세히 소개했으며, 전차에 소속되어 조종 훈련을 받는 모습도 방송되었다.8)

이 외에도 훈련소의 모습이나 포병부대, 도하훈련, 수색대대, 수도방위사령부는 물론, 북방한계선인 NLL(Northern Limit Line)과 최전방인 백골부대 GOP(General Out Post)까지9) 군에 대한 전반적인 내용을 알 수 있는 주제가 많이 다루어졌다. 육군의 핵심적인 전투기술은 거의 다 다루어졌고, 경계초소부터 해군의 전함과 해역의 한계선까지 적나라하게 방송에 담겼다.

1999년 6월 15일, 2차 2002년 6월 29일), 천안함 피격 사건(2010년 3월 26일) 등이 있었다.

6) 해당 부대 내에 소속된 크고 작은 부대를 말한다.

7) 부사수는 사수를 보조하거나 사수의 부재 시 대리 임무를 맡는다. 직장의 같은 부서 내에서 같은 업무를 담당하는 선임-후임의 관계와 일맥상통한다.

8) <일밤－진짜 사나이>, '맹호부대' 편(2014. 3. 23, 50회).

9) <일밤－진짜 사나이>, '훈련소' 편(2013. 4. 14, 1회); '산악포병' 편(2013. 5. 19, 6회); '남한강 도하작전' 편(2013. 7. 14, 14회); '최정예 이기자 수색대대' 편(2013. 8. 4, 17회); '수도방위사령부 전입' 편(2013. 9. 15, 23회); 'NLL' 편(2013. 12. 8, 35회); '백골대대 GOP' 편(2013. 1. 5, 39회).

왜 국방과 관련된 프로그램을 기획했을까 생각해보면 프로그램의 의도는 이럴 수 있다. 긍정적으로 생각해서, 군대와 전혀 관련이 없는 사람들에게 군인의 훈련 상황이나 주특기를 방송을 통해 알려줌으로써 자신이 비슷한 상황이나 처지에 놓일 경우 대처할 수 있게 하려는 것일 수 있다. 혹은 군대의 여러 가지 모습을 보여주어 흔히 '옛날 군대'라 불리던, 힘들고 고통스러운 군대가 많이 개선되고 좋아졌음을 보여주려 한 것일 수도 있다. 이렇게만 본다면 프로그램은 크게 문제될 게 없으나 프로그램을 시청하는 대상을 생각하면 문제가 될 수도 있다. 과연 우리나라 국민만 시청하는 것인가?

방송은 무언가를 알리고 홍보하기 위해 가장 좋은 매체이다. TV를 통해 방송되는 <진짜 사나이>는 우리나라를 넘어 북한을 비롯한 다른 국가에서도 찾아볼 수 있다. 좀 더 명확히 얘기하자면, 누군가가 우리나라의 국방과 관련된 부대, 군사, 체계, 장비 등에 관해 알고 싶을 때 찾아보기 좋은 프로그램이라는 것이다. 이 내용을 쉽게 얘기하자면, 이 질문이 적절할 것 같다. "당신은 동맹국인 미국의 GOP와 미군의 전차, 또는 미 해군의 전함에 대해 알고 있습니까?"

<진짜 사나이>에서 보여주는 모습을 단순한 예능이라고 생각할 수도 있다. 대부분의 국민(특히 남성)이 경험해본 일이기에 해학적인 요소가 많기 때문이다. 하지만 이 프로그램을 이용해 우리나라에 악영향을 주려한다면 그것 또한 문제이다. 그런 일은 없어야겠지만, 우리나라를 공격하려는 개인이나 단체, 국가가 <진짜 사나이>를 참고한다면 어떨까? <진짜 사나이>는 입대를 앞둔 사람들에게 좋든 나쁘든 충격적일 수 있다. 그렇다면 공격 계획을 앞두고 있는 개인이나 단체, 국가에게도 이 프로그램은 뜻밖의 충격이지 않을까?

<진짜 사나이>와 유사하게 케이블 방송에는 국방부 주관하에 국방에 관한 내용을 방송하는 국방TV 채널이 있다. 전차에 대해 다루기도 하고 다른 국가의 국방 상태 또는 국가 안보나 군에서 추진하고 있는 사업을 다루기도 한다. 물론 이러한 내용은 국방TV 내에서 자체적으로 보안 검토를 한 후에 방영된다. 더불어 2014년 6월에는 호국보훈의 달을 맞아 6월 2일부터 7월 11일까지 30부작으로 <훈련병의 품격 - 남자로 다시 태어나다>(이하 <훈련병의 품격>)라는 프로그램을 특별기획하여 방영한 바 있다. 이 프로그램은 <진짜 사나이>의 '훈련소 편'과 비슷하게 훈련병의 기초훈련에 대한 내용을 담았다. 하지만 국방TV는 국방부 내의 사내방송과도 같은 개념이다. 말하자면 방영하는 프로그램에 대해 자체 보안 검토를 실시하고 보안의 정도를 판단하여 방영한다는 것이다. 실제 <훈련병의 품격> 또한 방영 시간이 짧았다.[10) 방송 내에서 부대 이름과 부대에 근무하는 간부의 계급, 성명이 나오는 것은 아쉬웠지만, <진짜 사나이>에서 군과 관련된 다양한 내용을 상세하게 방영하는 것과 비교되는 부분이다. 예능 프로그램이라는 점만 제외한다면 <훈련병의 품격>과 <진짜 사나이>가 방영되는 채널이 반대가 된 기분이다. 군에 대해 알리기 위해 <진짜 사나이> 같은 프로그램을 촬영하려 한다면 국방에 대해 더욱 잘 알고 있고 촬영에도 비교적 제한이 없고 군에 대한 자료도 더 많은 국방TV가 오히려 지상파에서 방영되는 <진짜 사나이>의 가치를 더 높일 수 있지 않을까?

게다가 8월 24일부터 방영된 <진짜 사나이> '여군 특집' 편에서는 기존에 방송된 것과 비슷한 훈련 과정(화생방, 유격훈련 등)이 방영되었다.[11)

10) 각 편당 방영 시간은 5분을 초과하지 않는다.
11) <일밤 - 진짜 사나이>, '여군 특집'(2014. 8. 24~9. 21, 69~73회).

'여군 특집' 편은 물론 여군을 알릴 수 있는 좋은 기회이고, 생각하지 못한 주제를 선정한 것일 수 있다. 하지만 프로그램의 기획의도인 '남자들의 진한 땀방울과 전우애'와 맞지 않고, 비슷한 훈련 과정 속에 남군을 여군으로 바꾼 것 외에는 큰 차이가 없었다. 일반인이 잘 모르는 연예인의 실제 모습과 보안으로 가려져 있는 군대라는 두 가지 요소를 프로그램에 넣어놓고 연예인이 병영생활관에서 어떻게 사는지 보라는 것인지, 아니면 군대의 훈련을 처음 경험하는 여자 연예인이 군에서 어리바리하게 생활하는 모습을 보고 웃으라는 것인지 프로그램의 기획의도를 알 수가 없다.

덧붙여서 군에는 'SNS행동강령'이라는 것이 있다. "소셜 네트워크 서비스의 프로필에 군 관련 정보를 자세히 입력하면 안 된다"라고 명시되어 있고, 위반 시 징계 양정 기준에 따라 처벌된다. 현역병이나 전역한 사람들이 <진짜 사나이>를 보면 어떤 생각이 들까? 지상파에 방영되는 프로그램에서는 부대 내에서 수신호로 쓰는 '포병 숫자'까지 자세히 알려주는데 말이다.[12] '군 관련 정보를 자세히 입력하면 안 된다'라는 기준이 어디에 놓여야 할지 혼란스러울 것이다.

최근 군과 관련된 사건사고가 연일 이슈가 되고 있다. 병영 내 구타 및 가혹 행위와 관련된 사고나, 개인의 주권을 침해했다는 이유로 전우에게 총을 겨눈 사건 등 참으로 안타까운 일이 자주 발생하고 있다. 이처럼 크고 작은 사건이 일어나고 있는 가운데 군에서 안보를 목적으로 가리고 있던 모습을 <진짜 사나이>를 통해 보는 것은 군 관련 사건 사고에 불안해하고 답답해하는 시청자들과 아들, 딸을 보낸 부모의 마음을 미약하게나마 해소시키는 출구가 될 수도 있다. 또한 군대가 훈련만 한다는

12) <일밤-진짜 사나이>, '화랑대대' 편(2013. 5. 12, 5회).

이미지를 바꿔준 '체육대회' 편이나, 해외 파병을 통해 봉사하는 모습을 보여준 '모혼마을 복구작전' 편, 국민들을 위해 희생한 '대민지원' 편 등은 분명 군의 이미지를 다시 보게 해주었다.[13]

그러나 '거안사위(居安思危)'라는 말이 있다. 편안한 시기에 다가올 위험에 대해 생각하라는 의미이다. 세계적으로 테러의 위협으로 인해 군인은 물론 민간인마저 도심 폭탄 테러로 희생되고, 반군(叛軍)이 타국의 민간인을 납치해 공개 처형을 하는 등[14] 인간으로서 차마 못할 일들이 서슴없이 자행되고 있다. 이러한 세계 안보 정황에서 우리는 오히려 울타리를 낮춰주고 있다. 6·25전쟁을 이겨내기 위한 희생과 그 후 전쟁의 도발을 막기 위한 희생이 있었기에 지금까지 우리가 행복하게 사는 것인데 말이다.

현재 많은 장병들이 각 부대에서 땀 흘리며 노력하고 있음에도 특정 부대의 일부 사람의 사건이나 사고로 인해 군 전체의 위신이 떨어지는 것은 참으로 안타까운 일이다. 이러한 와중에 <진짜 사나이>가 의도하는 것이 다음 그림에서 보듯 '리얼 인내 프로젝트'라면 이제는 프로그램의 취지를 다시 생각해봐야 한다. 무엇을 인내하는지는 모르겠으나 <진짜 사나이>가 모든 전투기술과 장비를 다 소개하는 바람에 각지에서 근무하는 군인, 즉 '진짜 사나이'들이 알려진 전투기술과 알려진 장비를 가진 '가짜 사나이'가 되어버렸기 때문이다. 재미있어서 웃는 웃음이 또 다른

---

13) <일밤- 진짜 사나이>, '대대체육대회' 편(2013. 7. 21, 15회); '대민지원' 편'(2013. 9. 1, 21회); '모혼마을 복구작전' 편(2014. 6. 29, 61회).

14) 8월 20일과 9월 3일(미국 현지 시간) 미국인 기자 제임스 폴리(James Foley)와 스티븐 스트로프(Stevn Sotloff)가 각각 이슬람국가(IS)에 의해 공개 처형을 당하는 장면이 영상을 통해 공개됐다. 이후에도 9월 15일(한국 시간)에는 영국인 인질 데이비드 헤인즈(David Hines)(추정)를 참수했다고 주장하는 동영상이 공개되었다.

홈페이지에 소개된 <진짜 사나이>의 기획의도. 흰 블록에는 아이러니하
게도 '리얼 인내 프로젝트 진짜 사나이'라는 소개 글이 뜬다.
자료 : www.imbc.com

누군가에게는 다른 의미의 웃음이 될 수도 있다는 사실을 우리 모두
진지하게 고민해봐야 할 것이다.

선택장애가 선택한 밥학다식한 남자

tvN 드라마 <식샤를 합시다>가 구현한 새로운 판타지

배여진

먹방이 성찬 '음식은 약이요, 약은 음식이다'

그리스의 의사이자 철학자인 히포크라테스는 이러한 말을 남겼다. "음식이 곧 약이다." 음식은 사람들의 몸에 꼭 필요한 것이며, 약 같은 음식이란 곧 음식의 맛이다. 인류가 음식과 음식의 맛에 관심을 쏟기 시작한 기원을 찾아 올라가면 끝이 없는 여정이 되겠지만, 최근 '맛집'과 '먹방'에 폭발적인 관심이 쏠린 원인을 찾아보는 것은 그리 어렵지 않다. 인터넷의 영향과 '웰빙'에 대한 관심이 바로 그 원인일 것이다. 1998년 이후 지금까지 방영된 지상파 방송의 맛집 소개 관련 프로그램은 22개이며, 종편과 케이블 방송까지 합하면 그 수는 훨씬 많다는 연구 결과가 있다. 이는 단순히 음식을 먹는 행위에서 음식을 즐기거나 좋은 음식을 먹는 것으로 관심의 초점을 바꾼 '웰빙' 열풍이 TV에까지 영향을 미쳤기 때문이리라.

음식에 대한 관심은 맛집에 이어 '먹방'으로 옮겨갔다. 먹방은 한때 푸드 포르노라는 비난을 받기도 했던 온라인상의 하위 문화였다. 관음주의의 표출, 그리고 소식(小食)에 대한 사회적 압박의 분출구로 인식되던 먹방은 사람에 대한 그리움, 가족에 대한 갈증이라는 의미로 읽히기 시작하면서 지상파로까지 무대를 넓혔고, 지금은 장르를 불문한 다양한 프로그램에서 많은 인기를 누리는 콘텐츠가 되었다.

실로 요즘의 안방극장은 그 자체로 잘 차려진 식탁과도 같이 '먹방'이 유행이다. 반찬들도 아주 다채롭다. 우리가 '먹방'을 가장 많이 볼 때는 언제일까? 혼자 밥 먹는 적적함을 해소하기 위해, 음식을 먹고 싶은 욕구를 대리충족하기 위해 등 먹방을 선호하는 이유는 저마다 다양하다. 그렇지만 먹방이 가장 필요한 순간은 고된 일상으로 지친 몸과 헛헛한 마음까지 채워주는 야식이 생각날 때라는 데에는 많은 이들이 찬성할 것이다. 이러한 소비자의 욕구에 반응하듯, 한주의 끝인 금요일 밤에는 <VJ특공대>와 <먹거리 X파일>이, 더 늦은 밤에는 <테이스티 로드>가 나를 대신해 먹어주거나 야식 메이트가 되어준다.

그렇다면 목요일 밤은 어떤가? 목요일 밤에 방영되는 KBS <해피투게더>에서는 집에서 해먹을 수 있는 간단한 야식을 소개하고 직접 만들어 맛보는 야간매점 코너가 인기이다. 프로그램의 메인 진행자인 유재석과 박명수만 음식을 맛볼 수 있는 권위를 갖고 있기 때문에 다른 출연자들은 얄밉게 혼자만 먹는 유재석을 보면서 괴로워할 뿐이다. TV 너머의 시청자들은 내일의 출근이 기다리고 있기 때문에 조리 과정이 아무리 간단하다고 해도 늦은 시각에 집에서 직접 야식을 만들어 맛보기가 쉽지는 않다. 브라운관 너머의 시청자들은 그들을 바라보며 맛에 대한 각자의 평가를 늘어놓는 평론가로 자신들의 위치를 점한다.

이 시각 케이블에서 방송되는 <식샤를 합시다>는 새로운 판타지의 장을 연 신개념 '먹방 드라마'이다. 동시간대의 <해피투게더>와는 달리 간단하고 재미있는 야식이 아니라 엄선된 메뉴가 잘 차려진 최고의 맛집에서 벌어지는 '먹방'이다. 이 프로그램은 맛집 프로그램을 연상케 하는 선명한 화면과 촬영 기법으로 시청자들을 자극한다. 지금 당장 저 음식들을 먹을 수 없는 시청자들은 이불 속에서 잠들기 전까지 스마트폰으로 '맛집'을 검색하며 먹고 싶어 끙끙대기 일쑤이다. TV 속 그들은 일상의 피로를, 그로 인한 우울감을, 혹은 기쁨까지도 먹는 것으로 소화해낸다. 극의 마지막 한 출연자의 입을 통해 전해진 천양희 시인의 「밥」이라는 시의 시구처럼 궁지에 몰린 마음을 밥처럼 씹으며 인생을 소화해나가는 그들의 모습을 통해 우리의 현실을 돌아보려 한다.

전통의 패러다임이 변하는 순간

드라마의 에피소드는 김학문 변호사 사무실과 황실오피스텔, 이 두 공간에서 벌어진다. 그러나 두 공간은 각기 다른 세계를 구현한다. 서른 살 이혼녀이자 변호사 사무실의 실장인 수경의 직장 김학문 변호사 사무실은 전통적 가치의 문법이 작용하는 공간이다. 여기서는 부하 직원을 괴롭히는 상사(김학문 변호사), 그로 인한 스트레스에도 그만두지 못하는 직원(수경), 가장이기 때문에 나이 어린 상사에게 아부로 일관할 수밖에 없는 직원(사무장), 눈치 없고 이기적인 중간 상사(오 변호사)를 통해 아부와 모략, 시기가 난무하는 통상 우리 사회의 모습이 펼쳐진다. 반면 황실오피스텔은 등장인물 수경과 대영, 진이가 사는 원룸으로, 1인 가구의 생활을 담아내는 공간이다. 1인 가구의 라이프스타일을 호화스럽게 다루어 비판을 받았던 기존의 1인 가구물과 달리 황실오피스텔은 원룸에서 살아가는 1인 가구의 모습을 실제와 비슷하게 담아냈다. 겨울철 난방비 줄이기, 상한 우유 처리하기 등의 자취생활 노하우를 나누거나, 먹고 싶지만 혼자 먹기는 어려운 음식을 포기해버리는 그들의 모습은 우리의 삶과 별반 다르지 않다.

하지만 황실오피스텔의 주인공들은 현실의 공간에서 우리가 꿈꾸는 상상의 발현체로서의 판타지를 구현해간다. 그들은 밥을 함께 먹음으로써 진솔한 정을 나누는 공동체로, 그들의 공간에는 암투도 시기도 존재하지 않는다. 그들은 맛있는 음식을 먹고 싶지만 혼자여서 먹을 수 없는 우리 대신 우리의 꿈을 실현해주는 대리인이며, 맛있게 먹는 모습을 연출함으로써 카타르시스를 느끼게 만드는 대상이기도 하다.

환상과 현실의 두 공간을 대비되게 배치함으로써 드라마는 기존 맛집 프로그램의 특징과 1인 가구라는 시대적 배경을 잘 섞어냈다. 또한 이 두 공간을 자유롭게 넘나드는 이수경이라는 존재는 신선으로 여겨지기도 하는데, 이 드라마가 현실과 현실의 꿈을 구현해낸 다른 장치들을 통해 이를 좀 더 살펴보도록 하자.

'먹방 여신'과 새로운 백마 탄 왕자의 등장

"내 거인 듯 내 거 아닌 내 거 같은" '썸'은 남녀가 연인이 되기 전 단계를 일컫는 말로 큰 반향을 일으키며 유행한 신조어이다. 갑자기 '썸'이라는 말이 유행하게 된 이유는 무엇일까? 항간에서는 요즘 젊은이들이 썸을 즐기는 이유를 연애를 통한 이별이나 상처로 피해를 보지 않으려는 성향 때문이라고 읽어내기도 한다. '답은 정해져 있고 넌 답만 말하면

돼'의 줄임말인 '답정녀'라는 신조어도 인기이다. '답정녀' 질문을 던지는 세태는 이중 구속과 표리부동, 즉 겉과 속이 다른 음흉함의 발현으로 분석되기도 한다. 그렇다면 무언가를 결정하는 것을 어려워하는 이들을 지칭하는 '선택장애'라는 신조어는 어떨까? '선택장애'를 앓고 있는 이들을 우리는 어떻게 바라봐야 할까? 선택장애 또한 자신이 선택한 것에 대한 책임을 부담으로 여기고 책임지기를 꺼려하기 때문에 나타난 현상으로 볼 수 있을 것이다.

<식샤를 합시다>의 수경은 선택장애를 앓고 있는 인물이다. 그는 이제껏 드라마에서 일반적으로 그려냈던, 어려운 환경을 이겨내고 계급을 역전하는 여주인공도 아니고, 똑똑하고 '쿨'하게 상황을 대처해나가는 신여성도 아니다. 30대의 이혼녀로 200만 원 남짓한 월급에서 적금 10만 원 붓는 것도 어려워하는 평범한 인물의 표상인 그녀는 흔히 드라마에서 볼 수 있는 평범함을 가장한 비범한 여주인공이 아니다. 그런데 어떻게 이러한 성격의 인물이 주인공이 될 수 있었을까? 전통적 관습으로는 평범하기만 한 그녀가 중심에 설 수 있었던 이유는 오직 하나, 그녀가 밥을 잘 먹기 때문이다.

밥을 잘 먹는 사람은 '먹방' 판타지의 세계에서는 곧 여신이 된다. 그녀가 선택한 남자가 변호사인 김학문이 아닌 빚 갚느라 연애할 새도 없는 맛집 블로거 구대영인 것도 판타지 세계의 문법으로 읽는다면 그럴듯한 이야기가 된다. 대영이 수경이 팬심으로 우러러 보던 맛집 블로그의 운영자라는 사실이 밝혀진 이후 의심으로 대영을 일관하던 수경이 대영에게 설레기 시작한 것은 대영이 판타지 세계의 새로운 권력자이자 선망의 대상으로 올라섰음을 의미한다. 맛집 판타지의 세계에서는 맛집에 대한 정보를 많이 가진 이가 능력자인 것이다.

김학문 변호사와 대비되는 인물인 대영은 먹는 것이 전부인 수경이 무엇을 먹을지 고민할 때 최고의 맛집으로 데려갈 수 있는, 맛에 대한 높은 지식을 가진 '밥학다식'한 남자이다. 음식을 좋아하지만 선택장애를 앓고 있는 수경이 밥학다식한 남자인 대영을 선택한 것은 전통의 관습으로는 이해하기가 어려운 부분이다. 그러나 맛집 판타지에서는 맛에 대한 일장연설을 늘어놓는 그가 그 세계의 지성이자 신개념의 백마 탄 왕자인 것이다.

김학문 변호사 사무실의 인물 중 오 변호사는 전통의 법칙을 고수하는 여자로 그려진다. 그녀는 판타지의 인물인 대영에게 선택받지 못한다. 다이어트를 하느라 맛있는 음식을 억지로 참고 밥을 남기는 것을 미덕으로 삼는 그녀가 극의 마지막에 몇 인분의 음식을 시켜 오열하면서 다 먹는 모습은 패러다임의 변화를 보여준다. 밥을 먹을 때, 특히 남성과 함께하는 식사 자리에서는 꼭 음식을 남겨 적게 먹는 척해야 했던 기존의 관습이 무너져버린 것이다. 이제는 음식을 맛있게 잘 먹는 여성이 시대의 정석으로 꼽히고 있다. 솔직함, 담백함이 여성에게 요구되는 매력 포인트가 되었고, 밥은 그것을 증명하는 기제가 되었다. 극 중에서 이러한 현대의 관습을 구현하는 이수경은 두 남자의 구애를 받는 여성으로, 음식을 가리고 히스테리를 부리는 오 변호사는 세속적인 가치로는 이수경을 앞서는데도 열등한 존재로 그려진다.

잘 먹는 여자는 긍정적으로, 못 먹는 여자는 부담스러운 존재로 그려낸 것은 한편으로는 '척'이라는 구속을 벗어던진 긍정적인 발전일 것이다. 그러나 잘 먹는 여자인 수경은 날씬하고 예쁜 여성으로, 못 먹는 여자인 오 변호사는 못생기고 뚱뚱하며 히스테리를 부리는 여성으로 표현했다는 점에서 극은 여전히 우리 사회에서 여성이 강요받는 가장 큰 구속인 외모라는 속박에서 벗어나지 못하고 있다.

문법을 깨고 현실과 가까이

극의 제목이기도 하면서 극 중 대영이 운영하는 블로그 이름인 '식샤를 합시다'는 실제 현실에서 운영되던 블로그를 모티브로 한 것이다. 현실의 반영인 드라마가 이제는 카메라 프레임의 경계를 깨는 시도를 하고 있다. 주인공 대영 역을 맡은 배우가 극 중에서 본인의 노래를 부르며 완벽하게 춤을 추고, 카메오로 출연한 연기자가 자신이 출연하고 있는 타 방송사의 드라마를 언급하는 등 카메라의 관습 깨기는 이 드라마에서 자주 볼 수 있는 재미 요소이다. 현실 세계와 현실이 꿈꾸는 판타지의 세계를 드나들고 카메라 안팎을 넘나드는 시도는 보는 이에게 드라마를 더욱 친숙하게 했다. 극은 당장 내일의 현실이 될 수 있는 판타지를 구현하면서 새로운 변화를 담아냈다. 음식과 '먹방'이라는 트렌드가 우리 삶의 문법에 어떻게 적용되는지 풀어내면서 여전히 우리 사회에는 전통적인 관습이 남아 있다는 사실도 지적해낸 드라마 <식샤를 합시다>는 젊은 방식으로 통찰력까지 꾀함으로써 재미와 의미 두 마리 토끼를 모두 잡았다. 실로 배부른 밥상이었다.

입선

<이만갑>, 화제와 한계 사이에서

최현순

<이만갑>, 화제의 비결과 의미

　종편이 출범한 지 어느덧 3년이 다 되어가는 이 시점에서 종편 최고의
화제작은 뭐니 뭐니 해도 동아일보에서 운영하는 종편인 채널A에서 방영
하는 <이제 만나러 갑니다>(이하 <이만갑>)라 할 수 있을 것이다. <이만
갑>은 본래 6·25전쟁 때 월남한 실향민들의 아픈 사연을 담는다는 취지로
종편 출범과 동시에 편성된 프로그램이었다. 이듬해인 2012년 3월 25일과
4월 1일 17, 18회 양회에 걸쳐 젊은 탈북 여성 다수를 출연시켜 북한의
실상과 남한에서 생활하며 겪은 에피소드를 들려주는 집단 토크쇼를 특집
으로 꾸몄는데 이 코너가 반응이 좋자 21회(2012. 4. 22)부터는 아예 이
프로를 고정 코너화해 오늘에 이르고 있다.
　사실 <이만갑>의 이와 같은 토크쇼 형식의 포맷은 수년전 KBS에서
한국에 유학 중이거나 기타 이유로 장기 체류 중인 젊은 외국 여성들을

출연시켜 한국에서 생활하며 겪은 이야기들과 자기 나라와의 문화 차이 등을 이야기하던 한 지상파의 집단 토크쇼 <미녀들의 수다>를 본뜬 것이다. 현재와 같은 형식의 <이만갑>은 다수의 젊은 탈북 여성이 출연해서 북한의 실상을 들려주는 탈북 여성판 <미녀들의 수다>인 셈이다.

비록 <미녀들의 수다>를 본뜬 형식이라 할지언정 <이만갑>의 성공은 크게 두 가지 면에서 중요한 의미를 지닌다고 볼 수 있다. 첫째, 우리와 전혀 다른 체제로 반세기 이상을 이끌어온 북한 사회의 실상을 이와 같은 '예능 토크쇼' 형식으로 풀어가는 게 가능하다는 것을 보여준 것이다. 사실 과거 냉전 시대의 귀순용사는 대개 휴전선에서 월남한 젊은 북한 인민군 출신으로, 이들은 대개 기자회견이나 안보강연 등을 통해 북한 실상을 들려주었기에 딱딱하고 경직되어 있거나 억센 북한 사투리의 이미지로 강렬하게 인식되었다. 따라서 북한에 대해 이야기하는 사람들 하면 대개 휴전선에서 월남한 귀순자의 딱딱하고 경직된 이미지를 떠올릴 수밖에 없었다.

그러나 <이만갑>은 젊은 탈북 여성을 다수 섭외해 이른바 탈북 여성 버전의 <미녀들의 수다>를 기획하여, 과거와 같은 딱딱하고 경직된 이미지의 탈북자가 아닌 다양한 계층, 다양한 연령대에 속한 밝고 상큼한 이미지의 여성들이 재치 있는 입담으로 북한에 대한 이야기를 풀어나가는 모습을 보여준다. 이를 통해 북한에서 온 사람 또는 북한의 실상을 증언하는 모습에 대해 일반적으로 생각해온 '딱딱하고 경직된 느낌'을 많이 탈피하게 해주었다는 점에서 큰 의미를 지닌다.

둘째, 다양한 계층과 연령대의 탈북 여성이 출연함으로써 북한에서 겪었던 이야기를 특정 계층의 한두 사람(가령 휴전선에서 복무한 인민군, 고위층 탈북자 등)이 아닌 더욱 다양한 각도와 시각에서 들을 수 있다는 데 의미가 있다. 실제 지금까지 <이만갑>에 출연한 탈북 여성들은 평양 등의 대도시에서 당 간부 자녀로 태어나 비교적 남부러울 것 없는 생활을 했던 사람에서부터 압록강, 두만강 인근 지역에서 최고로 열악한 꽃제비 생활을 했던 여성에 이르기까지, 그야말로 북한 지역 전반에 걸쳐 있다고 해도 과언이 아닐 정도로 다양한 계층과 연령대의 여성들이 출연하여 북한에 대한 이야기를 들려주었다. 이처럼 <이만갑>은 다양한 연령대, 다양한 계층이 겪은 저마다의 북한 이야기를 다각도로 전달해주므로 이전의 인민군 출신 귀순용사나 고위층 출신 탈북자의 증언이 갖는 한계에서 벗어나 더욱 다양한 계층의 북한 인민들의 삶을 엿볼 수 있었다는 점에서 중요한 의미를 지닌다.

<이만갑>과 같은 프로그램의 기획이 가능했던 것은 국내로 입국하는 탈북자들의 성비(性比) 변화와도 깊은 연관이 있다. 실제 휴전선에서 복무하던 인민군 출신 귀순용사가 주를 이루던 1970~1980년대나 동구 공산권이 붕괴되고 북한 체제도 위기에 다다르면서 동구권 유학생 출신이나 고위층 출신 탈북자가 줄을 이었던 1990년대에는 귀순자가 대부분 남성이었다. 그러나 2000년대 이후로는 여성 탈북자의 비율이 상대적으로 급격히 늘어, 최근 10여 년간 국내에 입국한 탈북자의 성비를 보면 여성의 비율이 평균 60~70%에 달하는 것으로 알려져 있다.

국내 입국 탈북 여성이 늘어나게 된 것은 북한의 식량난이 장기화되고 산업체계가 붕괴되면서 특히 여성이 직접 생계를 꾸려나가는 경우가 늘었고, 그 과정에서 직접 중국까지 나와서 한국 등 바깥세상 소식을 접하거나 탈북자를 돕는 민간단체나 인사들을 만나는 탈북 여성이 늘어난 것과도 밀접한 연관이 있다고 볼 수 있다. 확실히 요즘은 탈북자 하면 대체로 남성보다는 여성을 섭외하는 것이 더 수월한 것 같은 느낌마저 든다.

조금씩 보이는 한계

<이만갑>은 지난해 가을 총 100회를 돌파했다. 매주 한 번씩 방송하는 프로그램이 100회를 맞았다는 것은 방송을 시작한 지 2년 가까이가 되어 간다는 이야기이다. 무엇보다 종편에서 제작하는 프로그램 중 매일같이 방영하는 일부 시사 토크쇼를 제외하면 <이만갑>은 종편에서 제작하는 예능·다큐 프로그램을 통틀어 최초로 100회를 돌파한 프로그램이라는 의미 있는 기록을 세우기도 했다. <이만갑>이 100회를 돌파하고 그간 인기와 화제를 몰고 온 비결은 무엇보다 탈북 여성 버전의 <미녀들의 수다>를 기획해 다수의 탈북 여성들이 북한의 실상을 다양한 각도와 시각에서 들려주었다는 점에서 찾을 수 있을 것이다.

하지만 근래에는 <이만갑>이 조금씩 한계를 보이기도 한다. 우선 다양한 계층의 여성 탈북자가 출연하긴 하지만 프로그램이 장기화되면서 이들이 들려주는 북한 이야기도 어느덧 한계에 도달한 듯 보인다.

무엇보다 <이만갑>에 출연하는 탈북 여성 중 특히 고정 멤버 상당수는 북한의 식량난이 한참 극심하던 시기에 10대 중·후반을 북한에서 보낸 여성들이다. 이 때문에 방송 초창기에는 이들이 한창 감성이 예민하던 학창 시절에 북한에서 이른바 고난의 행군을 직접 겪은 사연이나 그 과정에서 사랑하는 가족, 친지, 친구를 잃은 눈물겨운 사연을 들을 수 있었으며, 1990년대 중·후반 북한이 겪은 식량난의 비참한 실상을 생생하게 듣기도 했다. 하지만 처음에는 <이만갑>의 장점이기도 했던 이런 부분이 이제는 되레 한계로 드러나고 있다.

현재 <이만갑>에 출연하고 있는 고정 멤버 중 상당수는 북한의 식량난이 극심했을 당시 10대 중·후반이었던 여성들로, 지금은 북한을 떠나 한국에 정착한 지 거의 10년 가까이 되는 사람들이다. 게다가 방송 출연이 거듭되면서 이들 중 몇몇은 이제 북한 티를 완전히 벗고 이른바 '방송감', '예능감'을 보여주기도 한다.

따라서 이들이 들려주는 북한 이야기는 이제 확실히 한계가 느껴진다. 그래서인지 얼마 전부터는 몇몇 고위층 출신 탈북자가 추가로 고정 멤버로 투입되어 북한의 최신 정보나 권력 핵심부와 관련된 이야기를 풀어놓고 있으며, 초창기부터 <이만갑> 고정 멤버였던 탈북 여성들의 비중은 조금씩 줄어드는 듯 느껴진다. 게다가 근래에는 이 탈북 여성들이 자신이 북한에서 직접 겪은 체험담을 이야기하는 것이 아니라 언론 보도나 그 외 각종 자료를 통해 접할 수 있는 북한 이야기를 단지 '탈북 여성'의 입을 빌려 이야기하는 것 같은 느낌을 받는다.

새로 투입된 탈북 여성 중 몇몇은 대놓고 가수 등 연예계 데뷔의 꿈을 밝혀 <이만갑>이 연예계 데뷔를 꿈꾸는 탈북 여성의 데뷔 무대로 활용되고 있는 것이 아닌가 하는 의심까지 생기게 된다. 또한 근래에 섭외된 몇몇 탈북 여성은 너무 어릴 때 부모를 따라 북한을 탈출하는 바람에 북한에서 살던 시절의 기억이 거의 희미하다시피 해 이런 사람을 출연시키는 게 과연 무슨 의미가 있는지 고개를 갸웃거리게 만든다. 한마디로 이제 레퍼토리가 거의 다 떨어져나가고 그저 그런 북한의 최신 소식이나 정보 정도를 단지 '탈북여성'들의 입만을 빌어 들려주는 것이 아닌가 하는 느낌을 강하게 받는다.

방송이 탈북자와 북한을 담는 방법

<이만갑>의 성공 비결은 결국 <미녀들의 수다>라는 프로그램의

포맷을 탈북 여성 버전으로 바꿔 기획한 것과 무관치 않다는 점을 유념할 필요가 있다. <미녀들의 수다>가 외국 여성들이 한국에서 겪은 이야기와 자기 나라 이야기를 비교해 들려주는 문화 비교적 성격의 프로그램이었다면 <이만갑>은 탈북 여성 버전의 <미녀들의 수다>이다.

탈북자가 들려주는 북한 이야기 또는 남한에서 생활하면서 겪은 에피소드는 외국 여성이나 동남아 이주민이 이야기를 들려주는 집단 토크쇼와 성격과 의미가 같으면서도 다르다. 외국 여성이 방송에서 자기 나라와 한국을 비교하는 것은 말 그대로 외국인이라는 특수성이 있는 반면, 탈북 여성은 남북 분단이라는 우리만의 시대적 특수성으로 인해 존재한다. 물론 그 시대적 특수성은 당분간 크게 바뀌지 않을 것 같다.

탈북자를 다문화의 범주에 포함시켜 받아들여야 하는지에 대해서는 다소 이견이 있는 것도 사실이다. 실제 탈북자 중에는 다문화라고 하면 "우리(탈북자)가 외국 사람이란 소리냐?"라며 볼멘소리를 하는 이도 있다. 남북 관계가 앞으로 어찌 변할지, 또 통일이 어떤 과정을 거치며 전개될지는 쉽게 예측하기 힘들지만, 우리는 앞으로도 큰 이변이 없는 한 시대적 특수성으로 인한 북한이라는 체제와 또 그곳에서 온 탈북자라는 사람들을 인정하고 함께 부대끼며 살아가야 한다.

과거에는 귀순용사라고 하면 떠들썩한 기자회견장에서의 딱딱하고 경직되며 촌스러운 모습의 탈북자나, 이후 학교나 직장 같은 데서 가끔씩 여는 안보 강연에서 만날 수 있는 존재로만 여겨졌다. 1990년대에 귀순한 한 탈북자는 자신의 수기에서 남한에서 직장 생활을 하며 알게 된 한 동료로부터 "솔직히 안보 강연 같은 데 나오는 귀순용사들을 보면 창경원 원숭이 같다는 느낌이 든다"라는 말을 듣고 충격을 받았다고 털어놓기도 했다. 한마디로 과거 귀순자에 대해 우리 국민들 대다수가 가진 느낌은 우리보다 못한 딴 세상에서 온 신기한 사람들에게 갖는 흥미와 호기심 정도였던 것이다.

그래서일까? 지금까지 방송에서 다루어온 탈북자도 그와 같은 흥미와 호기심의 범주를 크게 벗어나지 않는다. 따지고 보면 <이만갑>의 성공 비결조차 다수의 젊은 탈북 여성을 한꺼번에 볼 수 있다는 흥미와 호기심의 접근법을 벗어나지 않은 셈이다.

방송이 북한과 탈북자의 이야기를 담는 방식을 통해 우리는 우리가 남북 관계와 통일을 생각하고 받아들이는 방식의 단면을 엿볼 수 있다. 보통 남북 관계가 경직되면 시사 프로그램이나 보도 프로그램에서는 북한에서 군사 복무를 했거나 고위층 출신인 탈북자가 북한 전문가들과 함께 출연해 북한이 강경한 자세로 나오는 속내나 향후의 남북 관계를 다각도로 전망한다. 한편 가끔 예능 프로그램에서는 탈북자를 출연시켜 북한에서 겪은 이야기나 남한 사회에 적응하면서 겪은 실수담 같은 것을 듣기도 한다. 대개 예능 프로그램에 출연하는 탈북자들은 방송이나 예능에 어느 정도 끼나 재주가 있거나 또는 그런 방면에서 활동해 화제가 된 사람들이다. 귀순용사를 대하던 태도나 과거 방송에 자주 출연해 입담과 끼를 과시하던 몇몇 탈북자를 대하던 태도, 그리고 지금의 <이만갑>까지, 결국 흥미와 호기심 차원에서 탈북자를 접근하고 다루는 근본적인 성격은 크게 바뀌지 않은 듯하다.

<이만갑>이 방송을 시작한 지 어느새 3년이 다 되어가고 있다. 탈북 여성들을 다수 출연시키는 집단 토크쇼 형식을 임시 편성했다가 반응이 좋자 고정 편성한 2012년 4월부터 치더라도 어느덧 2년 반의 시간이 흘렀다. 그러나 지금은 확실히 방송 초창기처럼 흥미나 호기심이 줄어들었음은 물론, 탈북 여성들이 들려줄 수 있는 북한 이야기 레퍼토리도

어느덧 한계에 도달한 듯 보인다.

채널A가 <이만갑>을 쉬이 놓지 못하는 이유는 <이만갑>을 대체할 만한 새로운 아이템을 찾기가 쉽지 않다는 점과도 무관치 않은 듯하다. 하지만 그것은 결국 방송사 관계자들이 고민해야 하는 문제이고, 이제 방송이 북한과 탈북자를 다루는 방법도 변해야 할 때가 왔음을 느낀다.

앞으로의 북한 체제가 어떻게 변할지, 또 남북 관계는 어떤 변화의 과정을 거칠지 지금으로선 예측하기 어렵다. 하지만 통일을 지향하고 있는 우리의 궁극적인 목표가 크게 바뀌지 않는 것처럼 북한과 탈북자가 존재하는 현실도 갑자기 크게 바뀌지는 않을 것이다. 그렇다면 방송이 북한과 탈북자를 과거와 같이 흥미와 호기심 차원에서 접근하는 방식도 바꾸어야 할 필요가 있다. <이만갑>이 초창기처럼 큰 관심과 화제를 불러 모으지 못하는 이유 중 하나는 탈북 여성을 방송에서 볼 수 있다는 희소성의 가치가 크게 떨어졌기 때문이다.

남과 북이 정치적으로 온전히 하나의 국가를 이루기까지는 아직도 더 많은 시간이 필요할 것 같다. 그러나 정치적 통합은 어렵더라도 문화적 융합은 지금도 얼마든지 모색할 수 있다. 탈북자와 북한을 더 이상 흥미와 호기심의 대상으로 보지 말고, 궁극적으로 하나가 되어야 하는 상대로 보고 접근하는 것도 문화적 융합의 한 방식일 것이다. 어떻게 하면 탈북자와 우리가 하나가 될 수 있으며 통일 이후 2000만 북한 동포를 포용할 수 있을지 그 방안을 고민하고 연구해야 한다. <이만갑>이 이제 한계에 도달했다는 이야기가 조심스럽게 나오는 이 시점에서 방송은 북한과 탈북자를 다루는 접근 방식을 근본적으로 바꾸어야 한다는 지적을 하려 한다. 방송 관계자들의 심사숙고를 바란다.

리얼 입대 프로젝트 <진짜 사나이> 여군 특집

'진짜 군인'으로 가기 위한 여정

지봉준

현대 사회의 특징은 어제를 기다려주지 않는 오늘과 내일이다. 현대는 과거에 연연할 만큼 여유로운 사회가 아니다. 속도와 정보가 생명이며 그만큼 빨라야 한다. 정보화는 거스를 수 없는 물살이다. 군대라 해서 다르지 않다. 병영 생활에서는 SNS 쪽지나 댓글, 전화로 외부와 소통하는 데 익숙해졌다. 사이버방 등에서 컴퓨터와 공중전화를 사용하는 것은 더 이상 어색하지 않다. 반면, 내무실에서 정성스럽게 편지를 쓰던 모습은 쉽게 볼 수 없게 됐다. 신속한 연락망을 놔두고 굳이 수고스럽게 편지를 쓸 필요가 없어진 까닭이다.

얼마 전 필자는 후배에게서 편지 한 통을 받았다. 강원도 철원군에서 갓 자대 배치 받은 후배의 편지였다. SNS로 안부와 함께 주소를 물어보더니 결국 편지를 보냈다. 찢은 공책에 지렁이 기어가듯 쓴 편지였다. 오랜만에 받은 손 편지라 기분이 얼떨떨하고 감회가 새로웠다. 필자가 남자라서 추억이 떠오른 것일 수도 있고 오랜만에 우표가 붙은 편지 봉투를 받아서 인지도 모른다. 이처럼 '군대'에서 온 '편지'는 군필자에게는 추억을 곱씹게 하고, 미필자나 여성들에게는 아날로그적 감성과 함께 새로운 세상으로부터 건너온 소식지이다. 우리는 모두 군대를 직간접적으로 경험했기에 군대에 대한 감흥을 갖고 있다. 마음속 깊숙이 간직했던 추억과 땀 내음, 긴장, 그리고 빈자리를 여실히 느끼게 해주는 군대의 감흥 말이다. <진짜 사나이> '여군 특집'은 그런 시청자들의 감흥을 톡톡히 일깨운 프로그램이었다.

<진짜 사나이> '여군 특집'은 지난 8월 24일 시작해 여성들의 군생활을 5주 동안 방영했다. 이번 특집은 남성의 전유물로만 여겨지던 군대를 여자 연예인을 통해 재조명했다. 이 발상은 여자가 군에 입대하는 설정이기에 보는 입장에서는 새롭게 다가왔다. 시청자들이 상상하기 어려웠던 여자 연예인들의 흙탕물에서 뒹구는 모습과 민낯들. 더구나 병기를 들고 철모 쓴 자태는 생각조차 한 적 없다. 즉, 일반 시청자들은 여배우들의 군대 체험을 기대하지 않았기에 여군의 모습이 무척 낯설었을 것이다. 여성과 군대는 기름과 물같이 이질적이고 어색한 관계라 생각했기 때문이다. 또한 연예인은 시청자에게는 TV에서 치장한 모습으로 기억되는 존재이자, 군인에게는 개인 사물함 한편에 사진으로 자리 잡은 신비로운 '여신'이다. 이 같은 고정관념을 탈피한 소재 선택은 파격적이었다. 그 결과 일곱 명의 여자 연예인은 군복과 군화를 착용하게 됐다. 그녀들은 연예인, 유명인이라는 타이틀도 잠시 내려놓았다. 라미란, 홍은희, 김소연, 맹승지, 최지나, 박승희, 혜리 등 일곱 명은 위험을 무릅쓰고 부사관 후보생이 되기 위해 뛰어들었다.

소중한 이름, '땀'

그녀들의 도전은 시청률과 이슈 면에서 최고의 화제를 만들었고 성공적인 특집으로 기록됐다. 프로그램의 시청률이 상승하고 사람들의 이목을 집중시켰다는 이유만으로도 그녀들은 칭찬받아 마땅하다. 전편보다 월등히 좋은 성적을 거뒀기 때문이다. 하지만 그녀들의 도전을 수치상의 이유로만 회자하기에는 아쉬운 부분이 많다. 방송에서 비치는 모습은 진실이 아닐 수도 있지만 또한 진실이 아니라고 말할 수도 없기 때문이다. 그녀들의 도전 의지와 그녀들이 훈련 도중 보인 끈기는 시청자들의 가슴에 와닿았고 시청률 이상의 '그 무언가'를 만들어냈다. 그녀들의 훈련을 보면 웃음이 나면서도 가슴 한편이 짠했다. 특히 김소연 부사관 후보생은 매 회마다 악바리 정신으로 힘든 기합을 소화해냈다. 체력은 기준 미달에 훈련 성적은 일곱 명 중에서도 하위권이었지만 투지와 정신력만큼은 소대장이 인정할 만큼 대단했다. 약하지만 해내고야 마는, 해낼 수 있다는 정신력이 모두에게 인정받게 된 원동력이었다. 이 외에 나머지 인원과 실제 부사관 후보생들도 고생하며 훈련받는다. 국민이라면 누구나 이해하고 공감할 수 있는 군대의 고된 훈련 일과이다.

앞에서 말한 '그 무언가'란 고된 일과를 바라보는 시청자들의 시선이다. 시선은 다양하게 퍼지고, 다양한 의미를 생성한다. 그렇게 만들어진 감정적 울타리는 세대 간의 연결고리를 만들고 이 연결고리가 잘 묶일 수 있도록 안정시킨다. 이는 시청자들이 직접 훈련을 받진 않지만 공감할 수 있었던 이유이고, 악에 받친 부사관 후보생들을 자연스럽게 이해할 수 있었다. 여군 특집은 세대를 아우르는 공감대를 형성했고, 덕분에 프로그램의 사건과 현상을 이해하는 데 큰 도움이 됐다. 덧붙여 공감대를 형성하는 데 필요한 정수(精髓), '땀과 눈물'이 있었기에 진정성 있는 방송이 가능했다. 해병대의 빨간 명찰이 괜히 피와 땀을 상징하는 게 아니다. 땀은 노력의 결과물을 얻는 데 반드시 필요한 과정의 산물이다. 시청자들이 주목한 것은 땀의 솔직함이었다.

일곱 명의 부사관 후보생은 짧은 시간이었지만 훈련을 통해 땀과 눈물을 펑펑 흘렸다. 브라운관은 이를 놓치지 않고 당시의 감동을 생생히 전달했다. 편집이라는 부수적인 요소 때문이 아니더라도 꾸미지 않은 훈련 도중의 모습은 어느 시상식 자리보다 빛났다. 다만, 일부 훈련(제식 훈련, 영점 사격 훈련)은 그녀들을 위한 인위적인 훈련인 것처럼 보였다. 군대는 단체 생활이고 개인의 자율성이 제한되는 조직이다. 방송을 위한, 그녀들만을 위한 가공된 훈련을 실시한 것에는 아쉬움이 남는다. 제작진은 출연진을 배려한 것일 수 있지만 시청자들로서는 진정성을 의심할 만한 상황이었다. 또한 좋게 말해 배려이지, 준비가 미흡했다고 볼 수도 있다. 연출진은 출연진을 실제 입대 전 상황에 몰아넣고 긴장시킬 필요가 있었다. 사전 섭외를 더 빨리 진행해야 했고, 출연진이 입대를 진지하게 받아들여 철저한 자기 관리와 준비를 해야 했다. 그래야만 '리얼'의 가치를 증명할 수 있으며 시청자에게 진지한 감흥을 느끼게 한다.

전우애 하나만으로

군대라는 낯선 사회는 쉽게 적응할 수 있는 장소가 아니다. 각각의 부대는 전통과 고유한 분위기가 있고 그 속에는 규칙과 규범이 있다. 생판 모르는 사람과 한데 섞여 일과를 보내기 위해서는 이러한 사항들을 빨리 몸으로 습득해야만 한다. 그래야 군대라는 새로운 사회에 적응하며 살 수 있다. 물론 말보다 직접 겪고 배우면 수월하게 터득하지만, 마음처럼 쉽지 않은 게 현실이다. 극 중 여자 연예인들, 아니 이제 그녀들을 어엿한 여군 부사관 후보생이라 부르자. 일곱 명의 여군 부사관 후보생은 군대의 전통과 분위기를 알아가는 과정에서 시련을 겪는다. 유별난 맹승지 부사관 후보생은 군대라는 사회에 적응하지 못한 군인의 모습으로 비친다. 얼차려 도중 투정을 부리고 기본 자세조차 군인다운 모습을 보여주지 못했다. 수많은 지적은 한 명의 군인을 왜소하게 만들었다. 한 예로 맹승지 후보생은 훈련 도중 얼차려를 받다가 "여자는 이렇게 한단 말입니다"라며 항명했다. 이는 초라해진 자신을 지키기 위한 자기 방어적인 모습이다. 그만큼 군대라는 계급사회는 쉬우면서 절대 쉽지 않은 사회이다.

하지만 군대의 또 다른 특성은 그런 지적에도 오뚝이같이 일어나 성장할 수 있다는 점이다. 9월 14일 <진짜 사나이> '여군 특집' 4부에서 맹승지 후보생은 유격훈련의 담장 넘기에서 최고의 활약을 펼침으로써 소대 에이스로 발돋움했고, 지난 오명을 씻음과 동시에 한 단계 발전된 모습을 보여줬다. 롤러코스터 같은 군 생활이지만 외로운 울보에서 동기들과 승리의 미소를 지을 줄 아는 군인이 된 것이다. 이 외에도 세수나 식사, 청소, 취침 등에서 서툴기 그지없지만 서서히 적응해가는 모습을 볼 수 있었다. 이처럼 맹승지 후보생과 여섯 명의 여군 부사관 후보생은 짧은 기간의 군 체험이었지만 남성 중심 사회인 군대를 경험했다. 여성이 경험하기 쉽지 않은 사회에서 많은 어려움을 겪은 것이다. 그렇지만 견디고 이겨내며 규칙과 규범을 하나하나 알아갔다. 사회 초년생이 첫 임무를 배정받아 충실히 수행할 때나 고등학생이 수학의 첫 단원인 함수 공부를 시작할 때처럼 그녀들은 기본부터 배우며 군대를 알아갔다.

시청자들은 여배우라는 견장을 버리고 부사관 후보생이라는 견장의 무게에 맞게 행동하려는 일곱 명에게 고개를 끄덕였을 거다. '저 정도는 해야지', '그 기분 나도 잘 알지' 또는 '얼마나 힘들까' 등의 이해와 다독임이 만들어졌기 때문이다. 살아남기 위한, 버티기 위한 발악은 충분히 처절했다. 출연자 각자의 개성은 군대에 소속된 타자들과의 만남을 통해 저절로 드러났다. 또한 후보생들의 개성이 시청자에게 전달되고 발현됨에 따라 웃음과 감동, 안쓰러움을 안겨줬다. 값싼 웃음의 자극제라 말하기엔 훈련에 임하는 자세와 노력이 순수했다. 서로 간에 욕심을 내기보다 챙겨주기가 선행됐고 못된 생각보다는 좋은 생각을 통해 훈련이라는 고된 시간을 이겨냈다. 라미란 후보생의 대대장 같은 듬직한 모습과 홍은희 후보생의 침착한 상황대처능력은 극의 전체적인 균형을 잡는 데 최적의 역할을 담당했다. 막내 혜리 후보생은 투지 넘치는 모습과 애교를, 최지나 후보생은 어리숙하지만 참여하려는 의지를 보여줬으며, 박승희 후보생은 운동선수답게 훈련에 솔선수범했다. 각자의 역할에 충실하면서 현재 위치에서 서로 끌고 당겨줬다. 그들은 승자이다.

후보생들의 여군 도전기는 대중의 인기와 사랑을 주된 목적으로 하지 않았다. 이익 창출을 위해 뛰어든 부사관 도전기가 아닌, 각자 바람과 목표를 이루기 위한 '자신과의 싸움'이자 '노력의 장'이었다. 자녀에게 멋진 엄마가 되고, 성숙한 사람으로 성장하기 위한 도전이었다. 이러한 도전은 '여자'라서 이룰 수 있었던 것이 아니다. 군대가 남성주의 사회라고 해서 남자들이 견디기 쉬운 건 절대 아니다. '전우애'가 있었기 때문에 어려움, 힘겨움과의 싸움이 가능했다. 여성성을 뒤로 하고, 군인이 되겠다는 의지로 소속된 군대의 분위기를 익혔고 훈련도 무사히 소화할 수 있었다. 이 모든 것은 일곱 명의 부사관 후보생이 전우애를 다져나갔기에 가능했던 일이다. 짧은 기간을 반론으로 삼아선 안 된다. 전우애는 시간과 비례하는 것이 아니기 때문이다. 일곱 명의 전우애는 <진짜 사나이> '여군 특집' 프로그램의 가장 큰 수확이자 시청자들에게 확실하고 단단하게 보여주고 싶었던 주제 의식이 아니었을까?

벌써 가을이 찾아왔지만 군 관련 사건·사고는 끊이지 않았다. 사회 분위기는 나아질 기미를 보이지 않고 어두운 소식만 자꾸 들려온다. 처참하고 슬픈 소식들이 연달아 전해진다. <진짜 사나이> 역시 군 사건과 관련해 군대를 미화한다는 비판이 줄을 잇고 있어 자칫 사회 분위기에 역행하는 프로그램으로 인식될 우려가 있다. 한편 본편에 새롭게 참가하는 연예인 중에는 여군 특집과 달리 군필자가 다수 있다. 군대 유경험자들의 재입대가 시청자들에게 카타르시스를 전달해줄지 아니면 싫증을 느끼게 만들지에 대해서는 의견이 엇갈리고 있다. 또한 출연자들 간의 이야기나 긴장감이 떨어지는 면도 없지 않다. 반면, 여군 특집은 군대를 전혀 모르는 여성들의 군 체험기였기에 긴장감과 재미가 상승할 수밖에 없었다. 같은 프로그램이지만 전혀 성격이 다른 두 편은 앞으로 <진짜 사나이>가 나갈 방향을 고민하게 한다.

진짜 군인으로 가기 위한 여정

그녀들이(이제 일곱 명의 부사관 후보생을 여군에서 그녀들로 다시 바라보자) 만든 극의 긴장감은 땀과 눈물의 감동을 배가시켰고 전우애를 느끼게 했다. <진짜 사나이> '여군 특집'은 이른바 대박을 터트렸고, 프로그램은 다시 도약의 기회를 잡았다. 여군이라는 독특한 소재는 성공적이었다. 이는 하나의 프로그램이 똑같은 방식으로 이야기를 끌고 가는 게 어렵다는 것을 증명했다. 예능 프로그램은 대중의 시선을 피해갈 수 없고 부딪쳐야만 성장할 수 있다는 사실도 일깨워줬다. <진짜 사나이>는 무사히 마친 여군특집을 재탕하는 우를 범하지 말아야 한다. 대중의 시선은 식상함을 거부한다. 평소와 다름없는 일상 속에서 군대에서 온 편지 한 통을 받는 일은 신선함으로 다가온다. <진짜 사나이>가 군대의 실제 모습, 진실성을 보여주는 데 충실해야 하는 한편 새로운 포맷과 다양한 아이디어를 만들어나가야 하는 이유이다.

내 몸에 독이 흐른다? TV에도 독이 흐른다!

2014 좋은 방송을 위한 시민의 비평상 수상집

ⓒ 방송문화진흥회, 2014

엮은이 │ 방송문화진흥회
펴낸이 │ 김종수
펴낸곳 │ 도서출판 한울

편집 │ 염정원

초판 1쇄 인쇄 │ 2014년 11월 24일
초판 1쇄 발행 │ 2014년 12월 5일

주소 │ 413-120 경기도 파주시 광인사길 153 한울시소빌딩 3층
전화 │ 031-955-0655
팩스 │ 031-955-0656
홈페이지 │ www.hanulbooks.co.kr
등록번호 │ 제406-2003-000051호

Printed in Korea.
ISBN 978-89-460-4928-4 03070

* 책값은 겉표지에 표시되어 있습니다.